普通高等教育新型规划教材
供应链管理专业

供应链仓配中心管理实务

MANAGEMENT PRACTICE OF SUPPLY CHAIN WAREHOUSING CENTER

刘 乙 ◎ 著

首都经济贸易大学出版社
Capital University of Economics and Business Press
·北京·

图书在版编目（CIP）数据

供应链仓配中心管理实务 / 刘乙著. -- 北京 :首都经济贸易大学出版社，2023. 2

ISBN 978-7-5638-3455-6

Ⅰ. ①供… Ⅱ. ①刘… Ⅲ. ①供应链管理-高等学校-教材 Ⅳ. ①F252.1

中国版本图书馆 CIP 数据核字（2022）第 223109 号

供应链仓配中心管理实务

刘　乙　著

责任编辑	薛晓红	
封面设计	砚祥志远·激光照排 TEL：010-65976003	
出版发行	首都经济贸易大学出版社	
地　　址	北京市朝阳区红庙（邮编100026）	
电　　话	（010）65976483　65065761　65071505（传真）	
网　　址	http：//www. sjmcb. com	
E-mail	publish@cueb. edu. cn	
经　　销	全国新华书店	
照　　排	北京砚祥志远激光照排技术有限公司	
印　　刷	唐山玺诚印务有限公司	
成品尺寸	170 毫米×240 毫米　1/16	
字　　数	305 千字	
印　　张	17	
版　　次	2023 年 2 月第 1 版　2023 年 2 月第 1 次印刷	
书　　号	ISBN 978-7-5638-3455-6	
定　　价	45. 00 元	

‹前　言›

2022年4月10日，《中共中央国务院关于加强建设全国统一大市场的意见》提出，要"培育一批有全球影响力的数字化平台企业和供应链企业"。2022年1月，《"十四五"现代流通体系建设规划》指出："鼓励区域特色商贸企业做优做精，提高供应链精细化管理水平，深耕本地市场，拓展辐射范围；提高供应链资源整合能力，拓展出口产品内销渠道；推进物流企业与生产制造、商贸流通企业深度协作，创新供应链协同运营模式，拓展物流业态；推动物流枢纽、龙头物流企业、供应链服务企业搭建物流信息和供应链服务平台，培育一批具有国际竞争力的现代物流企业。"2021年3月，第十三届全国人民代表大会第四次会议审议批准的《政府工作报告》指出："运用好'互联网+'，推进线上线下更广更深地融合，发展新业态新模式，为消费者提供更多便捷舒心的服务和产品。"

2021年，网上消费约占社会零售总额的1/4，而且增速很快，同比达到14.8%。疫情期间迸发出的很多新型消费生机勃勃、层出不穷；通过供应链精细管理，资源有效整合，积极探究新零售市场模式。物流企业协同合作，推进供应链服务信息化平台建设，提升供应链现代化、高质量管理水平，是我国突发公共事件下消费升级、价值创造、生态协同等方面必不可少的环节。建立强大、可控、有韧性、与产业链深度融合的供应链体系，对于促进我国企业增强综合国际竞争力，进一步实现我国社会发展和经济发展，有着至关重要的作用。

本书立足于第三方物流企业，分析并完善协同供应链系统的建立与运营；通过仓配管理，落实供应链网络设计、供需计划和协同、库存和采购实施、配送网络优化等；基于"国家级物流系统与技术实验教学示范中心"物流系统，实施供应链仓储与配送实务。北京物资学院国家级物流系统与技术示范中心（以下简称"示范中心"）是2013年经教育部批准的国家级的唯一以物流产业为背景的实验教学示范中心，是目前国内创建最早、规模最大、设施最先进的以"虚拟技术+实体系统"模式引领我国物流实验教学发展的物流教学示范中心。目前设有物流系统实验平台，主要由多穿系统、托盘式立库+循环搬运系统、料箱式立库系统、流利式货架拣选系统、滑块式分拣系统、提升单元六大子系统组成；还有智能供应链协同创新实验中心、AR/VR 室、云采购实验室、物流规划仿真计算中心等。示范中心目前开设课程十余门，提供供应链管理、物流管理、物流工程、采购管理及学校其他相近专业的实验教学，为校内外物流专业和物流企业相关课程培训提供服务。

协同供应链仓配中心的相关实务，是基于我国突发公共事件下食品、生活用品与健康防护品超市直配、生活社区团购、专营电商平台等新零售业态，探究由第三方物流企业深度协作的新零售协同供应链体系的建立和运营模式。协同供应链核心企业构建供应链网络，与战略合作伙伴制定运营模式，建立供应链设计协调机制；第三方物流企业不仅协同相应供应链物流需求（仓储管理和配送管理等），还承担协同供应链运营服务，包括但不限于供应链需求管理、协同仓配中心规划设计、供应链客户分级管理、协同采购、零售渠道库存管理等。

全书分为八章，简介如下：

第一章介绍供应链协同网络构建，充分综合考虑供应链合作伙伴的个体表现和协同表现，打造供应链协同体系，并设计供应链协同运营模式；

第二章探究供应链市场需求管理，以市场需求为驱动，为后面章节的供应链实施提供依据；

第三章围绕供应链对新零售市场需求的响应，结合学校示范中心的现实情况，讨论供应链协同仓配中心的设计与规划；

第四章基于第三章讨论的设计规划，应用仓配中心物流系统实施供应链市场供应仓储管理；

第五章基于供应链核心企业视角，综合考虑客户价值对供应链客户伙伴进行分级管理；

第六章针对客户伙伴的不同分级与合作，为其设计相应的采购策略，并探讨加深合作模式下，供应链采购策略的优化；

第七章讨论在突发公共事件下新零售市场需求、供应链协同库存管理；

第八章基于供应链协同采购策略、库存管理以及合作伙伴关系分级，实施供应链配送管理。

全书前四章从部署市场供应角度讨论协同供应链的设计与规划；后四章从响应市场需求角度讨论供应链运营模式的实施。本书灵活运用任务驱动的方式，结合突发公共事件新零售业态背景和要求，引入真实供应链相关实务及其数据，引导和帮助学习者在完成任务的过程中，通过科学的数据分析方法，有机结合系统平台与中心硬件，讨论供应链从建立之初至今的构建与设计，以及供应链运营过程中的不断改进与优化。

　　本书适合从事供应链系统设计和管理运作研究的专业技术人员学习参考，也可作为高校供应链管理专业本科生、研究生的教学参考书。此外，对供应链企业、科研人员、管理人员和运作人员也具有较高的参考和实用价值。

　　本书在写作过程中直接或间接参考了国内外的著作、期刊和网站内容，吸收和借鉴了国内外学者的研究成果，在此特别感谢，并感谢为本书付出辛勤劳作的同仁们，感谢北京物资学院物流学院姜旭教授及各位同仁对本书的指导和帮助。

　　作者水平有限，不足之处在所难免，恳请读者不吝赐教。

刘乙

2022 年 8 月

❮目 录❯

第一章　供应链协同网络构建实务

【学习目标】

知识目标：

1. 了解供应链与物流管理的定义与特点及第三方物流对供应链管理的作用；

2. 理解新零售下供应链管理的特征与未来发展趋势、供应链协同网络的定义与要求；

3. 掌握供应链网络模型与设计原则；

4. 掌握供应链协同组织的评价指标体系与表达；

5. 掌握构建供应链协同网络的优化模型。

能力目标：

1. 能够根据新零售的特点分析新零售对于供应链协同网络构建的需求；

2. 能够建立供应链协同组织的评价指标体系；

3. 能够建立供应链协同组织的评价模型，选择供应链合作伙伴；

4. 能够构建供应链协同模型并进行优化；

5. 能够根据第三方物流对供应链管理的作用，设计供应链网络运营模式。

【任务发布】

"VM集团"成立于2018年，是全国各商超集团的经销商之一，主要经营范围包括食品、生活用品、健康防护用品。近些年受疫情影响，以及新零售形态的多样发展，各商超集团积极推行"全民互联网+实体店"模式，一方面保持各线下门店的正常运营，另一方面积极探索零售新业态，如电商平台、中小型便利店、社区团购等。针对这些需求，"VM集团"决定以北京市区为试点，主动推动企业发展升级，不再以独立公司为运营主体，寻求战略合作伙伴，打造向上与供应商协同发展，向下与线上线下客户快速响应市场需求的信息共享、一站式供应链体系。

【任务实施】

任务一　供应链协同组织

"VM集团"将供应链体系中的各成员企业视为战略合作伙伴，它们主要由上游供应商、核心企业、下游市场客户构成。

一、协同组织评价指标的建立

供应链组织网络结构演化过程一般可以分为四个阶段：第一阶段各类组织节点相对独立运作，组织节点之间存在很少的协作关系；第二阶段则有较多的组织节点开展协作，其中一些协作关系相对稳定；第三阶段部分组织节点间的协作关系向长期化的协同关系发展，形成了部分相对稳定的协同子网结构；第四阶段形成了一个完善的供应链组织网络协同结构，是一个资源和信息可以共享的、可动态重组的、开放的多边网络结构。

"VM集团"经过充分调研，发现目前有的供应商已经发展步入了第二、第三阶段，但是仍有一部分供应商处于第一阶段。

为了打造供应链协同网络结构，"VM集团"供应商管理部对各类产品各种类型供应商进行了初步筛选，计划对其中5家供应商（见表1-1）进行进一步评估，建立战略合作伙伴关系，构建供应链协同供应体系。

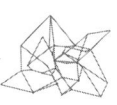

表 1-1　供应商信息

编号	公司名称	经营范围
P_1	食之趣食品工业有限公司	生产糕点（烘烤类糕点、油炸类糕点、蒸煮类糕点、熟粉类糕点、月饼）、炒货食品及坚果制品（烘炒类、其他类）（分装）、其他粮食加工品（谷物粉类制成品）、饼干（食品生产许可证有效期至 2023 年 5 月 18 日）；生产食品、销售食品
P_2	雨时生物科技有限公司	日用百货、包装材料、消毒用品（危险品除外）、清洁用品、医疗监测用品、医用擦手纸、物表消毒湿巾、皮肤护理用品生产与销售
P_3	五特实业有限公司	家居日用工具、电子血压计、卫生纸、湿巾、日用百货、口腔护理用品、个人护理清洁用品的批发与零售
P_4	亭月生活用品有限公司	家居用品制造、金属工具制造、塑料制品制造、家具制造、体育用品制造；日用品销售、产业用纺织制品销售、家居用品销售
P_5	元泰贸易有限公司	食品销售、保健食品（预包装）销售、塑料包装箱及容器制造、食品用塑料包装容器工具制品销售；货物进出口、运输货物打包服务、信息技术咨询服务

定义集合 $P = \{P_i \mid i = 1, \cdots, 6\}$，为 6 个候选合作伙伴构成的集合。

由于构建供应链协同网络的同时，需要充分考虑供应方和需求方之间的协同关系，所以将经销商（"VM 集团"，以下简称"集团"）P_6 看作合作伙伴纳入进来，与各供应商统一称为供应链的合作伙伴。

选择供应链合作伙伴通常要考虑各供应商个体的多个指标，如服务质量、效益水平、信息化水平、风险控制、成本、时效性、可靠性、柔性、价格管理等。集团供应商管理部根据集团评价指标体系的原则和要求，选用的个体评价指标如下：

定义集合 $I = \{I_g \mid g = 1, \cdots, 6\}$，为 6 个个体指标构成的集合。

（1）质量（I_1）：产品合格率、样品质量、质量管理情况、质量体系认证情况、质量评估等；

（2）价格（I_2）：产品价格、数量折扣、价格水平、运输费用、主动降低成本、历史价格等；

（3）供货能力（I_3）：交货及时性、交货的准确性、样品的及时性、订货的应急响应性等；

（4）服务（I_4）：服务标准化、配套服务（安装调试、售后服务等）、服务态度、服务响应速度、交流反馈能力等；

（5）成本（I_5）：市场研发成本、经营成本、信息成本、机会成本等；

（6）信息化水平（I_6）：信息标准化、信息平台的完整度、信息流的闭环等。

要实现供应链协同性目标，不仅要考虑供应链各组织的个体表现，还要考虑它们之间的协同运作程度，如利益共享和风险分担的机制、业务流程再造的合作程度、信息技术平台的共建、目标的一致性等。集团供应商管理部根据市场需求细分和供应链协同目标，选用的协同评价指标如下：

定义集合 $C = \{C_k \mid k = 1, 2\}$ 为 2 个协同指标构成的集合，每个指标 C_k 可以独立相加。其中，

（1）信息化共建（C_1）：与其他候选合作伙伴共建信息化平台的程度等；

（2）业务流程再造合作（C_2）：为了实现市场需求目标，与其他候选合作伙伴进行合作，实现业务流程再造的合作程度等。

二、协同组织的信息表达

供应链组织网络中的信息是关于供应链组织网络中组织个体表现和组织之间协同表现的信息，即个体信息和协同信息。"VM 集团"对各合作伙伴个体选取的评价指标可以通过协同组织信息的个体信息进行表达。个体信息可用传统的决策矩阵表示。

以质量（I_1）为例，构建打分评价矩阵如表 1-2 所示。

表 1-2　评价指标"质量"的个体信息矩阵

因　素	分数	优秀	良好	一般	较差
P_1	合格率	0.48	0.25	0.19	0.08
	质量管理	0.42	0.285	0.197 5	0.1
	体系认证	0.32	0.35	0.32	0.033
	质量评估	0.5	0.29	0.18	0.03
……	……	……	……	……	……

续表

因　　素	分数	优秀	良好	一般	较差
P_6	合格率	0.37	0.08	0.06	0.49
	质量管理	0.3	0.15	0.072 5	0.48
	体系认证	0.335	0.235	0.08	0.35
	质量评估	0.32	0.2	0.06	0.415

　　"VM 集团"对各供应商之间的协同现状选取的评价指标，可以通过协同组织信息的协同信息进行表达。对于指标信息化共建（C_1）和业务流程再造合作（C_2），可通过行业权威专家打分获取协同信息矩阵（0：没有业务流程再造合作和信息化共建，10：业务流程再造合作和信息化共建水平非常高）如下：

C_1	P_1	P_2	P_3	P_4	P_5	P_6
P_1	0	0	0	0	0	4
P_2	0	0	0	0	0	8
P_3	0	0	0	0	0	7
P_4	0	0	0	0	6	3
P_5	0	0	0	3	0	1
P_6	8	4	9	5	2	0

C_2	P_1	P_2	P_3	P_4	P_5	P_6
P_1	0	0	0	0	0	5
P_2	0	0	3	0	0	6
P_3	0	5	0	0	0	9
P_4	0	0	0	0	0	0
P_5	0	0	0	0	0	8
P_6	4	5	7	2	1	0

　　其中，协同信息矩阵中的元素 a_{ij}^k，$k = 1,2$，表示在协同指标 C_k 下供应链组织 P_i 协同 P_j 的结果，$i = 1,\cdots,6, j = 1,\cdots,6, k = 1,2$。由于企业自身不存在协同关系，所以 $a_{ij}^k = 0$，$i = j$。

　　供应链协同组织网络中，一个节点组织与另一个节点组织之间可能存在非对等互惠的协同关系，即协同组织 P_i 与协同组织 P_j 的互惠效益一般不等于组织 P_j

协同 P_i 的互惠效益。通常 $a_{ij}^k \geq 0, i \neq j$，在协同信息矩阵中，若组织之间单向不存在协同关系，则 $a_{ij}^k = 0$。如：对于 C_2，P_4 对其他所有合作伙伴都不存在协调关系；若组织之间存在非对等互惠的协同关系，则 $a_{ij}^k \neq 0$ 且 $a_{ij}^k \neq a_{ji}^k$，$i \neq j$。如：对于 C_1，$a_{45}^1 = 6$，$a_{54}^1 = 5$，且 $a_{45}^1 \neq a_{54}^1$，说明供应商 P_4 和 P_5 在业务流程再造方面存在合作关系，但供应商 P_4 协同供应商 P_5 的所得效益，低于供应商 P_5 协同供应商 P_4 的所得效益，两者之间存在非对等互惠协同关系。

"VM 集团"建立了基于以上 5 家供应商的个体表现和协调表现的评估指标体系，欲在其中优选 3 家合作伙伴，建立战略合作关系；同时，集团客户目前主要为全国各商超集团，主营业务是为其线下市场大、中、小型超市提供生活用品与食品。但近些年新冠疫情逐渐改变了市场消费习惯，新零售形态呈多样性发展，对此，各商超集团积极推行"全民互联网+实体店"模式，一方面保持各线下门店的正常运营，另一方面积极探索零售新业态，如电商平台、中小型便利店、社区团购等。作为经销商的"VM 集团"面对客户的新态势，也将积极地拓展客户服务领域，从原来的线下大、中、小型传统超市，扩充为线上线下双模式服务，同时覆盖电商平台、社区团购等业务。

任务二 供应链协同网络

一、基于个体信息合作伙伴选择模型

定义集合 $\Phi = \{\varphi_i \mid i = 1, \cdots, 6\}$，为 6 个候选合作伙伴的个体评价结果集合，$\varphi_i$ 为个体表现的综合值。

基于个体评价指标的个体信息矩阵，如表 1-1 所示。选用模糊分析法进行各指标的综合分析，得到这 6 个合作伙伴的个体表现 $\Phi = \{\varphi_i \mid i = 1, \cdots, 6\} = \{0.48, 0.78, 0.25, 0.70, 0.36, 0.80\}$。在只考虑个体表现的情形下，综合表现值 φ_i 越大，代表合作伙伴 P_i 的个体综合表现越好。对供应链协同网络中候选合作伙伴的个体表现有如下优化模型：

定义 $X = (x_1, x_2, \ldots, x_6)^T$ 为合作伙伴选择的决策向量。其中：$x_i = 1$，表示合作伙伴 P_i 被选中；$x_i = 0$，表示合作伙伴 P_i 没有被选中。

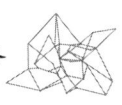

$$\max Z_1 = 0.48x_1 + 0.78x_2 + 0.25x_3 + 0.70x_4 + 0.36x_5 + 0.80x_6$$

$$\text{s. t.} \sum_{i=1}^{5} x_i = 3$$

$$x_i \begin{cases} \in \{0, 1\}, & i = 1, \cdots, 5 \\ = 1, & i = 6 \end{cases}$$

由于 6 个合作伙伴中，P_6 代表的经销商（"VM 集团"）是协同供应链的核心企业，在合作伙伴的选择中 P_6 必须被选中，所以 $x_6 = 1$。

供应链中选择合作伙伴的方法非常多，比如专家打分法、层次分析法、多准则决策法等。大部分方法都结合定性分析和定量分析，具有一定的系统性、实用性、简洁性，能较好地解决模糊的、难以量化的问题，适合各种非确定性问题的解决。本次选用的模糊分析法将在本书第五章客户关系管理中进行详细介绍。

二、基于协同信息合作伙伴的选择模型

在考虑供应链组织协同网络问题过程中，不仅要确定供应链各组织的个体表现综合值，还要评定那些候选合作伙伴的协同表现。已知基于信息化共建（C_1）和业务流程再造合作（C_2）两个指标的协同信息矩阵 A^k，存在当 $i, j = 1, \cdots, 6$；$k = 1, 2$；$n = 6$；$i \neq j$ 时：

$$A^k = [a_{ij}^k]_{n \times n}$$

协同信息矩阵中的元素 a_{ij}^k 表示在协同指标 C_k 下供应链组织 P_i 协同 P_j 的表现。

对于 C_1 信息化共建，需要考量各合作伙伴的信息化水平是否均衡、业务接口是否匹配、共享数据的意愿是否强烈等问题；对于 C_2 业务流程再造合作，需要考量各合作伙伴的支撑系统、政策、组织，以及现有业务流程的限制条件、重组业务流程的融合与协调等问题。在各候选合作伙伴协同表现的诸多评估指标体系中，各指标的性质不同，通常具有不同的量纲和数量级，每个指标的性质、量纲、数量级等特征均存在一定的差异。当各指标间的水平相差很大时，如果直接用原始指标值进行分析，就会相对突出数值较高的指标在综合分析中的作用，相对削弱数值水平较低指标的作用。为了进行综合比较，分析数据前，需要统一比较的标准。于是，我们要将数据按照一定的标准进行规范化处理，让数据更有可比性。MIN-MAX 规范化方法是对原始数据进行线性变换，将一个原始值规范化映射成区间 [0，1] 中的值。

例如，对矩阵 A^k：

C_1	P_1	P_2	P_3	P_4	P_5	P_6
P_1	0	0	0	0	0	4
P_2	0	0	0	0	0	8
P_3	0	0	0	0	0	7
P_4	0	0	0	0	6	3
P_5	0	0	0	3	0	1
P_6	8	4	9	5	2	0

C_2	P_1	P_2	P_3	P_4	P_5	P_6
P_1	0	0	0	0	0	5
P_2	0	0	3	0	0	6
P_3	0	5	0	0	0	9
P_4	0	0	0	0	0	0
P_5	0	0	0	0	0	8
P_6	4	5	7	2	1	0

进行 MIN-MAX 规范化处理：

$$a'^k_{ij} = \frac{a^k_{ij} - a^{k_{\min}}}{a^{k_{\max}} - a^{k_{\min}}}, \ i, j = 1, \cdots, n; \ i \neq j; \ k = 1, \cdots, m.$$

其中，　　　$a^{k_{\max}} = \max \{a^k_{ij} \mid i, j = 1, \cdots, n; \ i \neq j; \ k = 1, \cdots, m\}$；

$a^{k_{\min}} = \min \{a^k_{ij} \mid i, j = 1, \cdots, n; \ i \neq j; \ k = 1, \cdots, m\}$.

得到关于 A^k 的规范化矩阵 $A'^k = [a'^k_{ij}]_{n \times n}$：

C_1	P_1	P_2	P_3	P_4	P_5	P_6
P_1	0.00	0.00	0.00	0.00	0.00	0.44
P_2	0.00	0.00	0.00	0.00	0.00	0.89
P_3	0.00	0.00	0.00	0.00	0.00	0.78
P_4	0.00	0.00	0.00	0.00	0.67	0.33
P_5	0.00	0.00	0.00	0.33	0.00	0.11
P_6	0.89	0.44	1.00	0.56	0.22	0.00

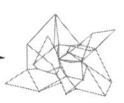

C_2	P_1	P_2	P_3	P_4	P_5	P_6
P_1	0.00	0.00	0.00	0.00	0.00	0.56
P_2	0.00	0.00	0.33	0.00	0.00	0.67
P_3	0.00	0.56	0.00	0.00	0.00	1.00
P_4	0.00	0.00	0.00	0.00	0.00	0.89
P_5	0.00	0.00	0.00	0.00	0.00	0.89
P_6	0.44	0.56	0.78	0.22	0.08	0.00

以上为规范化的各候选合作伙伴协同信息矩阵，即对于不同评估指标各组织对其他组织的协同表现。

定义集合：① $W = \{w_1, w_2\}$，为协同指标构成的集合，w_k 表示协同指标 C_k 的权重，且满足 $w_1 + w_2 = 1$；$0 \leq w_1, w_2 \leq 1$。② $\Theta = \{\theta_{i,j} | i, j = 1, \cdots, 6\}$，$i \neq j$，为 6 个候选合作伙伴的协同评价结果集合，$\theta_{i,j}$ 为供应链组织 P_i 协同 P_j 表现的协同信息综合值，即：

$$\theta_{i,j} = \sum_{k=1}^{m} w_k a'^k_{ij}, \ i, j = 1, \cdots, n; \ i \neq j$$

"VM 集团"对各协同评估指标进行权重分配，由于业务流程再造是信息化共建的前提基础，也是信息化共建效果的保证，所以将 C_1 赋予权重 0.3，将 C_2 赋予权重 0.7。通过线性加权，可得到候选合作伙伴之间的协同信息综合值如下：

	P_1	P_2	P_3	P_4	P_5	P_6
P_1	0.00	0.00	0.00	0.00	0.00	0.52
P_2	0.00	0.00	0.23	0.00	0.00	0.73
P_3	0.00	0.39	0.00	0.00	0.00	0.93
P_4	0.00	0.00	0.00	0.00	0.20	0.10
P_5	0.00	0.00	0.00	0.10	0.00	0.66
P_6	0.58	0.52	0.84	0.32	0.12	0.00

在只考虑协同表现的情形下，综合表现值 $\theta_{i,j}$ 越大，代表候选合作伙伴 P_i 协同 P_j 的协同综合表现越好。对供应链协同网络中候选合作伙伴的协同表现有如下优化模型：

$$\max Z_2 = 0.52x_1x_6 + 0.23x_2x_3 + 0.73x_2x_6 + 0.39x_3x_2 + 0.93x_3x_6 +$$
$$0.20x_4x_5 + 0.10x_4x_6 + 0.10x_5x_4 + 0.66x_5x_6 + 0.58x_6x_1 +$$
$$0.52x_6x_2 + 0.84x_6x_3 + 0.32x_6x_4 + 0.12x_6x_5$$

整理得：

$$\max Z_2 = 1.1x_1x_6 + 1.25x_2x_6 + 1.77x_3x_6 + 0.42x_4x_6 + 0.78x_5x_6 + 0.62x_2x_3 + 0.30x_4x_5$$

$$\text{s.t} \sum_{i=1}^{6} x_i = 4$$

$$x_i \begin{cases} \in \{0, 1\}, & i = 1, \cdots, 5 \\ = 1, & i = 6 \end{cases}$$

将供应链协同网络中各候选合作伙伴的个体信息与协同信息综合，得到如下综合矩阵：

	P_1	P_2	P_3	P_4	P_5	P_6
P_1	**0.48**	0.00	0.00	0.00	0.00	0.52
P_2	0.00	**0.78**	0.23	0.00	0.00	0.73
P_3	0.00	0.39	**0.25**	0.00	0.00	0.93
P_4	0.00	0.00	0.00	**0.70**	0.20	0.10
P_5	0.00	0.00	0.00	0.10	**0.36**	0.66
P_6	0.58	0.52	0.84	0.32	0.12	**0.80**

其中，由于各候选合作伙伴对自身没有协同性，矩阵的对角线元素为协同网络各组织的个体信息综合值，其他元素为协同网络各组织的协同信息综合值。

综上，"VM 集团"为了构建供应链组织协同网络，对各候选合作伙伴进行个体综合评定和协同综合评定，得到供应链协同网络合作伙伴选择模型：

$$\max Z_1 = 0.48x_1 + 0.78x_2 + 0.25x_3 + 0.70x_4 + 0.36x_5 + 0.80x_6 \qquad (1-1)$$

$$\max Z_2 = 1.1x_1x_6 + 1.25x_2x_6 + 1.77x_3x_6 + 0.42x_4x_6 + 0.78x_5x_6 + 0.62x_2x_3 + 0.30x_4x_5$$

$$(1-2)$$

$$\text{s.t} \sum_{i=1}^{5} x_i = 3 \qquad (1-3)$$

$$\text{s.t} \sum_{i=1}^{6} x_i = 4 \qquad (1-4)$$

$$x_i \begin{cases} \in \{0, 1\}, & i = 1, \cdots, 5 \\ = 1, & i = 6 \end{cases} \qquad (1-5)$$

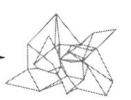

三、基于个体和协同信息的供应链合作伙伴选择

"VM 集团"计划选择 3 家供应商作为战略合作伙伴，且 P_6 一定会被选择，所以，对于式（1-3）、式（1-4）、式（1-5），供应链协同网络合作伙伴选择模型的解空间有如表 1-3 所示的 10 个决策向量。

表 1-3 合作伙伴选择模型的解向量

序 号	决策向量	$\{i \mid x_i = 1\}$
1	$(1, 1, 1, 0, 0, 1)^T$	1, 2, 3, 6
2	$(1, 1, 0, 1, 0, 1)^T$	1, 2, 4, 6
3	$(1, 1, 0, 0, 1, 1)^T$	1, 2, 5, 6
4	$(1, 0, 1, 1, 0, 1)^T$	1, 3, 4, 6
5	$(1, 0, 1, 0, 1, 1)^T$	1, 3, 5, 6
6	$(1, 0, 0, 1, 1, 1)^T$	1, 4, 5, 6
7	$(0, 1, 1, 1, 0, 1)^T$	2, 3, 4, 6
8	$(0, 1, 1, 0, 1, 1)^T$	2, 3, 5, 6
9	$(0, 1, 0, 1, 1, 1)^T$	2, 4, 5, 6
10	$(0, 0, 1, 1, 0, 1)^T$	3, 4, 5, 6

所以，对于式（1-1）、式（1-2），供应链协同网络合作伙伴选择模型目标函数值有如表 1-4 所示的 10 种情况。

表 1-4 合作伙伴选择模型的目标函数值

序 号	决策向量	目标函数值	
		Z_1	Z_2
1	$(1, 1, 1, 0, 0, 1)^T$	2.31	4.74
2	$(1, 1, 0, 1, 0, 1)^T$	2.76	2.77
3	$(1, 1, 0, 0, 1, 1)^T$	2.42	3.13
4	$(1, 0, 1, 1, 0, 1)^T$	2.23	3.29
5	$(1, 0, 1, 0, 1, 1)^T$	1.89	3.65
6	$(1, 0, 0, 1, 1, 1)^T$	2.34	2.60
7	$(0, 1, 1, 1, 0, 1)^T$	2.53	4.06

序　号	决策向量	目标函数值	
		Z_1	Z_2
8	$(0, 1, 1, 0, 1, 1)^T$	2.19	4.42
9	$(0, 1, 0, 1, 1, 1)^T$	2.64	2.75
10	$(0, 0, 1, 1, 0, 1)^T$	2.11	3.27

　　在同时考虑个体信息和协同信息的供应链组织协同网络合作伙伴的选择问题上，网络信息中的个体信息和协同信息构成两个维度目标。在这类多维度决策分析问题中，各维度目标需要结合成一个综合指标来反映决策分析对象（供应链组织协同网络合作伙伴的选择问题）的整体情况。"VM 集团"采取分配个体信息和协同信息不同的权重来确定各候选合作伙伴的综合表现。考虑到下列因素：①供应链经营的商品为各类超市销售的食品和生活用品，种类繁杂且可替代性强；②供应商市场基本稳定，且竞争激烈；③需通过各成员企业协同合作来实现降低采购成本，优化生产，共建信息沟通平台等目标；④供应链合作伙伴之间的协同程度对供应链有效满足市场需求的影响，较它们个体表现的优劣对满足市场需求的影响更为深远。所以，集团决定分别赋予个体信息目标函数和协同信息目标函数的权重为（0.3，0.7），于是，有了表 1-5 所示的目标函数综合值。

表 1-5　合作伙伴选择模型的目标函数综合值

序　号	决策向量	目标函数综合值 （Z_1 权重为 0.3，Z_2 权重为 0.7）
1	$(1, 1, 1, 0, 0, 1)^T$	4.01
2	$(1, 1, 0, 1, 0, 1)^T$	2.77
3	$(1, 1, 0, 0, 1, 1)^T$	2.92
4	$(1, 0, 1, 1, 0, 1)^T$	2.97
5	$(1, 0, 1, 0, 1, 1)^T$	3.12
6	$(1, 0, 0, 1, 1, 1)^T$	2.52
7	$(0, 1, 1, 1, 0, 1)^T$	3.60
8	$(0, 1, 1, 0, 1, 1)^T$	3.75

续表

序 号	决策向量	目标函数综合值 （Z_1 权重为 0.3，Z_2 权重为 0.7）
9	$(0, 1, 0, 1, 1, 1)^T$	2.72
10	$(0, 0, 1, 1, 0, 1)^T$	2.92

在表 1-5 中，关于同时考虑个体信息和协同信息的供应链组织协同网络合作伙伴的选择问题，序号为 1 的目标函数综合值最大，解向量为 $(1, 1, 1, 0, 0, 1)^T$。

"VM 集团"确定选择 P_1、P_2、P_3 为战略合作伙伴构建供应链协同供应体系。

任务三 供应链协同网络运营

综上所述，"VM 集团"构建了一个基于个体表现和协同表现的供应链协同网络。这是由具有一定协同、非对等互惠关系的 3 个供应商（食之趣食品工业有限公司、雨时生物科技有限公司、五特实业有限公司）、具有核心企业地位的经销商（"VM 集团"）和其电商平台线上消费者与各功能形态线下门店、社区团购等客户群共同构成的供应链协同网络。如图 1-1 所示。

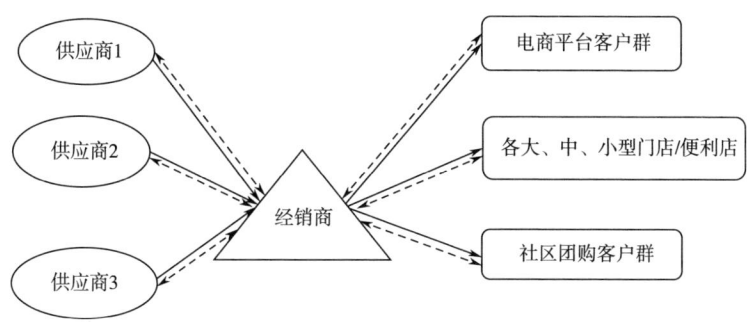

图 1-1 供应链协同网络图

图 1-1 中，单向线段，表示了供应链网络中的物流关系；双向线段，表示了供应链网络中的组织间的协同关系。

在突发公共事件情况下，"VM集团"将供应链协同网络中的各成员企业视为战略合作伙伴，致力于打造向上与供应商协同发展，向下与线上线下客户快速响应市场需求的信息共享、一站式供应链体系。在供应链运营中，"VM集团"将完善信息化标准，建立信息化共享体系：一方面对市场需求进行预测，向上共享需求信息，以指导供应商制订生产计划，实现拉动式生产；另一方面进行采购管理，向下共享库存信息，以指导线下各大、中、小型门店/便利店实施采购策略，实现零库存管理目标；同时，积极开拓社区团购市场与第三方电商平台市场，实现进一步市场客户细分，快速响应市场个性化需求。

考虑到"VM集团"的主营业务为经销各类生活用品、食品和健康防护用品，供应链运营管理并不是其核心业务领域，为了能为供应链体系提供更为专业化的服务、降低运营成本、有效利用资源，"VM集团"决定将供应链部分运营管理业务外包。"北物仓配中心"（以下简称"仓配中心"）设立在北京通州区，自2013年成立以来，承担着"VM集团"对接干线货运、仓储管理、城市配送、信息集成等物流业务，营业范围主要负责物流客户干线运输货物集货与仓管、北京市区大中小型门店分拨与配送等最佳的解决方案和服务。该中心组织结构见图1-2。

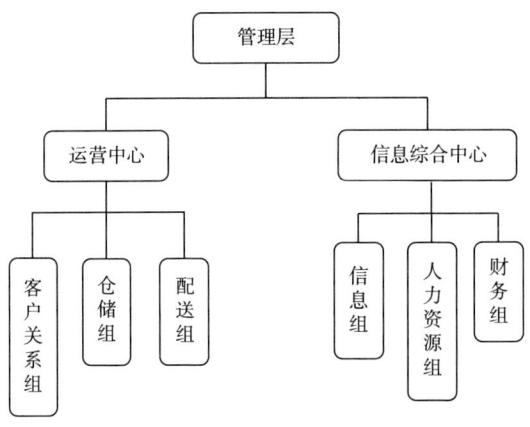

图1-2　北物仓配中心组织结构

根据多方调研和数据的分析与测算，"VM集团"决定将供应链运营部分业务交由"北物仓配中心"实现，并签订外包合同，根据合同条款支付相应费用；仓配中心与其客户开展战略性合作，共同整合行业资源，开展并重构新的物流仓

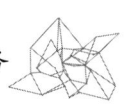

配业务，加强信息集成化，提供高效、安全、快捷的物流服务；按照"VM 集团"的要求，仓配中心对商品市场需求进行调研与预测，并共享市场预测信息，指导"VM 集团"制订采购计划，向各供应商进行采购；各供应商根据集团采购计划，实施拉动式生产；采购的商品直接由干线运输发运到仓配中心，由仓配中心进行仓储管理；仓配中心为"VM 集团"对北京市区各大、中、小型门店/便利店进行客户关系管理，并根据门店客户的分级、门店客户的库存信息与销售信息，为各门店客户制订库存管理计划；各门店根据库存计划向仓配中心发送配送订单，并与"VM 集团"进行财务结算；仓配中心接受各门店配送订单与第三方电商平台配送订单，根据客户需求完成配送管理。

如上所述，供应链协同网络构建完成，各成员企业已按照供应链协同网络运营模式开展合作共赢的企业活动。

【参考知识】

一、供应链物流管理

（一）供应链管理

20 世纪 80 年代以来，物流业空前飞速地发展。特别是在经济全球化、市场竞争更加激烈、产品寿命周期缩短以及顾客期望值提高的形势下，企业不得不关注传统企业物流之外的整个供应链的效率。通信技术和运输技术的发展，使供应链管理技术不断得以发展。

典型的供应链中，厂商先进行原材料的采购，然后在一家或多家工厂进行产品的生产，把产成品运往仓库做暂时储存，最后把产品运往零售商或顾客。为了降低成本和提高服务水平，有效的供应链战略必须考虑供应链各环节的相互作用。

供应链也称物流网络，包括供应商、制造中心、仓库、配送中心和零售点，以及在各机构之间流动的原材料、在制品库存和产成品。由图 3-1 可以看出，供应链由所有加盟的节点企业组成，其中一般有一个核心企业，节点企业在需求信息的驱动下，通过供应链的职能分工与合作（生产、分销、零售等）实现整个供应链的不断增值。

供应链管理可以定义为：在满足服务水平需要的同时，为使系统成本最小而把供应商、制造商、仓库和商店有效地结合成一体来生产商品，并把正确数量的

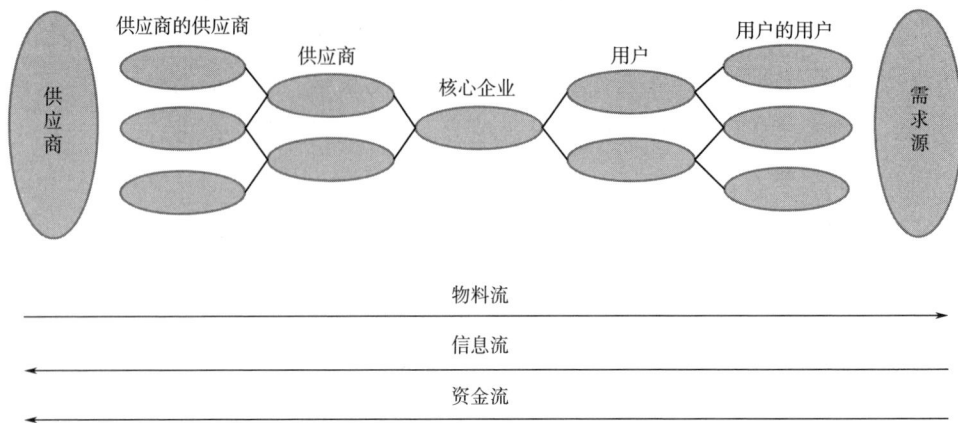

图 1-3　供应链结构

商品在正确的时间配送到正确地点的一套方法。

这个定义中包含下面三个方面的内容：

（1）供应链管理把对成本有影响、在产品满足顾客需求的过程中起作用的每一方都考虑在内，即从供应商和制造工厂，经过仓库和配送中心到零售商和商店。实际上，在一些供应链分析中，还有必要考虑供应商的供应商及用户的用户，因为它们对供应链的业绩是有影响的。

（2）供应链管理的目的在于追求效率和整个系统费用的有效性，使系统总成本达到最小。这个成本包括运输和配送成本，原材料、在制品和成品的库存成本。因此，供区链管理的重点不在于简单地使运输成本达到最小或减小库存，而在于采用系统方法来进行供应链管理。

（3）因为供应链管理是围绕着把供应商、制造商、仓库和商店有效率地结合成一体这一问题来展开的，因此它包括公司许多层次上的活动，包括战略层次、战术层次和操作层次。

关于供应链管理与物流管理的区别，不同的人会有不同回答。实际上，我们可以把供应链管理看成是物流管理的最新理念。美国物流管理协会给出的定义也说明了这一点。从 1998 年起，美国物流管理协会在物流管理的定义中就加入了供应链的概念。在实际物流管理中，只有通过供应链的整合，公司才能显著地降低成本和提高服务水平。供应链的理念不难理解，大家都认识到市场中的竞争已经不是企业与企业的竞争，而是供应链与供应链的竞争。但是在实践中，供应链

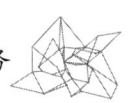

的整合是很困难的，主要的原因在于以下两个方面：

第一，供应链中的不同成员存在着不同的、相互冲突的目标。例如，供应商一般希望制造商进行稳定数量的大量采购，而交货期可灵活变动。与供应商愿望相反，尽管大多数制造商愿意实施长期生产运转，但它们必须对顾客的需求及其变化做出灵活反应。因此，供应商的目标与制造商追求灵活性的目标有矛盾。实际上，因为制造商一般是在缺乏准确的顾客需求信息的条件下做出生产决策的，因此，制造商在使供应与需求相匹配方面的能力很大程度上依赖其随需求信息而变动供应量的能力。同样，制造商进行大批量生产的目标与仓库和配送中心降低库存的目标相冲突。更不幸的是，仓库和配送中心降低库存水平通常意味着运输成本的增加。

第二，供应链是一个动态系统，随时间而变化。事实上，不仅顾客需求和供应商能力随时间而变化，而且供应链成员之间的关系也随时间而演变。例如，随着顾客购买力的提高，制造商和供应商面临更大的压力来生产多种多样的高质量产品，最终生产定制化产品。同样，即使顾客对于特定产品的需求没有多大变化，供应链中的库存水平和延期交货水平也会有相当大的波动。

就在几年前，大多数分析人员会争辩改善服务和降低库存水平这两个目标不可能同时实现。实际上，传统库存理论告诉我们，为了提高服务水平，企业必须增加库存，从而导致成本的增加。令人惊奇的是，信息与通信技术的新发展以及人们对于供应链战略更深刻的理解促进了创新方法的产生，使企业能够同时实现这两个目标。

有效的供应链管理能够使供应链上的企业获得并保持持久的竞争优势，从而提高供应链的整体竞争能力。据有关资料统计，供应链管理的实施可以使企业总成本下降10%，供应链上的节点企业按时交货率提高15%以上，订货到生产这一周期的时间缩短25%～35%，供应链上的节点企业的生产率、增值率提高10%以上。越来越多的企业意识到这实施供应链管理的战略意义，著名企业如惠普、IBM、沃尔玛、宝洁、戴尔、通用汽车等在供应链实践中取得的成就，更使人坚信供应链管理是进入21世纪后企业适应全球竞争的一个有效途径。正如英国著名供应链专家马丁·克里斯多夫（Martin Christopher）所言，"21世纪的竞争不是企业和企业之同的克争，而是供应链和供应链之间的竞争"，"市场上将只有供应链而没有企业"。

（二）供应链管理的一些关键问题

如果公司通过建立战略伙伴、利用集中型仓库管理方法或实施直接转运（cross-docking）战略改善了供应链业绩，那么是什么因素制约其他企业采用同样的技术来改善它们的供应链业绩呢？供应链是一个复杂的网络，这个网络是由具有不同战略目标的成员和组织构成的。这意味着为某个特定企业寻找相称的供应链战略会面临巨大的挑战。供应链管理的复杂性主要在于以下几个原因：

（1）使供应与需求相匹配，是一个很大的挑战。困难在于在需求实现之前，制造商必须以某种生产水平进行生产，这意味着巨大的财务和供应上的风险。

（2）系统随时间变化而变化也是一个重要的需要考虑的因素。即使能够准确地预测需求（例如，存在长期供货合同），计划过程也需要考虑在一段时间内由于季节波动、趋势、广告和促销、竞争者的定价策略等因素引起的需求和成本参数的变化。这些随时间而变化的需求和成本参数使确定最有效的供应链管理战略变得很困难。最有效的供应链管理战略，就是使系统成本达到最小和满足顾客需求的战略。

（3）许多供应链问题是新问题，因此，无法对所有涉及的问题做出清楚的解释。例如，在高技术产业中，产品的寿命周期正在变得越来越短。尤其是许多计算机和打印机型号只有几个月的寿命，所以制造商可能只有一个订单或生产机会。遗憾的是，因为这些产品是新产品，不存在能使制造商对顾客需求做出准确预测的历史数据；同时，在这些行业中，产品的快速增加使预测某一特定产品的需求变得越来越难；最后，这些行业大幅度降价是很普遍的现象，相应降低了产品在其寿命周期内的价值。

在某些行业中，供应链管理可能是决定企业成败的唯一最重要的因素。事实上，在计算机和打印机行业中，大多数制造商采用同样的供应商和相同的技术，企业在成本和服务水平方面进行竞争，而成本和服务水平是我们所给出的供应链管理定义中的两个关键要素。

供应链管理中的问题涉及许多方面的活动，从战略层次到战术层次，再到作业层次。战略层的问题是对公司有着长远影响的决策，这包括关于仓库和制造工厂的数量、布局和能力大小，以及物料在物流网络中流动等方面的决策；战术层的决策一般每季度或每年都要进行更新，这些决策包括采购和生产决策，库存策略和运输策略；作业层次则包括日常活动的决策，如计划、估计备货期、安排运

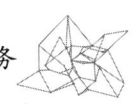

输路线、装车等。

以下是供应链管理中一些关键的问题。

1. 配送网络的重构

配送网络重构是指采用几个工厂生产的产品来服务一组在地理位置上分散的零售商。例如，目前的一组仓库可能不合适，管理层希望重新组织和设计配送网络。这可能是由于需求模式的改变，或者是由于现有的几个仓库租赁合同的终止。另外，需求模式的变化可能要求改变工厂的生产水平，选择新的供应商，设计商品在配送网络中的新的流动方式。管理层需要决定如何在最小化总生产、库存、运输成本和满足一定服务水平的条件下，选择各仓库的地点和容量，确定每一个工厂的生产水平，安排各设施之间（从工厂到仓库或从仓库到零售商）的运输。

2. 库存控制问题

一个零售商对某一特定的产品应该持有多少库存？因为顾客需求随时间而变化，零售商只能用历史数据来预测需求。零售商的目标在于决定在什么点上再订购一批产品，以及为了最小化库存订购和保管成本，应订多少产品。更基本的问题是，零售商为什么要保留库存？是因为顾客需求的不确定性，供应过程的不确定性，还是其他一些原因？如果是因为顾客需求的不确定性，那么是否可以采用一些措施来减少这种不确定性？零售商的订货量是否应该大于、小于或等于需求的预测值？最后，应该采用多大的库存周转率？不同行业是否有不同的库存周转率？

3. 配送战略问题

大家知道，沃尔玛公司的成功与采用直接转运的配送战略有关。在这个战略中，商店由中央仓库供应商品，中央仓库充当供应过程的调节者和来自外部供应商的订货的转运站，而其本身并不保留库存，我们把这样的仓库称为直接转运点。我们需要考虑以下问题：需要多少直接转运点？采取直接转运战略是否比仓库中持有库存的经典战略更好？某个特定的企业应采用哪个战略：直接转运战略还是在仓库中保留库存的经典配送战略，或者把物品直接从供应商运往商店的直接运输战略？

4. 供应链集成和战略伙伴

由于供应链本身的动态性以及不同机构和伙伴有着相互冲突的目标，对供应链进行集成是相当困难的。但不管怎样，成功案例表明集成供应链不但是可能的，而且能够对企业的业绩和市场占有率产生巨大的影响。当然，有人会认为这些成功的例子是在其各自行业处于最大的公司的例子，这些公司能够实施其他公司无法实施的技术和战略。然而，在当今竞争激烈的市场中，大多数公司别无选择，它们是被迫集成其供应链并忙于寻找战略性合作伙伴的，这种压力来自顾客和供应链伙伴。集成如何取得成功？显然，信息共享和作业计划是成功的集成供应链的关键。但问题是：什么信息应该共享？如何共享？信息如何影响供应链的设计和作业？在组织内部和外部合作人之间需要什么层次的集成？最后，可以实施哪些类型的伙伴关系？在给定的情况下，应实施哪种类型的伙伴关系？

5. 产品设计

有效的设计在供应链中起着多方面的关键作用。最明显的是，某些产品设计相对于其他设计会增加库存保管成本或运输成本，而其他一些设计可能有利于缩短制造周期。但是，产品重新设计通常是代价高昂的。什么时候值得对产品进行重新设计来减少物流成本或缩短供应链周期？通过产品设计的作用来弥补顾客需求的不确定性是否可行？能否对战略导致的成本节约额定量化？为了利用新产品设计，对供应链要做什么样的修改？最后，诸如大量定制化等新概念越来越流行，在成功地实施这些新概念的过程中，供应链管理扮演着什么样的角色？

6. 信息技术和决策支持系统

信息技术是促成有效供应链管理的关键因素。实际上，目前人们对于供应链管理的许多兴趣，都是因为有了大量数据而出现机遇，以及通过对这些数据进行复杂分析能够取得成本节约所引起的。供应链管理的基本问题不在于是否可以获取数据，而在于应该传递什么数据，即：哪些数据对于供应链管理是重要的，哪些数据是可以忽略的？应该如何进行数据的分析和利用？因特网的影响是什么？电子商务的作用是什么？在企业内部和供应链伙伴之间需要什么样的基础设施？最后，因为能够获得信息技术和决策支持系统，能否把这些技术看作是用来获取市场竞争优势的主要工具？如果可以的话，那么是什么因素阻止其他企业采用同样的技术？

7. 顾客价值的衡量

顾客价值是衡量一个企业对于其顾客的贡献大小的指标，这一指标是根据企业提供的全部物品、服务以及无形影响来衡量的。最近几年来，这个衡量指标已

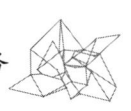

经取代了质量和顾客满意度等指标。显然，如果一个企业希望满足顾客需要和提供价值，那么，有效的供应链管理就是非常关键的。但是，在不同的行业中，是什么因素决定顾客价值呢？顾客价值是如何衡量的呢？在供应链中，信息技术如何用来增强顾客价值？供应链管理如何作用于顾客价值？顾客价值中出现的趋势——如关系的培养和经验的积累——是如何影响供应链管理的？

（三）第三方物流在供应链中的作用

这一部分将讨论供应链整合（supply chain integration）中的一个相关问题：第三方物流供应商在客户供应链运作中扮演或应该扮演什么样的角色？当第三方物流提供者成为供应链整合的推动力时，第三方物流提供者在这些作业中有足够能力吗？

供应链管理的目的是通过提高整个供应链活动的效率，取得竞争优势。其基本原理包括两个方面：

（1）最终产品到达最终客户，只有一个真正起作用的市场。所有的其他市场是原材料转变成产成品中的供应链的一部分，它们都取决于最终市场。只有最终市场才是所有收益的来源。

（2）如果所有的供应链参与方都朝着相同的目标努力，那么，它们对最终市场的影响会达到最大。较大的影响导致较大的收益，因此，所有的供应链参与方都可以通过合作而不是竞争得益。合作与整合将导致可供各供应链参与方分享的收益大增，因为当不必要的交易成本和不确定性避免以后，提供给市场的服务将更具有竞争力。

物流是供应链中不同事物综合的过程。如果要把整个供应链运作得像一个整体一样，整个物流过程必须作为一个统一的过程来运作。狭义地说，这意味着运入、运出活动必须在一个地点协调起来。从供应链角度看，这将导致合作和所有整条供应链的制造、存货、运输、选址等一系列活动的有序安排。

供应链管理与整合可以用以下的运作方式：

- 运入、运出物流的协调；
- 在供应链信息系统和网络中处理信息（销售、跟踪、成本、表现以及衡量等）；
- 存货及能力在供应链中协调；
- 供应链成员人力资源管理与培训的协调。

如果供应方要成为供应链管理和整合的推动力量，就必须有能力运作所有的这些活动。另一个重要方面是他们必须具备设计和重新设计供应链的相关能力。

设计与重组供应链管理或整合的活动如下：

- 设计整合的过程与程序；
- 为整合设计的产品；
- 为整合设计的包装；
- 设计点（不同的地址）的数量与位置；
- 标准与基准（benchmarking）。

对于供应链管理或整合活动管理的改变或创新包括：

- 管理改变或创新的程序；
- 剩余资源的配置；
- 不断改进和学习。

依照设计和改变管理提供服务的市场的参与者由来已久。这些参与者一般是咨询公司，咨询性第三方物流服务供应者必须取得咨询公司具备的物流咨询能力。供应链管理与整合的其他咨询类型活动是：

- 收集行业信息和最佳实践；
- 在供应链伙伴中的配送和安排活动；
- 供应链问题的解决和学习；
- 供应链的模拟与建模。

整个供应链的范围也许很难在市场上找到，但第三方物流供应者服务于一个客户的物流系统中的多个节点是很有可能的。供应链的角度包括从多个节点一直到整个供应链考虑问题。在多个节点和整个供应链作业之间，有一个很大的区别，那就是合同中客户数目的不同。整个供应链作业一般是提供多个客户服务，而多个节点（地点）的作业可能是单个客户范围的作业。有效运作多个节点对于整个供应链的成功运作是非常重要的。

其他供应链管理整合的促进因素是增值活动（value-adding activity）。增值活动通常是指非传统物流的活动，即物流以外的增加价值的活动，它可以是任意类型的活动。从供应链的角度，增值活动可以是物流服务提供者以外的供应链成员提供的活动。由于第三方物流提供者保证了物流基础，增值活动可能发生在连接或者支持物流功能领域，比如，制造、订单管理、采购等。在传统与非传统物流活动的交界处的增值活动越来越受到重视，这些活动是设计用来增加物流网络的效率和连接存货状况的。例如，延期（postponement）、排序与及时送货（sequencing/JIT delivery）等。其他类型的增值活动也能成为供应链管理或整合

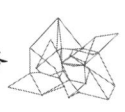

的动力或源泉，如维修服务、服务中心等。

由于外部的各种压力与动力，近来供应链整合出现了新的形式，即采用第四方物流（fourth party logistics）。第四方物流是从外包的第三方演变成分享协作（share-sourcing）。速度、灵活性、全球性等的压力的增加，第四方物流起到了功能整合的更大作用，并承担了更多的操作职责。

第四方物流可定义为综合供应链解决方案的整合和作业的组织者。它负责传统的第三方之外的职责以及传统第三方安排以外的整合功能。

为获得速度与全球性的供应链能力，有必要采用新的方法。必须采用合作方式而不是采购，必须分享权利而不是直接控制。为达到此目的，需要单个组织以外的知识与资源进入第四方物流。

成功的第四方物流基于下列基本原则：

- 形成分享协作组织；
- 整合供应链功能；
- 组织最好的能力来运作供应链；
- 给第四方组织作业上的自主。

形成卓越的第四方组织是成功的关键，卓越的第四方组织专注于供应链。强调分享资源是因为成功的第四方物流组织是在分担风险与分享回报的原则下成立的。这个组织经常以客户与第四方组织之间合资的形式出现。

当今业务的着眼点需要更大的供应链整合。整合对于取得速度、精确的服务、成本的优化是关键的。第三方外包服务的功能已不能满足要求。

供应链的每一个环节都需要评估。如果某一个环节不是最佳的，需要找出一个方法来获得最佳的能力。总之，供应链的强度取决于其最弱的一个环节。当建立了目标与标准，便可让第四方组织去实施。成功的第四方物流是以此基础来衡量并取得回报的。

安达信咨询公司曾在全球组织了许多第四方物流。例如，福特公司在西班牙的 Valencia 工厂的运作。该厂是福特公司在欧洲的第一大生产厂，生产 KA 和 New Escort 汽车，年产量为 345 000 辆，为欧洲的第四大汽车生产厂，该厂每年生产 400 000 台发动机。

1996 年，福特公司决定在 Velancia 工厂引进 KA 生产线。该生产线的引进，使福特公司可以重新评估工厂的采购物流。安达信咨询公司承担对该零部件的供应链开发和第四方物流解决方案，包括引进供应商工业园区和物流中心概念的新的供应链形式。

第四方物流安排的做法包括三个物流供应商和安达信咨询公司，安达信咨询公司在安排中起到了知识合作伙伴的作用。第四方物流组织通过最佳实践和技术的物流战略的转型与实施，已成为实施过程中的支持者，结果是对功能的更大整合。

福特公司的物流中心运作指派安达信公司和它的合作者 Clasa 公司来完成。安达信咨询公司负责管理采购物流过程。

这些活动的结果是 Velancia 工厂的表现大大改善，物流成本每年减少 600 万美元，同时增加了工厂的灵活性。

在物流供应链运作中，第三方物流企业通过下列基本活动为供应链的运作提供支持和保障，包括：

- 供应链产品需求预测；
- 供应链的设计，如供应链节点企业、资源、设备等的评价、选择和定位；
- 企业内部与企业之间物料供应与需求管理；
- 战略性合作伙伴关系管理；
- 基于供应链管理的产品设计与制造管理、生产集成化计划、跟踪和控制；
- 基于供应链的用户服务和物流（运输、库存、包装等）管理；
- 企业间资金流管理（汇率、成本等问题）；
- 基于 Internet/Intranet 的供应链交互信息管理等。

只要积极探索，第三方物流企业在物流供应链管理中是大有可为的，第三方物流企业与厂商合作的方式及潜力有待进一步深入开发。通过本章"任务实施"中的几个任务，可以看出第三方物流企业对物流供应链管理的拓展。

二、新零售时代的供应链管理

(一) 新零售的特征与内核

1. 新零售有一些新的特征

我们认为，新零售重构了人、货、场这三个商业要素。

(1) 人。过去的"人"是不可见的、认知模糊的，而我们现在的技术已可以实现对人的可识别、可到达、可交互。我们可以搞清楚一个客户进来后逛了哪

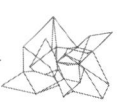

些楼层，进了哪些店铺，停留了多长时间，拿取了哪些商品。我们知道这些数据是有价值的。

（2）货。过去我们的货品管理比较粗放，特别是联营的百货，其实是不管理库存的，库存不可见，单品不可管理。新零售要求对货品进行精准的管理，因为货是对需求的满足，要做到对需求的精准匹配。只有进行数据化的基于单品的管理，才可以做到很精准。

（3）场。过去是各自割裂的实体卖场，而现在是线上线下融合打通，多个场景相互融合。过去是以地理位置为中心的商业，现在是场景化的、以人为中心的商业。

2. 新零售的内核是商业模式的转变

新零售从 B2C 的商业模式转向 C2B 的商业模式。C2B 是阿里巴巴提出的互联网时代新的商业模式，不应把对这个问题的理解局限在定制和零售上。从更广阔的商业场景对 C2B 架构的解释，可以把这个模式分成四个要素：与客户共创价值、个性化营销、拉动式配销和柔性化生产。这四个要素配合起来构成了 C2B 完整的闭环。

（1）与客户共创价值。过去企业内有专业的研发部门，经过秘密研发突然宣布其推出了新的产品。而在新零售时代，我们需要在企业与消费者之间构建一个新的消费者社区，通过与客户的高效互动来共创产品。这个产品具备什么功能、怎么定价、多少数量，都是通过与客户一起商量来制定的。例如，海尔定制平台构建了一个母婴社区，有几万的粉丝与海尔一起，通过超过 10 万次的创意交互，开展了全流程共创。海尔从中发现粉丝喜欢什么样的洗衣设备，与其共同开发了 Sunny 壁挂干衣机这样的产品，非常受欢迎。

（2）个性化营销。在产品越来越个性化、产品种类越来越多的情况下，传统单向的、广播式的、灌输式的营销方式失效了。我们依靠精准营销的方式，通过大数据洞察，通过 SNS 传播方式，把碎片化的需求聚集起来，形成商业上的可能性。其中，SNS 方式，包括网红的社群化方式，本身就是一种好的方式，因为它实现了产销合一。大数据营销还是 B 与 C 的割裂，但社群化营销是产销合一的方式，这是营销的一种高级形态，是品牌的互联网化。

（3）拉动式配销。我们根据市场需求的真实反馈，来决定给客户提供什么产品、什么时候提供、提供多少数量，这在供应链管理体系里已经是非常成熟的做法了。

（4）柔性化生产。关注工业思想，关注智能制造和工业 4.0。如果不关注制造业，做不到快速的产品迭代更新，做不到小批量生产对市场需求的快速反应，永远基于现货做分销、做零售，是无法长久获得利润的。消费需求变化非常快，未来零售业拼的是拥有自主品牌的商品。

（二）零售业供应链的发展现状及趋势

下面谈一下零售业供应链的发展现状及趋势。

1. 未来供应链是网状协同的价值网络

当我们在谈供应链的时候，其还是一个线性的、链式的结构，这是整个工业时代的思考。当产品的需求是确定的，信息是少量的、结构性的时候，供应链是链式结构。而未来，当海量个性化需求出现，数据也是海量的、非结构化的时候，链式的供应结构将很难满足市场需求。这时我们就需要一个网状的供应结构，因为网状最具有弹性，而且反应速度最快，每一个网络节点都可以单独或联合供给。一些企业已经在做积极探索，如一些品牌的设计、生产、仓配等环节，这些企业直接服务客户，听取客户的反馈和评价，而不是像过去那样由品牌商来管控。

滴滴和 Uber 就完全是一个网状的结构。一个剧场散场之后，可能同时产生 5 000 人的用车需求，而且是完全个性化的需求，这些需求依靠社会化的供应网络在短期内可以被满足，而这是链式结构的组织很难做到的。在供应链和协同网络价值之间，还有一个过渡商业模式，就是 S2B。以前我们讲行业的 B2B 是一个风口，但是 S2B 这个概念可能更为准确。赋能型供应平台提供所有 B 需要的基本能力，包括技术能力、货品服务、金融服务、信用保障、售后服务等。这是商业上很重要的一个趋势。

2. 供应链是端到端

对供应链的讨论存在多个角度。如有些人谈的是仓储和物流，制造业专家谈的是生产制造，但新零售供应链一定是端到端的。从消费端到分销领域，一直到品牌方、生产制造、原料采购，一定是端到端的服务。在整个过程中，价值链互联网化的程度是不一样的。这两年，整个后端互联网的成熟度非常高，如营销端的互联网化。特别是在中国，营销端的互联网化、品牌的互联网化都比欧美领先十年以上。而且，我们零售业的互联网化占比也非常高，达到 13% 左右，欧美也只有英国可以达到这样的占比。但是，在整个供应链上游，包括分销端，生产制

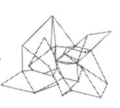

造和采购的互联网化才刚刚开始。而制造的整个互联网化，即智能制造和工业4.0，还处于方兴未艾的早期发展阶段，所以，从这个角度看，供应链发展的潜力非常大。

3. 供应链的起点是研发和设计环节

这是最重要的环节。在具体的运营过程中，我们能够体会到设计和研发已经决定了供应链80%的成本，决定了运营、生产和物流的成本。一个商品设计出来后，已经决定了它是否会滞销，是否会形成库存。它设计出来后，你就知道它的生产成本是多少，整个物流配送的成本是多少。所以，花很大精力在整个供应链的后端做流程改善、成本节省也只有20%的空间。因此，新品的研发变得非常关键。在这个环节，我们必须用新的技术，包括大数据、人工智能（AI）等去提升整个研发过程的效率。

在个性化时代，产品的批量越来越小。过去，新品的研发成本可能是1万元，批量10万件，摊到每件产品上研发成本只有1毛钱；但现在，新零售的所有产品都是小批量，一个产品只能卖300~500件。如果研发成本还是1万元的话，那么分摊的研发成本就会非常高。

4. 弹性、敏捷、智慧将成为供应链非常重要的特征

（1）弹性。弹性实际上就是我们讲的柔性供应链部分，是指生产线和供应链体系能够在个性化、小批量、大批量之间自由切换，同时交货期、成本变化不会很大。弹性的主要目的是实现供应链随需而动，实现供需和谐。

（2）敏捷。产品的生命周期越来越短，要快速出货供货以捕捉市场需求。所有的行业都能感受到"快"这个趋势。例如，服装行业过去提前6~9个月做设计，现在只能提前3~4个月，一些快时尚的企业，如像Zara是2~3周的时间，从设计到摆上货架非常迅速。

（3）智慧化。我们最终要实现商业智能，这里有三个主要因素：①数据；②算法；③产品。首先我们要产生数据，实现初始化过程，这是成本很高的过程，但必须做。有了数据，通过算法，最后产品化，才能实现商务的智能化。

5. 人工智能在整个供应链的每个环节都发挥着非常关键的作用

现在人工智能已经有了一些比较成熟的应用，如天猫超市的数据化妆品，还有智能补货系统。当一个企业管理的SKU数非常巨大，如几万件的时候，就可以通过机器算法的工具去做。未来智慧门店里的陈列方式、装修风格，都可以通过数据化的方式指引。

另外，MES 系统是当下非常热门的产品。MES 可以实现生产工序中每一个设备的在线化，在此基础上就可以实现自动排产。一个生产线可以生产多个品种，前提是必须知道哪个工位、哪个工序、哪个设备是空闲和冗余的。所以在整个流程上，人工智能还有很大应用的空间。

需要强调的是，供应链的目标是帮助零售端提高利润，而不是让自身效率更高，所以，整个供应链最重要的目的就是产销协同。

人们把商业的本质概括为对需求的精准和快速满足。首先是精准地满足，市场需要什么，就相应给它提供什么商品。其次是满足需求要快速，如果速度很慢，则利润空间受到挤压。商业的本质就是快速实现价值流动，如果流速很慢，一定会库存很高或者断货，增加运营成本。所以，新零售供应链未来还有很大的潜力。

三、供应链的结构模型

供应链的构建是一个庞大而复杂的工程，也是十分重要的管理内容。供应链体系结构模型中包括了供应链成员、供应链网络结构及类型和供应链的流程连接。为了有效指导供应链体系的设计，了解和掌握供应链结构模型是十分必要的。

（一）供应链结构中的成员

供应链成员是指从生产地到消费地，通过供应商或顾客直接或间接地与核心公司相互作用的所有公司和组织。在设计供应链之前，必须找出谁是供应链的成员。但是，如果将所有类型的成员都包括进来，则会导致整个网络变得复杂和难以管理。如果没有抓住主要的成员，又会使整个网络失去其功效。因此，为了使复杂的供应链网络更加容易管理，有必要制定一些基本原则来区分主要成员和辅助成员，以决定哪些成员对公司的成功最为重要，从而在管理上给予更多的重视。

供应链的主要成员是指所有那些自主管理的公司，在为特定的客户或市场产生特定输出的业务流程中，这些公司实际上执行着运营或管理活动，在为最终用户将输入转变为输出的过程中增加了价值。供应链的辅助成员是指那些仅仅为供应链主要成员提供资源的公司和组织，例如，贷款给生产商的银行，提供生产设备、房屋租赁的公司，为供应商提供送货服务的快递公司，等等。

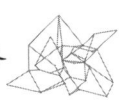

但是，在某些特定情况下，同一家公司既可以执行主要活动，又可以执行辅助的活动，即同一家公司在某一过程中执行的是主要活动，而在另一个过程中执行的又是辅助活动。例如，制造商从供应商那里购买一些关键的生产设备和技术。当制造商开发新产品时，它和供应商紧密合作，因此该供应商是产品开发过程的主要成员。但是，当要考察和监督制造商的管理过程时，该供应商又是辅助成员，因为在设备的输出过程中，供应商并没有为其增加价值。

所以，主要成员和辅助成员之间的区别并不是在所有情况下都很明显。我们需要抓住供应链各环节中的主要功能，分析其本质，判断谁才是供应链的关键成员。

（二）供应链网络结构与模型

1. 供应链模型 I 和 II：链状模型

结合供应链的定义和结构模型，不难得出这样一个简单的供应链模型（如图1-4所示），我们称其为模型 I。供应链的各成员企业构成模型的各个节点，物流、资金流、信息流构成其连线。

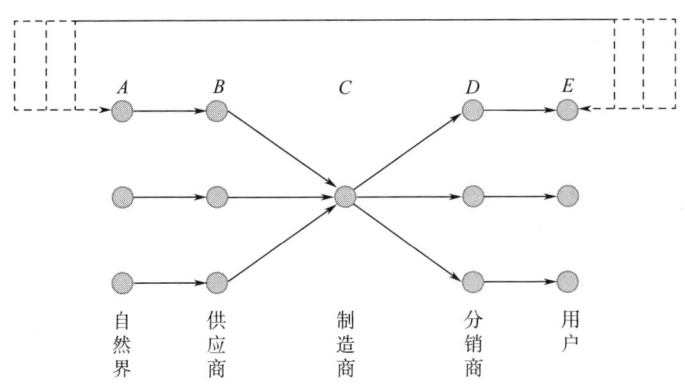

图1-4 模型 I：链状模型

模型 I 清楚地表明产品的最初来源是自然界，如矿山、油田、橡胶园等，最终去向是用户。产品因用户需求而生产，最终被用户所消费。供应链管理通过前馈的信息流和反馈的物流及信息流将供应商、制造商、分销商、零售商和最终用户连成一个整体。产品从自然界到用户经历了供应商、制造商和分销商三级传递，并在传递过程中完成产品加工、产品装配等转换过程。被用户消费掉的最终产品仍回到自然界，完成物质循环，如图1-4中的虚线所示。

显然，模型Ⅰ只是一个简单的静态模型，可将其进一步简化成如图1-5所示的串行链状供应链结构模型。模型Ⅱ是对模型Ⅰ的进一步抽象，它把供应链上的每一个企业都抽象成一个个的点，被称为节点，并用字母或数字表示。节点以一定的方式和顺序联结成一串，构成一条供应链。在模型Ⅱ中，若假定 C 为制造商，则 B 为供应商，D 为分销商；若假定 B 为制造商，则 A 为供应商，C 为分销商。在该模型中，产品的最初来源（自然界）、最终去向（用户）以及产品的物质循环过程都被隐含了。从供应链研究的便利性角度来讲，把自然界和用户融合在模型中并没有太大的作用。串行的供应链结构模型更侧重于对中间过程进行研究。

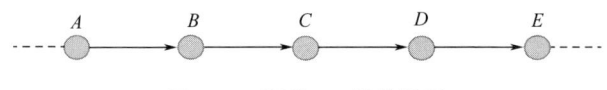

图1-5　模型Ⅱ：链状模型

（1）供应链的方向。供应链上的五类资源流包括物流、信息流、资金流、作业流和价值流，它们流动的方向可以表示出供应链增值运动的方向。

物流的方向一般都是从供应商流向制造商，再流向分销商，最后到达消费者。在一些特殊情况下，如产品退货，其在供应链上的流向与上述方向相反。由于产品退货属逆向物流，此处不予考虑。我们依照物流的方向来定义供应链的方向，以确定供应商、制造商和分销商之间的顺序关系，图1-5中箭头表示的方向即是供应链的物流方向。

（2）供应链的级。在模型Ⅰ中，如果定义 C 为供应链的核心企业——制造商，则可以相应地认为 B 为一级供应商，A 为二级供应商，依次可以递归地定义三级供应商、四级供应商……同样的，从下游企业来看，可以认为 D 为一级分销商，E 为二级分销商，并递归地定义三级分销商、四级分销商……通过分级，我们可以从整体上了解供应链的运行状态。

2. 供应链模型Ⅲ：网状模型

事实上，模型Ⅱ代表的供应链结构模型只是一种抽象的供应链。在实际应用中，C 的供应商可能不止一家，而是有 $B_1, B_2, \cdots, B_n$ 共 n 家，分销商也可能有 $D_1, D_2, \cdots, D_m$ 共 m 家。进一步考虑，C 也可能有 $C_1, C_2, \cdots, C_k$ 共 k 家，这样模型Ⅱ就转变为如图1-6所示的网状模型。网状模型更能体现出现实世界中产品的复杂供应关系。从理论上讲，网状模型可以涵盖世界上所有的企业组织，把所有企业

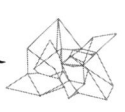

都看作这上面的一个节点，并认为这些节点存在着一定的联系。当然，这些联系有强有弱，而且在不停地变化着。通常，一个企业仅与有限个企业有联系，但这毫不影响我们对供应链模型的理论设定。网状模型对企业供应关系的描述性很强，更适合于我们对供应关系的宏观把握。

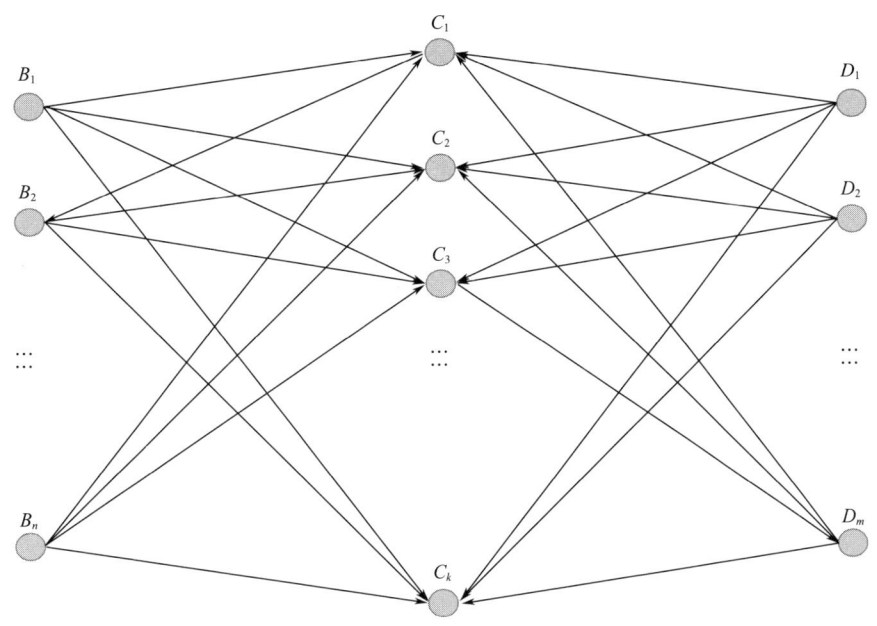

图1-6　模型Ⅲ：网状模型

（1）入点和出点。在网状模型中，物流的流动具有方向性，它从一个节点企业流向另一个节点企业。物流从某些节点补充流入，从某些节点分流流出。我们把这些物流进入的节点称为入点，把物流流出的节点称为出点。入点相当于矿山、油田、橡胶园、山泉等原始材料的提供商，出点即相当于用户。图1-7中 A 即为入点，G 节点为出点。对于有的厂家既是入点又是出点的情况，为了便于对供应链网链表达的简化，将代表这个厂家的节点一分为二，变成两个节点，一个为入点，一个为出点，并用实线将其框起来。如图1-8所示，A_1 为入点，A_2 为出点。同样的，如果有的企业对于另一个企业既是供应商又是分销商，就可以将这个企业一分为二（甚至一分为三或更多），变成两个节点，其中，一个节点表示供应商，一个节点表示分销商，并且也将其用实线框起来。如图1-9所示，B_1 是 C 的供应商，B_2 是 C 的分销商。

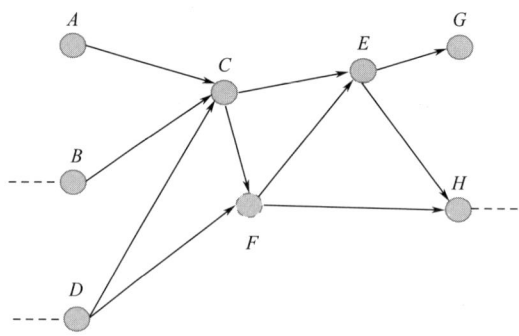

图 1-7　入点和出点

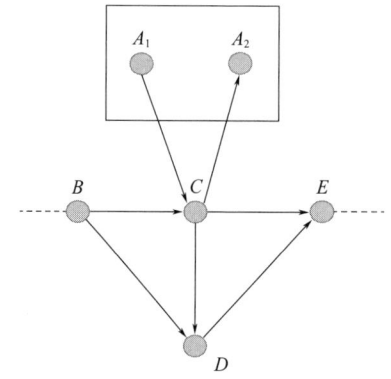

图 1-8　包含入点和出点的企业

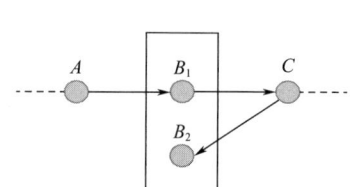

图 1-9　既是供应商又是分销商的企业

（2）供应链子网。对于有些规模非常大、内部结构非常复杂的企业，与其他企业有关的只是其中一个部门，并且内部也存在着产品供应关系。显然，用一个节点来表示这些复杂关系就不够了，这就要求将表示这个企业的节点分解成很多相互联系的小节点，这些小节点就构成一个网，我们称之为子网（如图 1-10 所示）。在引入子网的概念后，再研究图 1-10 中 C 与 D 的联系时，就只需要考虑 C_2 与 D 的联系，而不再考虑 C 中其他点与 D 的联系，这就避免了无效的研究。

（3）虚拟企业。在对供应链子网模型研究的基础上，我们可以把供应链上为了实现各自利益、完成共同目标而通力合作的这样一些企业形象地看成是一个企业，这就是所谓的虚拟企业（如图 1-11 所示）。虚拟企业是在市场经济交往中，一些独立的企业为了共同的利益目标，在特定时间内结成的相互合作的利益共同体。虚拟企业组建和存在的目的就是为了获取相互合作而产生的效益，一旦

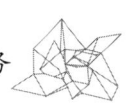

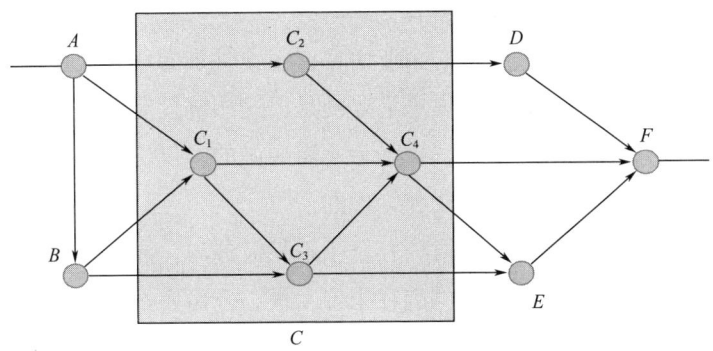

图 1-10 供应链子网模型

这个目的完成或利益不再存在，虚拟企业就不复存在，新的动态企业联盟又随着另一个利益目标的产生而产生。

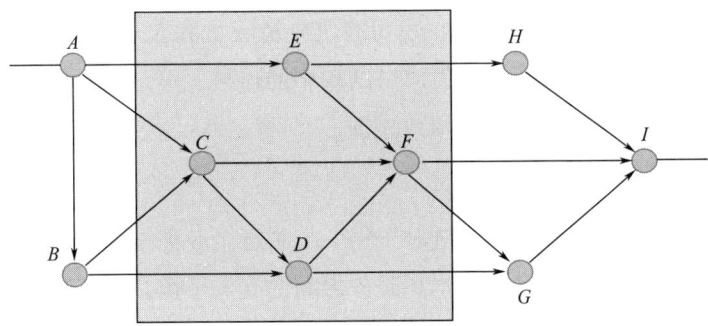

图 1-11 虚拟企业模型

3. 供应链流程的连接类型

通常，用集成的管理贯穿整个供应链的所有业务流程连接是不恰当的。因为随着流程连接的不同，集成的驱动因素会依情况而定，集成的水平也会根据连接的不同而随着时间变化。因此，有一些连接比其他连接更为关键。供应链管理的一项关键任务是在跨越供应链的不同业务流程连接之间分配稀缺的资源。在供应链的成员之间有四种基本的业务流程连接类型。它们分别是：受管理的业务流程连接，受监控的业务流程连接，不受管理的业务流程连接，以及非成员业务流程连接。

受管理的业务流程连接是指核心企业认为重要的、需要进行集成和管理的连接。这种连接需要和供应链的其他成员公司合作。例如，核心企业将集成和管理第 I 层客户和供应商之间的流程连接。

受监控的业务流程链接对核心企业而言，与受管理的业务流程连接相比，不那么关键。然而，对核心公司来说更重要的是，这些链接能够在其他成员公司之间得到适当的集成和管理。因此，核心企业需要做的，仅仅就是按必要的频率监控或审核这些流程连接是如何集成和管理的。

不受管理的业务流程连接是指核心企业不积极参与，或其重要性不足以让核心公司花费资源进行监控的连接。这意味着，核心公司要么由于资源有限的原因任其自身发展，要么完全信任其他成员能够妥善管理这些流程连接。

有时，供应链会受其他相关的供应链所做出的决策的影响。例如，核心企业的某个供应商也是公司的主要竞争对手的供应商。这种供应链结构可能影响到供应商为核心公司的产品开发过程分配人力资源，或在产品短缺时的供应状况以及机密信息的保护。由此便延伸出第四种类型的流程连接，即非成员业务流程连接。非成员业务流程连接是指核心公司的供应链成员和非成员之间的流程连接。非成员连接不被认为是核心公司供应链结构中的连接，但是它们却能够并且经常会影响到核心公司及其供应链的绩效表现。

（三）供应链设计的内容

设计和运行一个有效的供应链对于每一个制造企业都是非常重要的，因为它可以提高用户服务水平，达到成本和服务之间的有效平衡，提高企业竞争力，提高柔性，渗入新的市场。供应链管理系统设计要解决的主要问题就是将制造商、供应商和分销商有机地集成起来，使之成为相互关联的整体。具体而言，供应链设计主要包括以下几个方面的内容：

1. 供应链成员和合作伙伴选择

一个供应链系统由多个供应链成员组成，包括从采购、供应、生产到仓储、运输、销售等多个环节的多家供应商、制造商和销售商以及专门从事物流服务的企业。供应链成员包括为满足客户需求，从原产地到消费地，供应商或客户直接或间接地相互作用的所有公司和组织。这样的供应链是非常复杂的，因此供应链成员的选择是供应链设计的基础。

2. 网络结构设计

供应链网络结构一般与供应链所处的行业有关。供应链网络结构主要由供应链成员、网络结构变量和供应链间工序连接方式三个方面构成。供应链网络结构

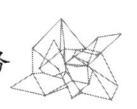

设计的中心是保证网络能够合理地利用和分配资源，提高物流效率，从而达到提高供应链整体价值的目的。因此，为了使复杂的网络易于设计和合理分配资源，必须从整体的角度出发，对网络结构进行设计。

3. 供应链运作的基本规则

供应链上节点企业之间的合作是以信任为基础的。建立和维系相互信任的关系，除了需要各个节点企业的真诚和合作，还需要有一个共同的平台，即供应链运作的基本原则，其主要内容包括：协调机制、信息开放与交互方式、生产物流的计划与控制体系、库存的整体布局、资金结算方式、争议解决机制等。计算机系统和信息系统是供应链运营规则实施的必要的物质基础。

（四）供应链设计的原则

为了贯彻实施供应链管理的思想，在供应链设计过程中，应遵循一些基本的原则，以保证实现供应链设计的目标。

1. 自上而下和自下而上相结合的设计原则

在系统建模设计方法中，存在两种设计方法，即自上而下和自下而上的方法。自上而下的方法是一种从全局规划到局部实现的方法，自下而上的方法是从局部功能实现到全局功能集成的方法；自上而下是一个系统分解的过程，而自下而上是一个功能集成的过程。在设计一个供应链系统时，通常是先由高层主管做出战略规划和决策，然后由下级部门具体实施决策；下级部门在执行过程中再将发现的问题及时反馈给高层部门，在双方交流中对设计的规划、目标和细节问题进行完善。因此，供应链的设计是自上而下和自下而上的综合。

2. 简洁性原则

为了能使供应链具有灵活性和快速响应市场变化的能力，供应链的每个节点都应是简洁而具有活力，并能快速实现业务流程的组合。因此，在设计供应链时，应尽可能减少各节点上的供应商数量，精心选择少数但关键的合作伙伴，建立长期的战略合作伙伴关系。同时，应尽可能使每一个业务流程都简洁，从而避免无效作业，减少采购成本，有效地实施准时制生产和供应方式。

3. 互补性原则

互补性原则也称集优化原则。在选择供应链上的节点企业时应遵循优势互补、强强联合的原则，使每个企业集中精力于自身核心业务的发展，就像企业内部一个独立的制造单元。这些单元化企业自我组织、自我优化、面向目标、动态联合、动态运行、充满活力，能够实现供应链业务的快速重组。

4. 协调性原则

供应链合作伙伴之间的协调程度将直接决定供应链绩效的高低。因此，在设计供应链时，应充分发挥系统内各成员的能动性、创造性和系统与环境的总体协调性，保证整个系统发挥最佳的功能，避免各个节点企业产生狭隘的、利己的本位主义思想，影响各个节点企业之间的和谐关系。

5. 动态性原则

市场是不确定的，供应链的不确定性会导致需求信息的扭曲。为了保证供应链的高效运作，必须使供应链具有一定的柔性，以适应环境的变化；同时，要加强成员企业间的信息透明度，减少中间不必要的环节，以确保成员企业能及时获取市场信息，并根据市场需要及时调整。只有这样，供应链才能动态地适应市场，确保供应链的整体活力。

6. 创新性原则

在进行供应链设计时，在基本模式基础上进行适当的创新是必要的。没有创新性的思维就不会有创新的管理模式，也不会取得满意的供应链设计效果。创新性地设计供应链，就要敢于推陈出新，用新的角度、新的视野审视原有的管理模式和体系，跳出本企业范围和视野，从企业合作的角度进行大胆地创新设计。通常情况下，进行供应链创新性设计时应注意以下几点：一是创新应与企业的总体战略目标保持一致；二是要符合市场发展的需求，综合运用企业的运营能力和各种资源优势；三是充分发挥企业各类人员的创造性，集思广益，并与其他企业共同协作，发挥供应链整体优势；四是建立科学的供应链和项目评价体系及组织管理系统，在进行经济技术分析和可行性论证的基础上再进行供应链的创新设计。

7. 战略性原则

与合作伙伴结成供应链联盟，属于企业战略层面的问题。因此，应从企业战略发展的角度考虑设计供应链，建立适应企业长远发展的供应链系统结构，使其和企业的发展战略保持一致，并在企业战略规划的指导下进行。

第二章　供应链市场需求管理实务

【学习目标】

知识目标：

1. 了解供应链管理中预测的作用和意义；

2. 理解供应链管理中预测需要考虑的内容组成；

3. 掌握供应链管理中预测的方法与流程；

4. 掌握供应链市场需求回归预测分析模型的建立；

5. 掌握供应链市场需求预测影响因素的选择方法；

6. 掌握供应链市场需求逐步回归预测的方法与优化。

能力目标：

1. 能够根据供应链管理预测的作用和意义合理选择预测方法；

2. 能够根据供应链管理预测需要考虑的内容组成合理选择预测影响因素；

3. 能够针对预测方法建立供应链管理预测模型；

4. 能够采用逐步回归分析消除多重共线性问题；

5. 能够通过经济理论检验、统计检验和数理检验对供应链管理预测模型进行优化。

【任务发布】

供应链各成员企业的协同合作，提高了信息共享水平，并通过信息共享，各成员企业可以互相访问一些企业内部关键数据，以合理制定计划、安排作业，提高供应链效率。

"VM 集团"将对各品类主营商品进行市场需求预测，并对市场预测数据实施全供应链信息共享，一方面指导供应链上游各供应商制定生产计划，以实现拉动式供应链运营，另一方面为集团制定采购计划提供重要参考；另外，还可以促使"北物仓配中心"合理进行规划设计，以保证供应链服务效率，快速响应市场需求。

"VM 集团"获取了各商品历年销量、库存、生产等相关数据，并结合消费群体经济情况，作为商品市场需求预测的重要依据。例如生活用品 1（见表2-1）。

表 2-1　生活用品 1 的历史销量数据

年份	销量（万箱）	广告费支出（万元）	商品价格（元）	回收率（%）
2002	34.12	22.7	38.43	3.9
2003	51.46	30	37.31	0.7
2004	57.54	36.5	36.23	0
2005	47.58	37.6	35.17	24.1
2006	57.00	38.4	34.15	0
2007	69.10	41.8	33.15	2.8
2008	83.75	51.4	32.19	0
……	……	……	……	……
2020	147.46	92.5	30.34	0.4
2021	156.95	95.2	29.46	1.8

"VM 集团"将供应链需求管理相关业务外包给"北物仓配中心"，该仓配中心将按照"VM 集团"的要求，对商品市场需求进行调研与预测，并共享市场需求预测信息。

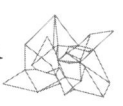

【任务实施】

一个产品的市场需求是指在一定的地理区域、一定的时期内、一定的营销环境和一定的营销计划下，特定顾客群体可能购买的产品总量。需求预测是对将来需求的预期，是企业制定战略规划、生产支配、销售计划，尤其是供应链管理计划的重要依据。预测的目标就是尽可能缩小预估和实际需求之间的差距，精确的预估可以提高客户满足度，提高企业的竞争力。预测需要供应链上下游企业信息共享，协同合作，以降低库存、削减存货、保证生产连续、降低成本和改进服务。供应链管理的合理实施，需要对各种需求不确定性进行识别，精确把握客户需求特性，合理运用各种预估技术，积极响应市场变化，做到供应链反应能力和供应链总体成本之间的合理平衡。

对于2022年的供应链协同实施，供应链上游各供应商为了实现拉动式供应链运营，要按需制订生产计划；经销商为了节约采购成本，要按需制定采购计划；仓配中心为了保证供应链服务效率，快速响应市场需求，要按需合理地进行规划设计……因此，作为供应链核心成员企业的"VM集团"积极提高信息共享度，从上游各供应商及下游市场客户获取各商品的历年销量、库存、生产等相关数据，对2022年市场需进行预测。

以生活用品1为例（见表2-1）。根据"VM集团"要求，仓配中心了解到从2002年起，该商品的销量逐年递增，但递增的比率不恒定；并初步判断，销量的增长与每年企业广告费的支出、商品的价格以及次品的回收率有联系，但是，这些联系是否真正引起销量变化的原因，不得而知。因此，决定采用回归分析法，对2022年市场需求进行预测。

假设因变量 y 代表销量数据，自变量 x_1 代表每年企业对广告费的支出，x_2 代表商品价格，x_3 代表回收率，模型数据如表2-2所示。

表2-2 模型数据

年份	y	x_1	x_2	x_3
2002	34.12	22.7	38.43	3.9
2003	51.46	30	37.31	0.7
2004	57.54	36.5	36.23	0
2005	47.58	37.6	35.17	24.1

续表

年份	y	x_1	x_2	x_3
2006	57.00	38.4	34.15	0
2007	69.10	41.8	33.15	2.8
2008	83.75	51.4	32.19	0
……	……	……	……	……
2020	147.46	92.5	30.34	0.4
2021	156.95	95.2	29.46	1.8

任务一　供应链市场需求数据模型分析

一、对销量 y 和所有影响因素（x_1,x_2,x_3）进行多元回归统计分析

供应链市场需求数据模型中，自变量的个数大于1，预测问题为多元线性回归分析问题。多元回归分析预测法是指通过对两个或两个以上的自变量与一个因变量，建立预测模型进行预测的方法。当自变量与因变量之间存在线性关系时，称为多元线性回归分析，即：

$$y = \beta_0 + \beta_1 x_1 + \beta_2 x_2 + \cdots + \beta_{p-1} x_{p-1} + e$$

其中，β 为回归系数，$\beta = (\beta_0, \beta_1, \cdots, \beta_{p-1})'$ 是（固定的）未知的参数向量；$x_1, \cdots, x_{p-1}$ 为解释变量，其可以是固定的（设计的），也可以是随机的；e 为随机误差项，一般假设 $e \sim (0, \sigma^2)$，且 $E(ex_i) = 1$，$i = 1, \cdots, p-1$。

表2-3是对销量 y 和所有影响因素（x_1,x_2,x_3）进行多元回归统计分析的结果（假设显著性水平为95%）。

表2-3　三个影响因素对销量影响的回归分析

回归统计		
Multiple R	0.995 277 412	
R Square	0.990 577 127	

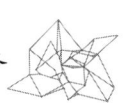

续表

Adjusted R Square	0. 988 810 339				
标准误差	3. 766 270 319				
观测值	20				

方差分析					
	df	*SS*	*MS*	*F*	Significance *F*
回归分析	3	23 858. 8	7 952. 92	560. 665	2. 066E−16
残差	16	226. 957	14. 184 8		
总计	19	24 085. 7			

	Coefficients	标准误差	*t* Stat	*P*−value	Lower 95%	Upper 95%	下限 95.0%	上限 95.0%
Intercept	10. 837 446 34	3. 554 79	3. 048 69	0. 007 66	3. 301 625 9	18. 373 3	3. 301 625 921	18. 373 3
X1	1. 613 932 475	0. 039 62	40. 737 8	1.4E−17	1. 529 947	1. 697 92	1. 529 947 013	1. 697 92
X2	−1. 114 348 778	0. 250 16	−4. 454 5	0. 000 4	−1. 644 67	−0. 584	−1. 644 670 15	−0. 584
X3	−0. 183 231 014	0. 146 09	−1. 254 2	0. 227 77	−0. 492 925	0. 126 46	−0. 492 924 79	0. 126 46

图 2-1 为回归模型系数。

	Coefficients	标准误差	*t* Stat	*P*−value	Lower 95%	Upper 95%	下限 95.0%	上限 95.0%
Intercept	10.837 446 34	3.55 479	3.04 869	0.00 766	3.3 016 259	18.3 733	3.301 625 921	18.3 733
X1	1.613 932 475	0.03 962	40.7 378	1.4E−17	1.529 947	1.69 792	1.529 947 013	1.69 792
X2	−1.114 348 778	0.25 016	−4.4 545	0.0 004	−1.64 467	−0.584	−1.64 467 015	−0.584
X3	−0.183 231 014	0.14 609	−1.2 542	0.22 777	−0.492 925	0.12 646	−0.49 292479	0.12646

图 2-1　回归模型系数

由图 2-1 可知，$\beta_0 = 10.837\ 446\ 34$，$\beta_1 = 1.613\ 932\ 475$，$\beta_2 = -1.114\ 348\ 778$，$\beta_3 = -0.183\ 231\ 014$。则回归预测模型为：

$$y = 10.837\ 446\ 34 + 1.613\ 932\ 475x_1 - 1.114\ 348\ 778x_2 - 0.183\ 231\ 014x_3 + e$$

供应商计划在 2022 年对生活用品 1 进行广告投放，预计支出 168.25 万元；由于加入了供应链协同网络，与各合作伙伴有了更为深远的合作，预计 2022 年的商品价格将调整至 21.5 元；供应链的需求预测促成了生产企业实施拉动式生产，2022 年商品回收率预计将控制在 0.5% 以下。根据市场需求回归预测模型，可以得出 2022 年市场销量预测值。

二、多元回归模型的检验

但是，以上多元回归预测模型是否符合变量之间的现实规律？每年企业对广告费的支出、商品价格以及回收率是否是有效的影响因素？销量与这些影响因素之间是否存在相关关系？估计值与真值的差异有多大，是否显著？回归预测模型是否适用？这些还需要做进一步的检验。一般来说，回归模型需要通过经济意义检验、统计检验和计量经济学检验，只有所有检验都通过，才能确定变量之间关系的现实性，找到有效影响因素，确认因变量与各自变量之间的相关关系，以及回归分析的显著程度。

（一）经济意义检验

回归预测模型要符合经济意义，各参数的估计值的大小与符号要合理，遵循决策者的经验和经济原理。

（二）统计检验

统计检验是运用数理统计的方法，对模型参数估计值的可靠性进行检验。主要包括：拟合优度检验——R^2 检验，方程显著性检验——F 检验，变量显著性检验——t 检验。

1. 拟合优度检验——R^2 检验

顾名思义，它用来检验模型对样本观测值的拟合程度，也就是自变量和因变量的变化的关联密切程度，即销量的变化与广告支出、商品价格和回收率之间的关联程度。拟合优度检验就是检验回归方程对样本观测值的拟合程度，常用复相关系数检验法，也就是 R^2 检验。对前面多元回归统计分析的例子进行拟合优度检验，结果如图 2-2 所示。

回归统计	
Multiple R	0.995 277 412
R Square	0.990 577 127
Adjusted R Square	0.988 810 339
标准误差	3.766 270 319
观测值	20

图 2-2　回归统计分析

其中，Multiple R 对应的数据是相关系数（correlation coefficient），表示所有影响因素（x_1, x_2, x_3）和销量 y 的线性相关程度，取值范围为 $[-1, 1]$。若 $R=1$，

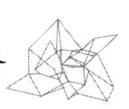

说明 (x_1, x_2, x_3) 和 y 完全正相关，即可以用一条直线，把所有样本点 (x, y) 都串起来，且斜率为正；若 $R = -1$，说明完全负相关，即可以用一条斜率为负的直线把所有点串起来；如果 $R = 0$，则说明 (x_1, x_2, x_3) 和 y 没有线性关系。注意，如果不存在线性关系，自变量与因变量之间也有可能存在其他类型的关系。

本模型中，Multiple R 为 0.995 3，接近 1。综合来讲，三个影响因素和销量相关程度很大。

R^2 对应的数值为测定系数（determination coefficient），或称拟合优度（goodness of fit），它是相关系数的平方。R^2 用来判断回归方程的拟合程度，表示拟合直线能多大程度上反映 y 的波动。$R^2 = 1$，意味着 y 的变化 100% 由 (x_1, x_2, x_3) 的变化引起，没有其他因素会影响 y，回归线能够完全解释 y 的变化；如果 R^2 很低，说明 (x_1, x_2, x_3) 和 y 之间可能不存在线性关系。

本模型中，R^2 为 0.990 6，接近 1。综合来讲，销量的变化主要是由三个影响因素的变化引起的，回归线能够较好地解释销量的变化，即回归模型的拟合度很高，销量 y 值的变化有 99.06% 由影响因素 (x_1, x_2, x_3) 的变化而引起。

R^2 是如何计算出来的？

残差平方和 SSe 是总变差平方和中未被回归方程解释的部分，由影响因素 (x_1, x_2, x_3) 中未包含的一切因素对销量 y 的影响而造成；回归平方和 SSr 是总变差平方和中由回归方程解释的部分。计算公式如下：

$$SSe = \sum (y_i - \widehat{y_i})^2$$

$$SSr = \sum (\widehat{y_i} - \overline{y})^2$$

其中，y_i 为各个样本值，$\overline{y}$ 为样本均值，$\widehat{y_i}$ 为样本估计值。

总变差平方和 SSt 是各个样本值和样本均值之差的平方和，反映了全部数据之间的差异。

$$SSt = \sum (y_i - \overline{y})^2 = SSe + SSr$$

对于前例，由图 2-3 可知：

$$SSr = 23858.8, \ SSe = 226.957, \ SSt = 24085.7$$

如果样本值的拟合效果比较好，SSt 中 SSe 占比应该越小越好：

$$R^2 = \frac{SSr}{SSt}$$

通常 $0 \leqslant R^2 \leqslant 1$，表示在销量数据 y 的总变差中，由影响因素 (x_1, x_2, x_3) 变

方差分析					
	df	SS	MS	F	Significance F
回归分析	3	23 858.8	7 952.92	560.665	2.066E−16
残差	16	226.957	14.1 848		
总计	19	24 085.7	−	−	−

图 2-3 样本总变差平方和

动所引起的变动百分比；R 则描述了自变量 (x_1, x_2, x_3) 与因变量 y 之间的相关程度。

图 2-2 中，Adjusted R Square 对应的是校正测定系数（adjusted determination coefficient），是调整后的 R^2，用来修正因自变量个数增加而导致模型拟合效果过高的情况，多用于衡量多重线性回归。n 为样本数，k 为变量数。

$$\bar{R}^2 = 1 - (1 - R^2)\frac{n-1}{n-k-1}$$

当 $n > 1$ 时，$\bar{R}^2 \leqslant R^2$。

标准误差（S）计算公式如下：

$$S = \sqrt{\frac{1}{n-m-1}SSe}$$

观测值为样本数量，本回归模型是基于之前 20 年的销量数据建立的。

2. 方程的显著性检验——F 检验

对于多元线性回归模型，显著性检验是对总体的线性关系是否显著，即销量 y 与所有影响因素 (x_1, x_2, x_3) 之间的线性关系是否显著。F 检验用来判断 y 与所有 (x_1, x_2, x_3) 之间是否有线性关系。

F 统计量服从以 $(k, n-k-1)$ 为自由度的 F 分布：在给定的显著性水平 α 下，若 $F > F_{\alpha}(k, n-k-1)$，则判定 y 与所有 (x_1, x_2, x_3) 之间的回归效果显著。如图 2-4 所示。

第一列 df 对应的是自由度（degree of freedom），第一行是回归自由度 dfr，等于变量数目，即 $dfr=k$；第二行为残差自由度 dfe，等于样本数目减去变量数目再减 1，即有 $dfe=n-k-1$；第三行为总自由度 dft，等于样本数目减 1，即有 $dft=n-1$；第五列为回归模型的 F 检验值，检验值与 F 统计量相比较，值越大显著性越高，对模型参数的检验需要查表才能决定；第四列 MS 对应的是均方差，它是

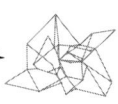

方差分析					
	df	SS	MS	F	Significance F
回归分析	3	23 858.8	7 952.92	560.665	2.06 627E-16
残差	16	226.957	14.1 848		
总计	19	24 085.7			

图 2-4　F 检验统计量

误差平方和除以相应的自由度得到的商，这个数值越小，拟合的效果也就越好；第五列 Significance F 对应的是在显著性水平下的临界值，这个值越小越显著，若为一元线性回归，这个值等于 P 值。

所以在给定的显著性水平 $\alpha = 95\%$ 下，销量回归模型的 F 检验值为 560.665，自由度分别为 3 和 16，经查表（详见附表 1 "F 分布表"）得到分布临界值 $F_{0.05}(3，16) = 3.24$。F 检验值远大于 $F_{0.05}(3，16)$，说明销量 y 与所有影响因素 (x_1, x_2, x_3) 之间的回归效果显著。

3. 变量显著性检验——t 检验

R 检验和 F 检验都是将所有的影响因素 (x_1, x_2, x_3) 作为一个整体来检验它们与销量 y 的相关程度以及回归效果。对于多元回归模型，模型的显著性并不意味每个影响因素 x_i 对销量 y 的影响都是重要的。如果某个影响因素并不重要，则它不应该列为模型的自变量，需要通过逐步回归法，重新建立更为合理的回归模型。所以，有必要对每个影响因素 (x_1, x_2, x_3) 进行显著性检验。t 检验被用来挑选重要因素，剔除可有可无的因素。

t_i 统计量服从以 $(n - k - 1)$ 为自由度的 t 分布；在给定的显著性水平 α 下，若 $|t_i| > F_{\alpha/2}(n - k - 1)$，则判定某变量 x_i 对 y 有显著影响，即某因素 x_i 是影响销量 y 的主要因素。如图 2-5 所示。

	Coefficients	标准误差	t Stat	P-value	Lower 95%	Upper 95%	下限 95.0%	上限 95.0%
Intercept	10.83 744 634	3.55 479	3.04 869	0.00 766	3.301 625 921	18.37 326 676	3.301 625 921	18.37 327
X1	1.613 932 475	0.03 962	40.7 378	1.4E-17	1.529 947 013	1.69 917 936	1.529 947 013	1.697 918
X2	-1.114 348 778	0.25 016	-4.4 545	0.0 004	-1.644 670 149	-0.58 402 741	-1.64 467 015	-0.58 403
X3	-0.183 231 014	0.14 609	-1.2 542	0.22 777	-0.492 924 792	0.126 462 763	-0.49 292 479	0.126 463

图 2-5　t 检验统计量

图 2-5 中，第三列是各回归系数 β_i 的标准误差 $\hat{S_\beta}$；第四列 t Stat 对应的是统

计量的 t 值，$t_{\beta_i} = \dfrac{\beta_i}{\widehat{S_\beta}}$，用于对模型参数的检验，需要查表才能决定；$P$ value 为 t 统计量的值，越低越好，P 值检验与 t 值检验是等价的，但 P 值不用查表，显然要方便得多（一元线性回归时，等于 Significance F，一般要小于 0.05），当 $P<0.05$ 时，可以认为模型在 $\alpha=0.05$ 的水平上显著，或者置信度达到 95%；当 $P<0.01$ 时，可以认为模型在 $\alpha=0.01$ 的水平上显著，或者置信度达到 99%；第六至第九列，为各回归系数 β_i 以 95% 为置信区间的上限和下限，即回归线截距的变化范围和斜率的变化范围。

所以，在给定的显著性水平 $\alpha=95\%$ 下，销量回归模型的 t 检验值为 $t_0=3.048\,69$，$t_1=40.737\,8$，$t_2=-4.454\,5$，$t_3=-1.254\,2$，自由度为 16，经查表（详见附表 2 t 分布表），分布临界值 $t_{0.05/2}(16)=2.119\,9$。$|t_0|$、$|t_1|$、$|t_2|$ 都大于 $t_{0.05/2}(16)$，但是 $|t_3|$ 却小于 $t_{0.05/2}(16)$，说明在整体自变量回归分析中，广告支出 x_1 与商品价格 x_2 是影响销量 y 的主要因素，但商品回收率 x_3 却不是影响销量 y 的主要因素，整体多元回归预测模型无效。

（三）计量经济学检验

回归分析法假设随机误差项在不同的样本点之间是不相关的，但在实际问题中，经常出现与此相违背的情况。随机误差项之间存在相关性，称为序列相关。若存在序列相关，则此时的回归模型无效，必须重新建立回归模型。

任务二　市场需求影响因素的筛选

前面的分析即整体自变量多元回归预测模型中，出现了变量显著性检验不合格的现象，说明影响因素中存在不太重要或者和其他变量高度相关的变量，预测模型无效。所示必须重新建立合理的回归预测模型。

如果仅根据整体多元回归预测模型的统计检验将未通过检验的变量从模型中剔除，就可能引发遗漏变量问题，甚至严重的内生性问题，使得回归预测商品销量的结果不再符合供应链运营基本要求。为了保证回归预测结果是可信的，采取前进法回归分析，合理筛选商品销量的影响因素。销量 y 对每一个影响因素（x_1，x_2，x_3）分别做回归分析，评估每个影响因素 x_i 对 y 的影响程度，选出最具有影响

的且具有统计学显著性的第一个影响因素 x'_1；在这个影响因素的基础上，再次评估能够和影响因素 x'_1 一起影响销量 y 的影响因素的贡献程度，选出最具有影响度的且具有统计学显著性的第二个影响因素 x'_2；以此类推，不断地加入影响因素，直到再也选不出来最具有影响度且具有统计学显著性的第 i 个影响因素 x'_i。

一、对各影响因素分别做回归统计分析

对销量 y 和广告支出 x_1 进行回归统计分析（假设显著性水平为 95%），结果如表 2-4 所示。

表 2-4　广告支出对销量的回归分析

回归统计					
Multiple R	0.981 32				
R Square	0.962 99				
Adjusted R Square	0.960 93				
标准误差	7.036 81				
观测值	20				
方差分析					
	df	SS	MS	F	Significance F
回归分析	1	23 194.419 33	23 194.419 33	468.416 01	2.454 79E-14
残差	18	891.300 761	49.516 708 95		
总计	19	24 085.720 09			

	Coefficients	标准误差	t Stat	P-value	Lower 95%	Upper 95%	下限 95.0%	上限 95.0%
Intercept	-3.348 113	4.799 644 29	-0.697 5	0.494 355	-13.431 79	6.735 5	-13.431 7	6.735 56
X_1	1.593 013 216	0.073 604 355	21.642 92	2.454E-14	1.438 376 204	1.747 650	1.438 376 2	1.747 650 229

对销量 y 和商品价格 x_2 进行回归统计分析（假设显著性水平为 95%），结果如表 2-5 所示。

表 2-5　商品价格对销量的回归分析

回归统计						
Multiple R	0.928 796 667					
R Square	0.862 663 248					
Adjusted R Square	0.854 584 615					
标准误差	1.253 974 34					
观测值	20					
方差分析						
	df	SS	MS	F	Significance F	
回归分析	1	135.464 706 7	135.464 706 7	101.809 52	0.753 341 915	
残差	18	23 950.255 38	1 330.569 743			
总计	19	24 085.720 09				
	Coefficients	标准误差	t Stat	P-value	Lower 95%	Upper 95%	下限 95.0%	上限 95.0%
Intercept	102.475 386 9	25.431 528 81	4.029 462 311	0.000 786 4	49.045 727 47	155.905 0	49.045 727	155.905 046 3
X_2	-0.599 829 93	1.879 896 232	-0.319 076 08	0.753 341 9	-4.549 345 36	3.349 685	-4.549 345	3.349 685 492

对销量 y 和商品回收率 x_3 进行回归统计分析（假设显著性水平为 95%），结果如表 2-6 所示。

表 2-6　商品回收率对销量的回归分析

回归统计		
Multiple R	0.632 310 035	
R Square	0.399 815 98	
Adjusted R Square	0.364 511 038	
标准误差	2.621 425 241	
观测值	20	

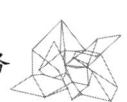

续表

方差分析						
	df	SS	MS	F	Significance F	
回归分析	1	77. 821 499 72	77. 821 499 72	11. 324 646	0. 003 674 152	
残差	18	116. 821 795	6. 871 870 295			
总计	19	194. 643 294 7				

	Coefficients	标准误差	t Stat	P-value	Lower 95%	Upper 95%	下限 95.0%	上限 95.0%
Intercept	8. 030 979 588	0. 785 326	10. 226 300 4	1. 112E-08	6. 374 086 559	9. 687 872	6. 374 086 5	9. 687 872 617
$X3$	0. 262 105 421	0. 077 886 768	3. 365 211 165	0. 003 674 1	0. 097 778 705	0. 426 432	0. 097 778 7	0. 426 432 137

可见，销量 y 和广告支出 x_1 的回归统计分析中，R Square 的值最大，且通过了 F 检验，F 值也为最大，则选定广告支出 x_1 为销量 y 的影响因素。

二、分别对影响因素组合 (x_1, x_2) (x_1, x_3) 做回归分析

先对影响因素组合 (x_1, x_3) 做回归分析，如表 2-7（假设显著性水平为 95%）所示。

表 2-7 广告支出和商品回收率对销量的回归分析

回归统计						
Multiple R	0. 989 389 346					
R Square	0. 978 891 278					
Adjusted R Square	0. 976 407 899					
标准误差	5. 468 728 062					
观测值	20					
方差分析						
	df	SS	MS	F	Significance F	
回归分析	2	23 577. 301 31	11 788. 650 66	394. 177 14	5. 726 99E-15	
残差	17	508. 418 772 5	29. 906 986 62			
总计	19	24 085. 720 09				

	Coefficients	标准误差	t Stat	P-value	Lower 95%	Upper 95%	下限 95.0%	上限 95.0%
Intercept	0.365 687 71	3.871 808 849	0.094 448 803	0.925 856 9	−7.803 114 9	8.534 490	−7.803 114 9	8.534 490 333
X1	1.595 353 523	0.057 206 1	27.887 821 61	1.234E−15	1.474 659 201	1.716 047	1.474 659 2	1.716 047 845
X3	−0.591 260 6	0.165 246 70	−2.078 047 8	0.002 316 6	−0.939 900 6	−0.242 6	−0.939 900	−0.242 620 5

对于广告支出和商品回收率的影响因素组合，R Square 接近 1，且通过了 F 检验；但是对于 t 检验，x_3 的值小于分布临界值。所以，对销量和广告支出和商品回收率的回归预测模型无效，商品回收率不可作为销量预测的影响因素。

再对影响因素组合 (x_1, x_2) 做回归分析，如表 2-8（假设显著性水平为 95%）所示。

表 2-8　广告支出与商品价格对销量的回归分析

回归统计					
Multiple R	0.994 811 873				
R Square	0.989 650 662				
Adjusted R Square	0.988 433 093				
标准误差	3.829 231 713				
观测值	20				
方差分析					
	df	SS	MS	F	Significance F
回归分析	2	23 836.448 82	11 918.224 41	812.808 55	1.338 93E−17
残差	17	249.271 263 7	14.663 015 51		
总计	19	24 085.720 09			

	Coefficients	标准误差	t Stat	P-value	Lower 95%	Upper 95%	下限 95.0%	上限 95.0%
Intercept	11.987 780 1	3.491 853 426	3.433 070 818	0.003 172 3	4.620 613 343	19.354 94	4.620 613 3	19.354 946 85
X1	1.616 772 417	0.040 214 007	40.204 210 91	2.691E−18	1.531 928 279	1.701 616	1.531 928 2	1.701 616 555
X2	−1.311 084 31	0.198 136 633	−6.617 071 75	4.360E−06	−1.729 116 06	−0.893 05	−1.729 116 8	−0.893 052 56

对于广告支出和商品价格的影响因素组合，R Square 接近 1，且效果优于 x_1，x_3 的拟合效果；通过了 F 检验，且显著性高于 x_1, x_3 的 F 值；对于 t 检验，x_1, x_2

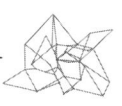

的值均大于分布临界值；对于 P-value 值，所有的统计值均远远小于 0.05。所以，对销量和广告支出和商品价格的回归预测模型有效且显著，选定广告支出和商品价格为销量预测的影响因素，此回归分析为优化回归预测分析。

任务三　供应链市场需求预测分析

广告支出费用和商品价格对销量多元回归预测模型的合理性检验如下。

一、经济学检验

根据图 2-6 第一列可知 $\beta_0 = 11.987\ 780\ 1$，$\beta_1 = 1.616\ 772\ 417$，$\beta_2 = -1.311\ 084\ 31$，由于加大广告费用的支出对商品深入广泛的宣传带来了销量的逐步提升；由于不断提升商品生产核心技术、控制生产和库存成本等原因造成的商品价格逐年降低，进而影响商品销量不断提升。所以，预测模型中的参数估计值的符号与大小必须合理，并符合经济理论经验和基本规律。

	Coefficients	标准误差	t Stat	P-value	Lower 95%	Upper 95%	下限95.0%	上限95.0%
Intercept	11.987 780 1	3.491 853 426	3.433 070 818	0.0 031 723	4.620 613 343	19.354 94	4.620 613 3	19.354 946 85
X_1	1.616 772 417	0.040 214 007	40.204 210 91	2.691E-18	1.531 928 279	1.701 616	1.5 319 282	1.701 616 555
X_2	-1.311 084 31	0.198 136 633	-6.617 071 75	4.360E-06	-1.729 116 06	-0.893 05	-1.729 116 8	-0.893 052 56

图 2-6　广告支出与商品价格的回归系数

二、统计检验 （$n=20$，$k=2$）

（一）拟合优度检验——R^2 检验

前面例子的优化回归统计分析结果如图 2-7 所示。

$R = 0.995$，$R^2 = 0.989\ 7$，$\overline{R}^2 = 0.988\ 4$，接近 1，故此回归预测模型中销量 y 与广告支出费用 x_1 和商品价格 x_2 具有强相关性，且拟合程度很好。

（二）方程显著性检验——F检验

在给定的显著性水平 $\alpha = 95\%$ 下，销量回归模型的 F 检验值为 812.807，自由度分别为 2 和 17，经查表（详见附表 1 F 分布表）得分布临界值 $F_{0.05}(2，17) = 3.59$。F 检验值远大于 $F_{0.05}(2，17)$，此回归预测模型中销量 y 与广告支出费用 x_1 和商品价格 x_2 之间的回归效果显著。

回归统计	
Multiple R	0.994 811 873
R Square	0.989 650 662
A djusted R Square	0.988 433 093
标准误差	3.829 231 713
观测值	20

图 2-7　优化回归统计分析

（三）变量显著性检验——t检验

在给定的显著性水平 $\alpha = 95\%$ 下，销量回归模型的 t 检验值为 $t_0 = 3.433\ 1$，$t_1 = 40.204\ 2$，$t_2 = -6.617\ 7$，自由度为 17，经查表（详见附表 2 t 分布表）得分布临界值 $t_{\frac{0.05}{2}}(17) = 2.109\ 8$，$|t_0|$、$|t_1|$ 均大于 $t_{0.05/2}(17)$。此回归预测模型中，广告支出费用 x_1 和商品价格 x_2 对销量 y 有显著影响。

三、计量经济学检验——DW检验

检验随机误差项在不同样本之间的相关性，即序列相关。在序列相关中，最常见的是一阶自相关，最常用的检验方法是 DW 检验。定义 DW 统计量为：

$$DW = \frac{\sum_{i=2}^{n}(e_i - e_{i-1})^2}{\sum_{i=1}^{n}e_i^2}$$

其中：$e_i = y_i - \hat{y_i}$，是 E_i 的估计值。

模型残差分析如表 2-9 所示。

表 2-9　模型残差

RESIDUAL OUTPUT		
观测值	预测 Y	残差 e_i
1	120. 547 984	1. 664 78
2	82. 864 284 22	0. 425 44
3	119. 394 855	−7. 895 9
4	99. 906 296 17	6. 011 64

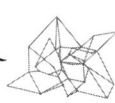

续表

RESIDUAL OUTPUT		
观测值	预测 Y	残差 e_i
5	115. 130 387	−0. 448 5
6	95. 528 177 68	2. 430 31
7	52. 246 842 62	−4. 664 5
8	89. 275 417 04	−4. 123 2
9	110. 770 212 8	0. 365 01
10	63. 678 525 25	5. 419 33
……	……	……
20	132. 196 010 3	−3. 365 4

由表 2-9，得 $DW = 2.298\ 550\ 937$。在给定的显著性水平 $\alpha = 95\%$ 下，查表（详见附表 3）得相应临界值 $d_i = 1.10$，$d_u = 1.54$；利用表 2-10 判别结论。

表 2-10　DW 值与检验结果

DW 值	检验结果
$4 - d_i < DW < 4$	否定假设，存在负自相关
$0 < DW < d_i$	否定假设，存在正自相关
$d_u < DW < 4 - d_u$	接受假设，不存在自相关
$d_i < DW < d_u$	检验无结论（不能确定）
$4 - d_u < DW < 4 - d_i$	检验无结论（不能确定）

由表 2-10 可知，DW 在 1.54 和 2.46 之间，所以，此回归预测模型中不存在自相关，通过了计量经济检验。

残差分布如图 2-8 所示。

残差图中的散点在中轴上下两侧分布，说明预测值有时多些有时少些，总体来说是符合趋势的，这样拟合性就是合理的。

综上所述，广告支出费用和商品价格对销量多元回归预测模型具有合理性。在给定的显著性水平 $\alpha = 95\%$ 下，样本个数 $n = 20$，自变量个数 $k = 2$，标准误差 $S = 3.829\ 2$，$t_{\frac{0.05}{2}}(17) = 2.109\ 8$，销量预测模型为：

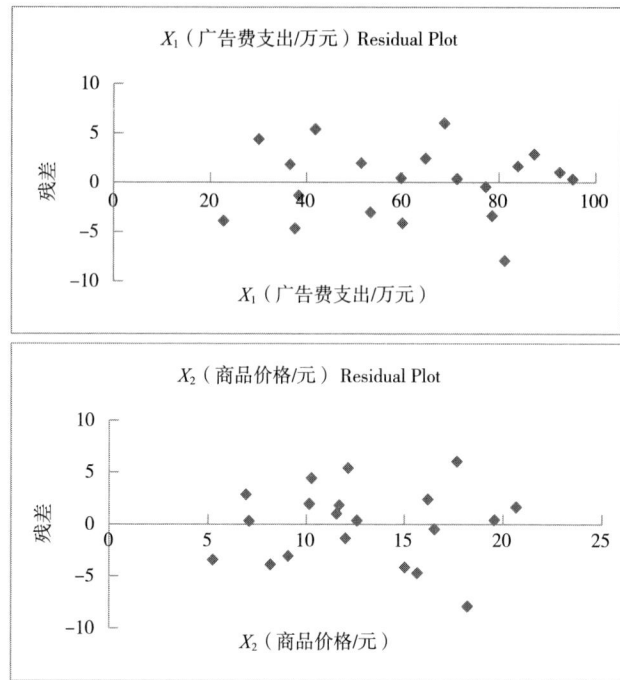

图 2-8　残差图

$$y = 11.987\ 780\ 1 + 1.616\ 772\ 417x_1 - 1.311\ 084\ 31x_2 + e$$

"VM 集团"计划在 2022 年对生活用品 1 进行广告投放，预计支出 168.25 万元；由于供应链协同网络运营，各合作伙伴有了更为深远的合作，预计 2022 年的商品价格将调整至 21.5 元，生活用品 1 的销量预测区间为：

$$y = 11.987\ 780\ 1 + 1.616\ 772\ 417 \times 168.25 - 1.311\ 084\ 31 \times 21.5 \mp 2.109\ 8 \times 3.829\ 2$$
$$= 255.87 \mp 8.08(万箱)$$

即在 2022 年，预计生活用品 1 的销量在 247.79 万~263.95 万箱之间。

现将第一章"供应链协同网络构建实务"中对于"VM 集团"合作伙伴供应商的综合矩阵（见第 7 页）摘录如表 2-11 所示。

表 2-11　"VM 集团"供应商综合矩阵

	P_6
$P1$	0.52
$P2$	0.73
$P3$	0.93

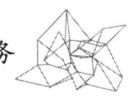

协同矩阵充分考虑了各供应商的个体指标（质量、价格、供货能力、服务、成本、信息化水平等）以及协同指标（信息化共建情况和业务流程再造合作情况等），且矩阵评价值经过了规范化处理。因此，"VM 集团"将根据三家供应商综合矩阵的评分占比分配生活用品 1 的采购量，制订采购计划。

"VM 集团"向供应商"食之趣食品工业有限公司"的计划年采购量为 59.11 万~62.96 万箱，向供应商"雨时生物科技有限公司"的计划年采购量为 82.98 万~88.39 万箱，向供应商"五特实业有限公司"的计划年采购量为 105.71 万~112.60 万箱。各供应商将根据采购订单实施拉动式生产。

【参考知识】

一、供应链需求预测

（一）供应链管理中的需求预测

供应链管理中，预测可以对供应链信息进行计划和协调。供应链中的采购、生产、库存等各项业务活动的计划都是以预测的资料为基础制定的。

为计划和协调设施的生产能力，需要精确的预测。管理者可以利用预测制订计划并在成本最低的前提下对资源进行合理分配。精确的预测可以使管理者有效安排资源需求，以期最大限度地减少生产能力与库存能力波动造成的经济支出。预测主要是通过信息的交换和协调来提高供应链效率的，这不同于以增加库存来提高效率的做法。先进的通信技术已使管理者有更多的机会与顾客和企业内各预测部门分享预测成果。根据战略目标预测，管理者可以计划现金流量和商业活动；根据能力预测，则可以在限制条件内安排生产需求和设施能力需求。此外，通过市场需求预测可以确定产品是如何向配送中心和仓库进行分配的，更进一步地讲，还可以确定如何向零售商分配。需求预测会影响生产计划，进而影响采购需求。显然，要实现供应链一体化，就需要通过共同预测来进行供应链上的各项活动。例如，生产商管理者应考虑大规模的营销和促销活动，以使生产商能够在生产能力约束之内进行作业。过去，各项活动通常只对自身进行预测，所以彼此间很难进行交流以建立共同预测。然而，降低库存的要求和信息技术的进步，都在努力超越企业之间的障碍，促使预测向遍及整个供应链的一体化方向发展。显然，结合财务、营销、销售、生产和物流理念来开发预测程序已势在必行。

（二）预测需考虑的因素

物流预测是为物流作业计划而对货物需求的地点、品种（SKU）以及时间进行的预计。物流经理在进行预测前，先要理解需求的性质和预测对象的组成。

1. 需求的性质

预测的需求可以分成相关需求和独立需求。相关需求是指某种物资的需求量与其他物资有直接的配套关系，当其他某种物资的需求量确定后，就可直接推算出来。企业内的各种在制品、零部件等都属于相关需求。如轮胎装配到汽车上，轮胎的需求取决于汽车装配计划。相关需求关系可以分为垂直相关和水平相关两种。需求的垂直相关分为若干层次，如原材料供应商、零部件制造商、装配商和配送商等。而水平相关需求则是指在每一种物资中包括的附属物、促销品等。例如，购买一副羽毛球拍免费提供的羽毛球。

对基本物资的需求估计最初是通过使用预测、存货状况和需求计划来确定的。一旦采购或制造计划被确定，对零部件的需求（例如，在先前例子中的轮胎和羽毛球）便可以直接进行计算，不需要分别进行预测。因此，零部件项目的预测可以直接产生于基本物资的预测。如果基本物资的需求发生了实质性的变化，那么就有必要调整零部件的需求。一般而言，这种相关需求关系不会改变，所以通常来说没有必要对相关需求项目进行预测，因为它的有关内容最好还是通过基本物资来确定。

独立需求是指某种物资的需求量是由外部市场决定的，与其他物资不存在直接的连带关系。例如，对冰箱的需求有可能与对牛奶的需求无关。所以，对牛奶进行的预测对冰箱的预测不起任何作用。独立需求物资包括大多数产成品形式的消费品和工业物资，应对它们单独进行预测。

预测既强调时间，也强调数据。然而，当存在从属需求时，预测者应该利用这种情况，仅预测基本物资的需求。通常说来，只要有可能，应尽量利用相关性分析开展预测。

2. 预测对象的组成

物流需要用预测数量进行计划和协调。这种预测一般是每一个库存单位和配送地点的月度数字或每周的数字。虽然这种预测数量一般是一个单一数字，但是该数值实际上由六部分组成，包括：①基本需求；②季节因素；③趋势因素；④周期因素；⑤促销因素；⑥不确定因素。

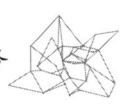

假定基本需求是平均销售水平，而其他部分则是乘以基本水平，并有了经过正负调整的指数或因素，那么如此产生的预测模型将是：

$$F_t = (B_t + S_t + T + C_t + P_t) + I$$

式中：F_t——时间 t 的预测数量；

B_t——时期 t 的基本需求水平；

S_t——时期 t 的季节因素；

T——趋势因素，每一时期的增减数量；

C_t——时期 t 的周期因素；

P_t——时期 t 的促销因素；

I——不确定变数或随机数量。

虽然不一定每项预测都包含上述所有内容，但是了解每一项内容的特性，对于尽可能跟踪它们并适当地吸收到预测中是很有帮助的。各项内容的特征如下：

基本需求是不考虑其他所有的因素时的数值。它预测的是没有季节因素、趋势因素、周期因素和促销因素等成分的需求数量。基本需求以整个时期内的平均值表示。

季节因素通常以年度为基础。例如在圣诞节前玩具需求量较大，而在一年的前三个季度中需求量则相对较低。因此，可以说玩具的需求类型是在前三个季度中季节因素较低，最后一个季度呈现季节因素的峰值。当然，上述讨论的季节因素是指在零售层次。批发层次的季节因素先于消费需求大约一个季度。对于整个时期（如月份）季节因素的平均值为 1.0，但是单个月度的季节因素的取值范围是从 0 到 12。如果季节因素值为 1.2，则表明预计销售高于平均值 20%。

趋势因素为一个时期内销售的长期总趋势。这种趋势值可以是正的、负的，也可以是正负不定的。正的趋势值意味着销售量随时间增加，负的趋势值则表示销售量随时间推移而减少。例如，个人电脑的销售趋势是增长的；出生率的下降，意味着随之而来的一次性尿布的需求将减少；由于人们的饮用习惯的变化，啤酒消费趋势从增长变化到一种不确定。不像其他的预测成分，趋势值会在以后各期影响到基本需求。这种特殊的关系表现如下：

$$B_{t+1} = B_t \times T$$

式中：B_{t+1}——在时期 $t+1$ 内的基本需求；

B_t——在时期 t 内的基本需求；

T——趋势指数。

趋势指数值大于 1.0，意味着定期需求是增长的；趋势指数值小于 1.0，则意味着下降趋势。

周期因素的特点是其需求模式中的波动超过一年。这种周期因素可以是上升的，也可以是下降的。例如经济周期，一般每隔 3~5 年有一次经济从衰退到扩张的波动。住房需求通常就与经济周期以及由此产生的电器产品的需求联系在一起。

促销因素的特点是需求波动是由厂商的市场营销活动引起的，如广告、促销等。这种波动的特点是促销期间销售量增加，此后随着促销结束销售量逐渐下跌。促销可以是有规则的，如在每年的同一时间发生。从预测的角度来看，有规律的促销因素类似于季节因素。无规律的促销因素是在不同的时期内进行促销，所以必须对它分别跟踪。促销因素对于消费品行业来说特别重要，因为它对销售量有很大的影响。在某些行业中，促销销售量甚至会占年度销售量的 50%~80%。促销因素不同于其他预测成分，在很大程度上，厂商在时间和规模上可以控制促销因素。

不确定因素包括随机的或无法预计的、不适合归在其他类别中的因素。由于它的随机性质，不可能事先预计。在展开一项预测时，其目标是要通过跟踪和预计确定因素，使随机因素的影响降至最低。

二、预测方法与流程

（一）预测方法论

预测从方法论角度，可以分为自顶向下方法（top-down approach）和自底向上方法（bottom-up approach）。

1. 自顶向下方法

自顶向下方法也称分解法。如图 2-9 所示，先展开全国层次的 SKU 预测，然后按照历史的销售模式把量分摊到各地。假定全国月度预测总计为 10 000 单位，厂商使用的 4 个配送中心历史上所占份额分别为 40%、30%、20% 和 10%，则每个配送中心的预测值分别为 4 000、3 000、2 000 和 1 000 单位。

预测部门必须根据实际情况选择最佳的方法。对于稳定的需求环境或需求水平，自顶向下方法在整个市场统一变化时是适合的。

2. 自底向上方法

自底向上方法是一种分权化预测方法，每个配送中心可独立地展开预测。每

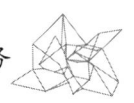

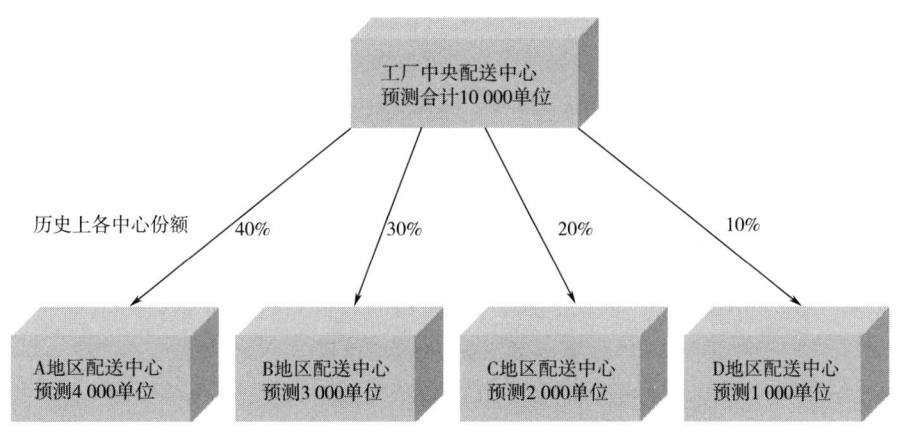

图 2-9　自顶向下方法

一预测都能更精确地跟踪和考虑在特定市场内的需求波动。然而，自底向上方法需要更详细的记录，并且更难结合进系统的需求因素，如一次大型促销的影响。

对这两种方法做出选择，预测部门可以结合两种方法的优点综合考虑。自底向上方法需要详细跟踪，而自顶向下方法在比例分配上有难度。

（二）预测流程

物流计划和协调要求尽可能准确估算各地区产品的各种品种（SKU）的需求。虽然预测还不是一门精确学科，但是越来越多的企业正在实施综合预测流程，它综合各种数据、高级的数理统计技术和决策支持工具，以及经过培训的预测人员。

正常的物流作业预测的时间一般是 1 年或 1 年以下，它取决于计划的预期用途。预测是以每天、每周、每月、每季、半年以及年度为基础的，最常见的是月。

有效的预测流程由若干个部分组成，图 2-10 显示了这些组成部分及相互关系。

首先，预测过程的基础是预测数据库，它包括了订单、订单历史，以及获得订货的战术，如促销等。其他如经济状况等也应考虑在内。为了有效地支持预测，数据库必须包含定时的历史数据与计划数据，它能够使得数据的处理、概括、分析和报告更便利。这一特定的数据库要求满足灵活性、精确性、可维持性以及及时性的要求。

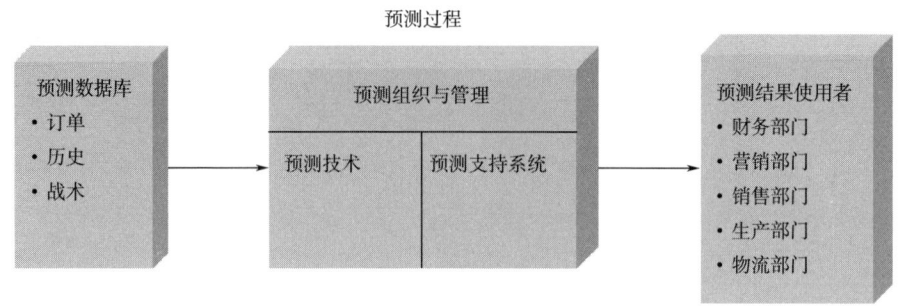

图 2-10　有效的预测过程

其次，有效的预测过程必须开发一种支持用户需要（如财务、营销、销售、生产和物流等部门）的综合的和一致的预测。预测的用户特别要求精确的、一致的和详细及时的结果。

最后，进行有效的预测需要一个能将预测技术、预测支持系统及预测组织与管理三个组成部分结合的流程。

（三）预测的支持系统及组织与管理

1. 预测支持系统

预测支持系统包括收集和分析数据、进行预测，以及把预测结果传送到相关人员和计划系统的数据处理能力。它能对数据的维持和处理起到支持作用，并允许考虑外部的预测因素，如促销、罢市、价格变化、产品线变化、竞争对手的活动，以及经济条件等的影响。该系统的设计必须能够考虑这些变化。如营销经理也许知道下一个月的促销计划有可能使销售量增加 15%。然而，如果对下个月的预测数据很难进行改变的话，调整工作就不能进行。因此，一个有效的预测过程必须包括一个支持系统，能够维持、更新和处理历史数据以及预测数据的数据库。虽然不难理解具备这种调整的能力是必要的，但是，对于在多重地点的成千个 SKU 来说，很难进行操作。不同 SKU 与地点的组合意味着有成千个数据点必须维持在一种有规则的基础之上。为了有效地实施这个功能，预测支持系统必须包括自动化的流程和处理例外情况的流程。

2. 预测的组织与管理

预测行政管理包括预测功能的组织、流程激发以及人事等方面的工作，并把它们结合进企业的其他功能中去。组织方面涉及每个人的责任与权利。具体

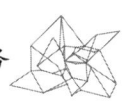

包括：

- 谁负责开展预测？
- 预测的精确性和表现如何衡量？
- 预测表现如何影响工作表现的评估和奖励？

流程方面涉及每个人了解预测活动、信息系统和技术的相互影响。具体的问题包括：

- 预测分析人员了解其活动是如何影响物流协调需求的吗？
- 预测人员是否知道预测系统的能力，以及如何有效地使用这些能力？
- 预测分析人员是否知道技术的差别？

在确定预测行政管理的职能时，详细地回答这些问题是很重要的。如果这些问题不提出来，预测的责任和衡量往往很"松散"，容易导致缺乏相关的责任人。

例如，如果营销、销售、生产和物流等都各自独立展开预测的活，就不存在综合预测，也不会有全面的责任性。如果要进行综合性的预测，就必须具体地明确各小组的预测责任，然后由他们负责具体的衡量。有效的预测需要清楚地明确组织上和程序上要考虑的因素。没有这些条件，即使有充足的预测技术和预测支持系统，整个预测过程也将缺乏最佳的表现。

（四）预测技术

1. 预测技术分类

预测技术有三大类：定性预测，时间序列预测，因果关系预测。定性预测技术采用专家意见和特殊的信息对未来进行预测，它可能会考虑过去的情况，也可能对过去的情况根本不予考虑。时间序列预测则完全把注意力集中在历史模式和模式的变化上来产生预测。因果关系预测，如回归预测方法，则是使用明确而又特定的有关变量的信息来分析主导事件与预测活动之间的关系。

（1）定性预测。定性预测主要依赖专家的意见，既费时又费钱。在缺少历史数据和需要做出管理性判断的情况下，这类技术是理想的。以销售人员提供的数据为基础对一个新地区或一个新产品进行预测就是一个例子。然而，定性方法并不普遍用于对物流的预测，因为它需要时间。定性预测需要通过调查、座谈和协商会议来展开。下面主要对时间序列预测和因果关系预测进行较为详细的讨论。

（2）时间序列预测。时间序列技术是一种利用历史销售数据的统计方法，这些历史销售数据中应当具有相对清楚而又稳定的关系和趋势。时间序列分析主要用于识别：①由于季节性因素使数据发生的系统性变动；②周期模式；③趋势值；④这些趋势的增长率。一旦确定各项预测成分，时间序列技术就假定未来的变动类似于过去的变动，这意味着现有的需求模式将在未来得到延续。从短期看，这种假定应该说是正确的。因此，这类技术最适合做短期预测。然而，这一技术的应用需求模式相当稳定，否则，无法保证始终得出精确的预测。

当增长率或趋势值变化很大时，需求模式就会出现拐点（turning point）。因为时间序列使用历史的需求模式和各数据点的加权平均数，所以它们一般对拐点不敏感。因此，在有可能出现拐点的情况下，就必须结合使用其他的方法。

时间序列技术包括分析历史数据类型和动态的各种方法。根据具体特征，可以使用各种变化复杂的技术。

下面我们将讨论四种时间序列技术：移动平均、指数平滑、外延平滑和适应性平滑。四种方法的难度渐次加深。

①移动平均（moving average）。移动平均预测法使用最近时期销售量的平均数。该平均数可以包含任何数目的前期时间，最常见的是一期、三期、三期、四期和十二期。一期移动平均通过上一期的销售量预计下一期的销售量。十二期的移动平均，诸如每月，使用的是前十二期的平均数。每一次可以得到一个新时期的实际数据，用它来替代最早一期的数据。因此，包括在平均数里的时期次数被看作是一个常数。

尽管移动平均数很容易计算，但它们有几个局限。其中最重要的是，它们对变化反应迟钝或行动迟缓，而且必须维持和更新大量的历史数据来进行计算和预测。如果历史的销售量变化很大，就不能靠平均数或平均值来做出有效的预测。除了基本成分，移动平均数不考虑前面所讨论的预测成分。

为了部分地克服以上缺陷，人们又引入了加权移动平均，以此作为一种更精确的方法。该权数更强调最新的观测数值。后面马上要讲到的指数平滑代表了加权移动平均的一种形式。

移动平均可以表示为如下数学公式：

$$F_t = \sum S_{i-1}/n$$

其中：F_t——时期 t 的移动平均数；

S_{i-1}——时期 $i-1$ 的销售量；

n——总时期次数。

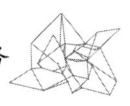

②指数平滑（exponential smoothing）。指数平滑是根据以前的需求水平和预测水平的加权平均数作为估算未来销售量的基础。新的预测是因以往预测与实际实现的销售量之间的差别，而形成的老预测的增或减变动部分的函数。调整的增量称作 α 因素。该模型的基本公式如下：

$$S_{t+1} = \alpha Y_t + (1 + \alpha)S_t$$

其中：S_{t+1}——时期 t+1 的销售量预测值；

　　　S_t——时期 t 的预测值；

　　　Y_t——时期 t 的实际需求；

　　　α——α 因素或平滑常数（$0 < \alpha < 1$）。

指数平滑的主要优点在于它可以快速计算新的预测，无须大量的历史记录和更新资料。因此，指数平滑高度适用于计算机化的预测。根据平滑常数的值，它还有可能监督和改变技术敏感性。

使用指数平滑法的关键在于选择恰当的 α 值。如果令 α 为 1，实际上是将最近时期的销售量作为下一时期的预测值。如果将 α 设为非常低的值，例如 0.01，产生的效果是将预测降为几乎是一种简单移动平均。大的 α 值使预测结果对变化非常敏感，因而具有高度的敏感性；而小的 α 值则对变动反应迟缓，从而对随机波动的反应下降到最低限度。因此，指数平滑并不排除需要通过判断做出决策。在选择 α 的值时，预测者面临着排除随机波动，与让预测对需求变化做出充分反应之间的优选问题。

③外延平滑（extended smoothing）。外延平滑可以外延到包括趋势值和季节波动等要考虑的因素。这类技术分别被称作趋势指数平滑和季节性指数平滑。

外延指数平滑在能够识别这些成分的具体数值时，便结合到了趋势和季节的影响。外延平滑的计算类似于基本平滑模型的计算，除非存在三种成分和三种平滑常数来表现基本、趋势和季节成分。

类似于基本指数平滑，外延平滑可以用最低限度的记录保存，迅速地计算新的预测。做出反应的技术能力取决于平滑常数值。较高的数值意味着快速的反应，但会导致过度反应。外延技术的主要特点是，它们直接考虑趋势值和季节因素成分。虽然这肯定是一种优点，但它也是一种弱点。外延技术常常被认为过分敏感，因为人们没有能力正确地细分每一项预测成分。这种过于敏感的反应会产生预测精度的问题。

④适应性平滑（adaptive smoothing）。适应性平滑对 α 因素的有效性进行定

期考察。可以在每一次预测结束时对 α 因素进行考察，以便确定能产生完美预测的精确数值。一旦得到确定，该 α 因素就相应地被调整为会产生精确预测的数值。于是，管理工作上的判断部分地被一种系统而又一致的 α 因素更新方法所取代。更复杂的适应性平滑法还包括了一种自动跟踪信号，以控制误差。当误差过大而启动信号时，该常数就自动增加，使预测对近期的平滑做出更大的反应。如果近期的销售量变动较大时，所增加的反应将会减少预测的误差。随着预测误差的减少，跟踪信号会自动地将平滑常数返回到其原始数值上去。

适应性平滑技术可以对当前形势的敏感性进行调整。虽然适应性技术被用来对误差做出系统化调整，但缺点是，它们有时会反应过度，把随机误差解释为趋势值或季节因素。这种误解会进一步加大以后预测的误差。

（3）因果关系预测。因果关系分析法是基于市场营销活动中存在着各种变量之间的因果联系而提出的。它包括一元线性回归、多元线性回归、一元非线性回归等多种模型。这里只讨论一元线性回归法。

一元线性回归法，是指只有一个自变量对因变量产生影响，而且两者之间的关系可用回归直线来表示。

$$\hat{Y} = a + bX$$

其中，Y 是因变量，即预测对象；X 为自变量，即影响因素；a、b 是回归系数，为两个待定参数。a 与 b 的数值可用最小二乘法求解。求解公式为：

$$L_{xx} = \sum_{i=1}^{n} x_i^2 - n\bar{x}^2$$

$$L_{xy} = \sum_{i=1}^{n} x_i y_i - n\bar{x}\bar{y}$$

$$L_{yy} = \sum_{i=1}^{n} y_i^2 - n\bar{y}^2$$

$$b = \frac{L_{xy}}{L_{xx}}$$

$$a = \bar{y} - b\bar{x}$$

2. 预测技术的选择

物流预测需要选择适当的数学和统计方法以得出阶段性预测。而有效地使用这些技术方法则需要结合实际特点与预测技术的能力。下面的标准可以评估一项预测技术是否适用：

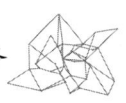

- 精确性；
- 预测的时间范围；
- 预测值；
- 数据的可得性；
- 数据的类型；
- 预测者的经验。

可选择使用的各种预测技术，都必须从定性和定量两个方面用以上标准来评估。

预测技术的正确选择，与其说是一门科学，倒不如说是一门艺术。简单地说，物流管理应选择能提供最佳结果的技术。例如，移动平均法和指数平滑法基本上属于短期预测方法，我们可以利用这些方法对下一个时期的经济变量做出预测。当使用时间序列时，描述有助于预测方法的选择。一些定性方法可以很好地用来做长期预测。有时，经理人员可能会使用不止一种预测方法来得到相互独立的预测结果。如果不同的预测方法得出大致相同的结果，经理人员就会对预测结果更加信任；相反，若得到的预测结果彼此相差较大，就表明还需要做进一步分析以便查明原因。

3. 预测误差

实际工作中，由于存在大量的复杂特性，以致在正常范围内准确地预测某些经济变量是不可能的。因而，必须给定一个可以接受的偏差范围。如果误差超出合理范围，就有必要采取措施予以纠正。预测误差是指在给定的时间间隔内实际值与预测值之间的差异，所以：

$$预测误差 = 实际值 - 预测值$$

$$e_t = A_t - F_t$$

式中：e_t——第 t 时刻的预测误差；

A_t——第 t 时刻的实际值；

F_t——第 t 时刻的预测值。

预测意味着对决策的影响有两方面。一方面，它为预测者提供了一个判断预测成功与否的评价标准；另一方面，预测者根据误差计算及产生的原因可调整决策，从不同的预测方法中选择出最为合适的方法。预测误差的确定除上述的公式外，还有以下几种：

（1）平均误差（MD）。平均误差是指几个预测值的误差的平均值，用 MD

来表示。

$$MD = \frac{\sum (\text{实际值} - \text{预测值})}{n}$$

（2）绝对平均偏差（MAD）。绝对平均偏差是指几个预测值的误差绝对值的平均值，通常用 MAD 表示。

$$MAD = \frac{\sum |\text{实际值} - \text{预测值}|}{n}$$

（3）均方差（MSE）。均方差是几个预测值误差平方和的平均值，通常用 MSE 来表示。

$$MSE = \frac{\sum (\text{实际值} - \text{预测值})^2}{n}$$

通常情况下采用 MAD 和 MSE 来表示预测误差，因为 MD 在求代数和时会因误差值或正或负而相互抵消，无法精确地显示误差。对于 MAD 和 MSE，它们的区别在于 MAD 给予所有误差以同样的权重，而 MSE 则根据误差的平方值赋予它们各自相应的权重。

第三章　仓配中心设施规划实务

【学习目标】

知识目标：

1. 理解"国家级物流系统与技术实验教学示范中心"仓储分拣设备的类型、特点和应用条件；

2. 理解"国家级物流系统与技术实验教学示范中心"布局的概念、要素及各区域功能特点；

3. 理解"国家级物流系统与技术实验教学示范中心"设备设施选型的概念、原则；

4. 掌握"国家级物流系统与技术实验教学示范中心"设备设施选型的基本方法；

5. 掌握"国家级物流系统与技术实验教学示范中心"设备设施选型的基本步骤。

能力目标：

1. 能够根据各区域功能和设备特点对"国家级物流系统与技术实验教学示范中心"布局识别；

2. 能够根据商品特性、存储要求、库存及周转分析结果，合理选择仓储分拣设备；

3. 能够灵活应用"国家级物流系统与技术实验教学示范中心"滑块式分拣系统及 RFID 系统。

【任务发布】

"VM 集团"对 2022 年各商品的销量进行了市场需求预测，制订了采购计划，并对各供应商制订生产计划进行指导。"北物仓配中心"也根据预测信息，采集历史信息，估算了各类货品库存周转天数（见表 3-1），以合理进行仓配中心规划设计，保证供应链服务效率，快速响应市场需求。

表 3-1　北物仓配中心库存周转情况（节选）

货品名称	预测年销量（箱）	重量（kg/箱）	周转天数/天
食品 1	84 900	11.9	5.2
食品 2	68 100	10.8	4.5
食品 3	68 400	11.2	3.9
……	……	……	……
生活用品 1	17 400	7.8	3.5
生活用品 2	13 800	5.5	4.2
生活用品 3	15 000	5.2	4.4
……	……	……	……
健康防护用品 1	2 400	2.8	1.6
健康防护用品 2	3 000	2.3	1.6
健康防护用品 3	3 600	2.6	2.5
……	……	……	……

同时，"VM 集团"对各类货物的物流业务操作提出了要求：

（1）假设每月工作日为 25 天。

（2）预计年销售货品品项数为 216，其中食品类 6 项、生活用品类 10 项、健康防护类 200 项。

（3）食品类，每箱最大重量 12kg，尺寸为 0.25m×0.17m×0.35m。

（4）生活用品类，有两种包装形式：①每箱最大重量 8.6kg，尺寸为 0.15m×0.12m×0.11m，共 10 项；②每箱最大重量 3kg，尺寸为 0.25m×0.17m×0.35m。

（5）健康防护类，每箱最大重量 3kg，尺寸为 0.25m×0.17m×0.35m。

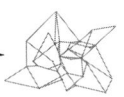

物流业务操作要求如表3-2所示。

表3-2　物流业务操作基本要求

商品类型	入库要求	存储要求	出库要求
食品类 生活用品类	整托或整箱入库； 地面堆垛待检入库； 重型搬运设备搬运	随机存储； 固定货位存储	按照门店、第三方电商平台、社区配送点订单进行拣选； 整托、整箱、小件拣选出库； 重型搬运设备搬运； 装车前复核

请根据"VM集团"提供的基本物流需求，对仓配中心物流系统进行规划与设计。

【任务实施】

任务一　仓配中心布局及设备认知

仓配中心一层物流系统布局如图3-1所示。

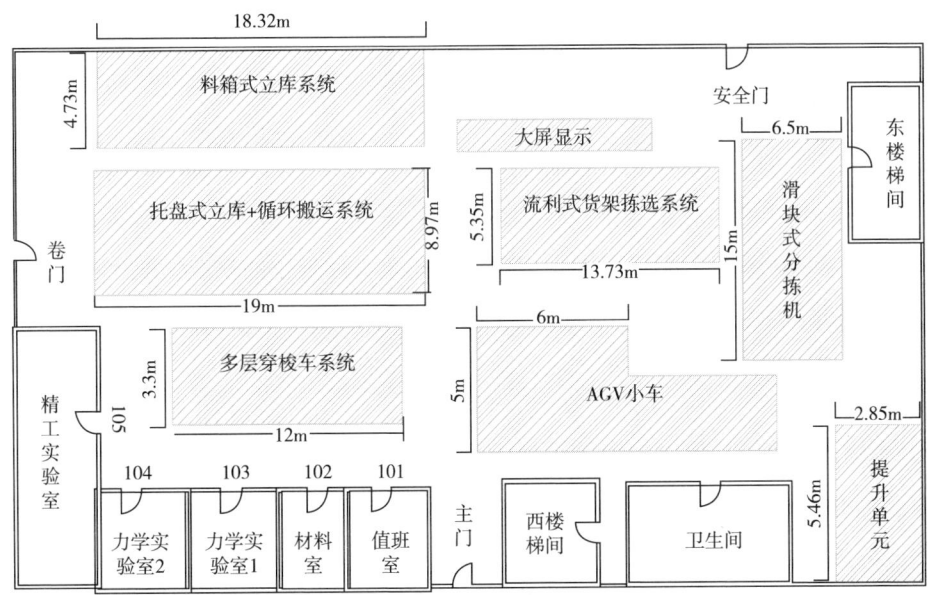

图3-1　一层物流系统布局

一、托盘式立库与循环搬运系统

托盘式立库与循环搬运系统由堆垛机、立体货架、循环搬运系统、仓储管理系统等组成。如图 3-2 和图 3-3 所示。

图 3-2

图 3-3

总货位数：84 货位 = 1 巷×7 层×6 列×2 排。

托盘式自动化立体库是一种可以将托盘自动放入或者取出的自动存取系统。此系统可以帮助仓库将货物存储到 20 米的高度，每个存储位置可存储若干个托盘。托盘货架结构简单，可调整组合，安装简易，费用经济；出入库不受先后顺序的限制，可做到先进先出；储物形态为托盘装载货物，实现机械化存取作业；同时仓容利用率高。整个系统能够实现货物的盘点、出入库的无人化管理。依托标准托盘实现与装卸车环节的自动对接，适用于大件货物的整存整取。

堆垛机系统是立体仓库成套设备中的主机，与高层货架、出入库台等设备配套使用，是一种在导轨上运动的起重机械。它能在三维空间上（行走、升降、两侧向伸缩货叉）按照一定的顺序组合进行反复运动。能够按指定的地址自动或手动将巷道口入库台上的货品存入货架的货格内，完成入库作业；也可自动或手动从指定货格中取出货品运至巷道口出库台上，完成出库作业。

循环搬运系统是利用循环搬运车，对接堆垛机巷道口沿曲形轨道循环交替作业，协调、合理地将物料等进行移动、储存和控制的一系列相关设备和装置。

二、多穿立库系统

多穿立库系统由多层穿梭车系统、货架和仓储管理系统等组成。如图 3-4 所示。

图 3-4

总货位数：32 货位 = 1 巷×4 层×4 列×2 排。

多穿系统能有效提升空间利用率和存取作业效率，系统拓展非常方便，具有低成本、高效率、低能耗、组装结构简单的特点，适合于企业生产、电商物流等多个应用场景。其优点在于：相比于堆垛机的立体仓库系统，堆垛机的高架立体仓库系统对于一个巷道只有一个堆垛机，而这个多穿系统可以根据实际需要在一个巷道里安排多个穿梭车同时作业。并且一个穿梭车可以在不同层和不同巷道里穿梭运行。

穿梭车系统是在密集式货架中运行并搬运单元货物的设备，主要结构由机体、电池、控制单元组成。穿梭车由于自带电源可以在货架中做无线运行，需要搬运货物时则运行到货物单元下方向上顶起货物然后运送。穿梭车运行在密集式货架的一条通道上；用于货物单元品种少，数量大的场合；通常一台车负责一个货架通道，与堆垛机、子母车配合可以一台车配制多个通道；可以与叉车、子母车、堆垛机、货架、自动化管理软件组成多种配合适应不同场合。

三、料箱式立库系统

料箱式立库系统由堆垛机、立体货架、仓储管理系统组成。如图 3-5 所示。

图 3-5

总货位数：504 货位 = 1 巷×14 层×18 列×2 排。

料箱式立库系统主要可以实现无人仓储管理，能够使用容器、料箱或货架来储存小部件，做到零存零取，实现对小批量、多种类货物的灵活存取，具有存取效率高、空间利用率高等特点。料箱式自动化立体仓库是以料箱为存取单元，以有轨巷道堆垛机为存取设备的高密度存储系统，料箱承载根据客户需求设计，料箱可以堆叠方式存储。堆垛机根据实际需求可以选配单深位、双深位、单工位、双工位、直轨、转轨等不同类型的堆垛机。

四、流利式货架拣选系统

流利式货架拣选系统由辊式输送机、流利式货架、隔板式货架、重力式货架、仓储管理系统组成。见图 3-6。

总货位数：90 货位 = 1 巷×2 层×15 列×1 排 + 1 巷×2 层×15 列×2 排。

其原理是利用货品的自重，使货品在有一定高度差的通道上，从高向低处运动，从而完成进货、储存、出库的作业。流利式货架拣选系统属于半自动化拣选系统，解决了货物人工拣选的低效率状态，适合大量货物的短期存放和拣选；可配电子标签，实现货物的轻松管理；常用滑动容器有周转箱、零件盒及纸箱，适合大量货物和短期存放和拣选；广泛应用于配送中心、装配车间以及出货频率较

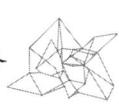

图 3-6

高的仓库。其优点在于投入成本很低，技术也很成熟。

在拣货操作区中的所有货架上，为每一种货品安装一个电子标签，根据订单数据，发出出货指示并使货架上的电子标签灯闪亮，操作员按照电子标签所显示的数量，按照"看、拣、按"的动作顺序，及时、准确、轻松地完成货品拣货作业。

五、AGV 分拣搬运系统

由 AGV 搬运车、定位点、仓储管理系统组成。如图 3-7、图 3-8 所示。

图 3-7

图 3-8

货位可根据业务要求灵活设定。

AGV（Automatic GuidedVehicle）即自动导引车是 20 世纪 80 年代发展起来的智能搬运（装配）型机器人，一般采用轮式驱动，具有电动车的特征。

AGV 小车能在计算机监控系统的统一调度下，按路径规划和作业要求，精确地行走并停靠指定地点，自动搬运货物，实现自动化的物料传送。因其具有灵活性、智能化等特点，能够方便地重组系统，带动移动货架实现货到人的分拣目的。如图3-9所示。

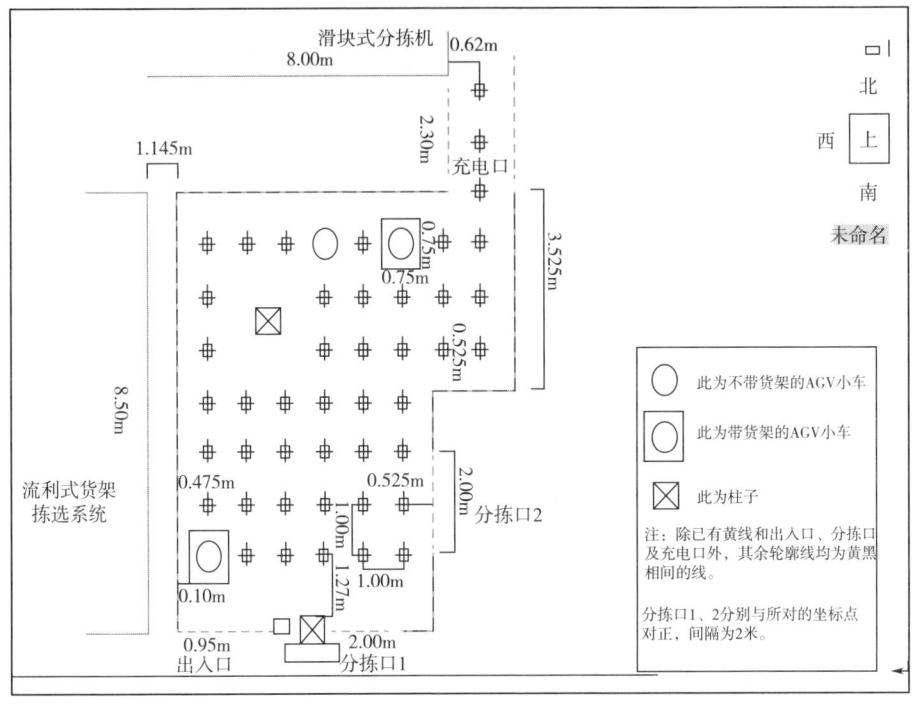

图3-9　AGV搬运系统布局图

六、滑块式分拣系统

滑块式分拣系统由分拨巷道和RFID系统组成。如图3-10和图3-11所示。

图3-10

图3-11

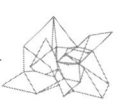

滑块式分拣系统主要用来完成整件货物的分拣出库。通过 RFID 系统，定位货物的出口巷道，实现货物出库的自动分拣出库或入库。

七、提升机单元

提升机单元主要应用于大型多层立体仓储的货物存取。借助提升机单元可以将货物在各楼层间进行调配，操作简单，功能实用。见图 3-12。

图 3-12　提升机单元

任务二　物流设备的选择

下面对仓配中心现有存储设备的存储能力进行梳理整合：

（1）托盘式立库与循环搬运系统：可用储位 84 个，每个储位最大承重量为 1t，托盘规格为 860mm×1 000mm×150mm；

（2）多穿立库系统：可用储位 32 个，每个储位最大承重量为 0.6t，料箱规格为 600mm×400mm×280mm；

（3）料箱式立库系统：可用储位 504 个，每个储位最大承重量为 30kg，料箱规格为 400mm×600mm×280mm；

（4）流利式货架拣选系统：可用储位 90 个，每个储位最大承重量为 30kg，料箱规格为 600mm×400mm×280mm；

（5）AGV 分拣搬运系统：可灵活设置储位，每个储位最大承重量为 100kg，移动货架规格为 900mm×900mm×2 350mm。

一、品相数量（IQ）分析

此分析主要了解各类产品出货量的分布状况，分析产品的重要程度与运量规模，可用于仓储系统的规划选用、储位空间的估算，并会影响拣货方式及拣货区的规划。

假设货品品相为 I，货品数量为 Q。客户未来一年的销售预测数据以及库存周转情况如表 3-3 所示。

表 3-3　未来一年销售预测

货品名称	年销售量（箱）	重量（kg/箱）	周转天数
食品 1	84 900	11.9	5.2
食品 2	68 100	10.8	4.5
食品 3	68 400	11.2	3.9
……			
生活用品 1	17 400	7.8	3.5
生活用品 2	13 800	5.5	4.2
生活用品 3	15 000	5.2	4.4
……			
健康防护 1	2 400	2.8	1.6
健康防护 2	3 000	2.3	1.6
健康防护 3	3 600	2.6	2.5
……			

平均库存量是指一定时期内某种物资的平均库存数量。仓配中心与客户合作，分享所得销售需求预测数据。在拉式供应链模式下，市场的销售需求影响上游企业之间的合作与决策，进而对仓储与配送需求起着直接性的影响。库存量与货品数量、货品周转时间等因素正相关，结合考虑表中库存周转情况，如表 3-4 所示。

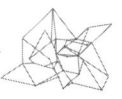

表 3-4 货品销量与库存周转

货品名称	日销售量（箱）	周转天数
食品 1	283	5.2
食品 2	227	4.5
食品 3	228	3.9
……		
生活用品 1	58	3.5
生活用品 2	46	4.2
生活用品 3	50	4.4
……		
健康防护 1	8	1.6
健康防护 2	10	1.6
健康防护 3	12	2.5
……		

由于

$$库存周转次数(天) = (年销售量(箱))/(平均库存量(箱))$$

故：

$$平均库存量(箱) \approx 库存周转天数(天) \times 日销售量(箱)$$

I-Q 分析如表 3-5 所示。

表 3-5 货品 I-Q 分析

货品品相（I）	日销售量（箱）
食品 1	1 472
食品 2	1 022
食品 3	889
……	
生活用品 1	203
生活用品 2	193
生活用品 3	220

续表

货品品相（*I*）	日销售量（箱）
……	
健康防护 1	13
健康防护 2	16
健康防护 3	30
……	

将数量 *Q* 值按大小排序，并绘制 *I–Q* 柱状图（图 3–13）。

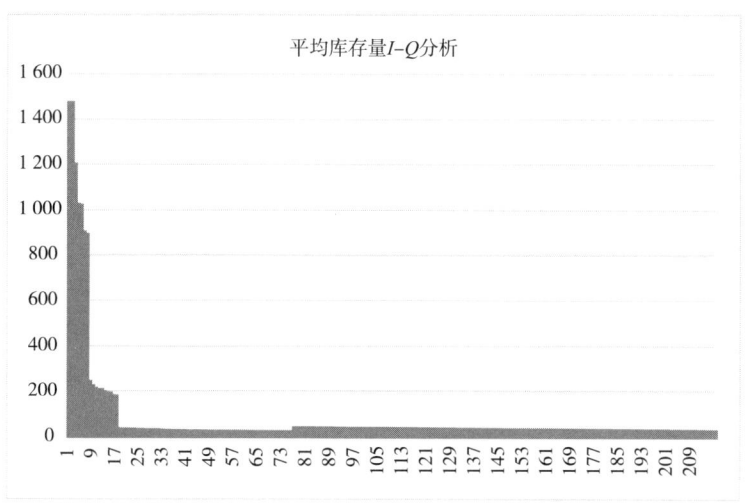

图 3–13　货品 *I–Q* 柱状图

由图 3–13 可以得到各品项货品出货量的分布状况：每个品项的货品量分布趋向两极化，少数品项货品量分布在 900 箱至 1 500 箱之间，多数品项货品量分布在 5 箱至 30 箱之间，剩余部分品项货品量分布在 150 箱至 220 箱之间。为了根据 *I*、*Q* 的关系对库存量进行更明确的划分，考虑进一步进行 ABC 分析。

二、IQ–ABC 分析

管理众多的库存品项是一件令人困扰的事。若欲采用自动化设备来辅助，则要对所有的商品给予自动化处理，相当耗费成本。此时，若从 *IQ* 曲线来分析，

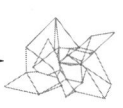

将 A 类商品先予以自动化，即可达到约 80% 的出货量自动化，也就是说，可以以 20% 的自动化成本达到 80% 的自动化效益。拣货的单位和量是一个重要的因素。例如，属于少品种、多数量的酒水类货品，其保管方式常采用平置堆码方式或是把货品堆码于托盘上，再保管于托盘式货架、立体自动仓库。若出库量少，则以箱为出库单位，其保管方式是将货品置于料箱式自动仓库、料箱式流动货架；若出货种类多、出货量更少，则考虑采用回转货架、单品货架等。

根据同类货物相近存储的原则，将平均库存量进行 ABC 分类，分类比例依据如图 3-14 所示。

货品品项	平均库存量	百分比	累计百分比	分类	比例
食品1	1 472	12.73%	12.73%	A	56.23%
食品5	1 199	10.37%	23.10%		
食品2	1 022	8.84%	31.94%		
食品6	1 018	8.80%	40.74%		
食品4	900	7.79%	48.53%		
食品3	889	7.69%	56.23%		
生活用品6	240	2.08%	58.30%	B	17.26%
生活用品3	220	1.90%	60.21%		
生活用品4	209	1.81%	62.01%		
生活用品1	203	1.76%	63.77%		
生活用品10	203	1.76%	65.53%		
生活用品2	193	1.67%	67.20%		
生活用品9	189	1.64%	68.83%		
生活用品8	187	1.62%	70.45%		
生活用品7	176	1.52%	71.98%		
生活用品5	175	1.51%	73.49%		
健康防护3	30	0.26%	73.75%	C	26.51%
健康防护85	30	0.26%	74.01%		
健康防护150	30	0.26%	74.27%		
健康防护151	30	0.26%	74.53%		
健康防护7	29	0.25%	74.78%		
健康防护30	29	0.25%	75.03%		
健康防护56	28	0.24%	75.26%		
健康防护121	28	0.24%	75.50%		
健康防护164	28	0.24%	75.74%		
健康防护66	26	0.23%	75.97%		
健康防护52	26	0.23%	76.20%		
健康防护88	26	0.23%	76.43%		

图 3-14　客户货品 ABC 分类

根据表 3-4，我们分析 A 类为食品类货物，品项数少，但是平均库存量占比最大；B 类为生活用品类货物，品项数和货品数居中，但是单品项库存量远高于健康防护类；C 类为健康防护类货物，由于品项数占比大幅增多，导致货品量占比高于生活用品类，单品项库存量远低于生活用品类。

为了更直观地了解，可以将上表绘制成图的形式，如图 3-15 所示。

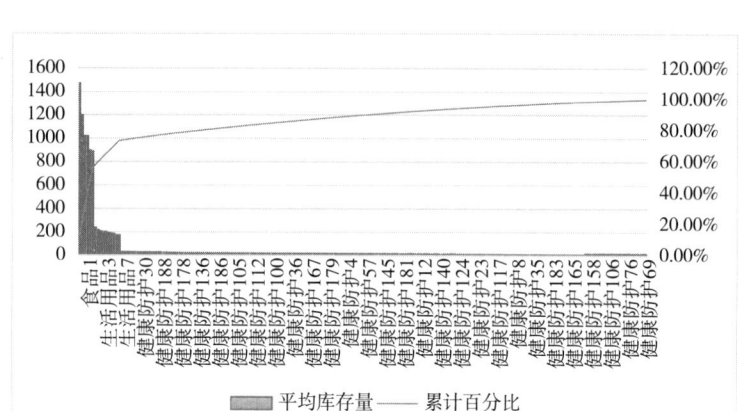

图 3-15　IQ-ABC 分析

图 3-15 清晰地呈现了 ABC 分类的结果：A 类货物为曲线前段，数量占比最少，但货品量占比最多；同理，B 类为曲线中段，C 类为曲线后段。

三、结论

食品类货物品项少、单品项平均库存量大、重量大、库存周转天数多，根据物流业务操作要求（如表 3-2 所示），可知此类货物出库订单相对批量大、频率低。考虑为这类货物选择单位存储量大且存储单元较多、承重量大、易于大批量存取，但操作效率低的物流设备：托盘式立库与循环搬运系统。

生活用品类货物品项较少、单品项平均库存量居中、重量大、库存周转天数略少于食品类货物，根据物流业务操作要求可知，此类货物出库订单相对批量大、频率低。考虑为这类货物选择单位存储量较大但存储单元较少、承重量居中、易于大批量存取，但操作效率较高的物流设备：多穿立库系统。

健康防护类货物品项繁多、单品项平均库存量少、重量轻、库存周转天数少，根据物流业务操作要求可知，此类货物出库订单相对批量小、频率高。考虑为这类货物选择存单位储量较小但存储单元多、承重量小、易于小批量存取，但操作效率较高的物流设备：料箱式立库系统。

根据物流业务操作要求可知，"VM 集团"将开展的第三方电商平台业务，要求货品出库方式按照门店、平台订单进行拣选，整箱、小件拣选出库。此类订

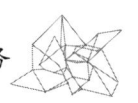

单直接面向移动终端客户，需要保证分拣配送效率。考虑选用流利式货架拣选系统和 AGV 分拣搬运系统作为拆零拣选设备，以满足来自第三方电商平台的业务需求。

【参考知识】

一、仓配中心规划

（一）仓配中心的规划

设法协调仓库存储面积、作业面积不同的需要，保证库房面积得到充分利用，是库房合理规划所要解决的中心问题。

仓库的总平面规划包括：①库区的总体规划，建筑物平面位置的确定；②库区内运输线路规划；③库区安全防护及保安；④库区内部的功能区域划分；等等。

仓库的总平面规划一般可以分为仓储作业区（仓库主体，主要业务和商品保管、检验、包装、分类、整理等都在这个区域内进行；主要建筑物和构筑物包括库房、货场站台以及加工、整理、包装场所等）、辅助业务区（为主要业务提供各项服务）、行政生活区（由办公室和生活场所组成）、院内道路、绿化区（在规划各区域时，要遵照相应的法律法规并使不同区域所占面积与仓库总面积保持适当比例；院内绿化面积不小于30%，院内设计防火通道）、停车场等。在仓库总面积中，需要有库内运输道路。总目的是出入库方便。

仓库总平面布置应满足如下要求：①遵守建筑及设施规划的法律法规；②满足仓库作业流畅性要求，避免重复搬运的迂回运输；③保障商品的储存安全；④保障作业安全；⑤最大限度地利用仓库面积；⑥有利于充分利用仓库设施和机械设备；⑦符合安全保卫和消防工作要求；⑧考虑仓库扩建的要求。

（二）仓配中心规划原则

仓库规划方案应能以尽可能低的成本实现货物在仓库内快速、准确地流动。这个目标要通过物流技术、信息技术、成本控制和仓库的组织结构的一体化策略才能实现。仓储系统的物流规划原则不是一成不变的，要视具体情况而定。在特定场合下，有些原则是互相影响甚至互相矛盾的。为了做出最好的设计，有必要对这些原则进行选择和修改。

（1）系统简化原则。要根据物流标准化做好包装和物流容器的标准化，把杂货、粮食、饮料、食盐、食糖、饲料等散装货物、外形不规则货物的组成标准的储运集装单元，实现集装单元与运输车辆的载重量、有效空间尺寸的配合、集装单位与装卸设备的配合、集装单位与仓储设施的配合，这样做有利于仓储系统中各个环节的协调配合，在异地中转等作业时，不用换装，提高通用性，减少搬运作业时间，减轻物品的损失、损坏，从而节约费用，同时也简化了装卸搬运子系统，降低系统的操作和维护成本，提高系统的可靠性，提高仓储作业的效率。

（2）平面设计原则。若无特殊要求，仓储系统中的物流都应在同一平面上实现，从而减少不必要的安全防护措施，减少利用率和作业效率低和能源消耗较大的起重机械，提高系统的效率。

（3）物流和信息流的分离原则。现代物流是在计算机网络支持下的物流，物流和信息流的分离解决了物流流向的控制问题，提高了系统作业的准确率，从而提高了系统作业效率。如果不能实现物流和信息流的尽早分离，就要求在物流系统的每个分、合节点均设置相应的物流信息识读装置，这势必造成冗余度，增加系统的成本；如果能实现物流和信息流的尽早分离，将所需信息一次识别出来，再通过计算机网络传到各个节点，即可降低系统的成本。

（4）柔性化原则。仓库的建设和仓储设备的购置需要大量的资金。为了保证仓储系统高效工作，需要配置针对性较强的设备；而社会物流环境的变化，又有可能使仓储货物品种、规格和经营规模发生改变。因此，在规划时，要注意机械和机械化系统的柔性和仓库扩大经营规模的可能性。

（5）物料处理次数最少原则。不管是以人工方式还是自动方式，每一次物料处理都需要花费一定的时间和费用，通过复合操作，或者减少不必要的移动，或者引入能同时完成多个操作的设备，就可减少处理次数。

（6）最短移动距离，避免物流线路交叉原则。移动距离越短，所需的时间和费用就越低；避免物流线路交叉，即可解决交叉物流控制和物料等待时间问题，保持物流的畅通。

（7）成本与效益原则。在建设仓库和选择仓储设备时，必须考虑投资成本和系统效益原则。在满足作业需求的条件下，尽量降低投资。

二、仓配中心布局

仓库主要有以下几部分组成：物品储存区，验收、分发作业区，管理室及生活间，辅助设施等。仓库布局是指在一定区域或库区内，对仓库的数量、规模、

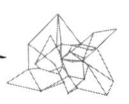

地理位置和仓库设施、道路等各要素进行科学规划和总体设计。仓库布局是根据库区场地条件、仓库的业务性质和规模、储存物品的特性，以及仓储技术条件等因素，对仓库的主要建筑物（库房、货棚、货场）、辅助建筑物、构筑物、货场、站台等固定设施和库内运输路线所进行的总体安排和配置，以最大限度地提高仓库储存能力和作业能力，降低各项仓储作业费用，更有效地发挥仓库在物流中的作用。仓库布局包括平面布局和空间布局。

（一）仓配中心平面布置

1. 仓库平面布置的原则

进行仓库平面布局时，应遵循以下基本原则：

（1）便于储存保管。仓库的基本功能是对库存进行储存保管。在进行平面布局时要利于物品的合理储存和充分利用库容，为保管创造良好的环境，提供适宜的条件。

（2）利于作业优化。仓库作业优化是指提高作业的连续性，实现一次性作业，减少装卸次数，缩短搬运距离，使仓库完成一定的任务所发生的装卸搬运量最少。同时，还要注意各作业场所和科室之间的业务联系和信息传递。

（3）保证仓库安全。仓库安全是一个重要的问题，其中包括防火、防洪、防盗、防爆灯。仓库建设时要严格执行《建筑设计防火规范》的规定，留有一定的防火间距，并有防火防盗安全设施，作业环境的安全卫生标准要符合国家的有关规定，有利于职工的身体健康。

（4）节省建设投资。要因地制宜，充分考虑地形、地质条件，利用现有资源和外部协作条件，根据设计规划和库存物品的性质能够更好地选择和配置设施设备，最大限度地发挥其效能。仓库中的延伸性设施——供电、供水、排水、供暖、通信等设施对基建投资和运行费用的影响都很大，所以应该尽可能集中布置。

2. 影响仓库平面布置的因素

（1）周围环境。仓库周围的环境包括四邻及附近产生的有害气体、固体微粒、震动等情况，以及交通运输条件和协作方的分布等。

（2）存货特点。存货特点是指仓库建成后存放的物品的性质、数量以及所要求的保管条件。

（3）仓库类型。仓库类型是指仓库本身的性质特点。例如综合仓库与专业仓库就有明显的不同。

（4）作业流程。作业流程是指仓库作业的构成及相互关系。

（5）作业手段。自动化、机械化和人工作业在布局方面会有质的差别。

（二）仓配中心空间布置

现代仓库的立体规划是指现代仓库在立体空间上的布置，即仓库建筑高度的规划。仓库基建时，因地制宜地将场地上自然起伏的地形加以适当改造，使之满足库区各建筑物、库房和货场之间的装卸运输要求，并合理地组织场地排水。

1. 库房、货场、站台标高布局

库房地秤标高与库区路面标高的关系，决定于仓储作业机械化程度和叉车作业的情况。由于机械在载重作业时爬坡能力受到限制，如库房地秤与路面之间的高度相差较大时，会影响叉车作业效率，最好使仓库的地秤和库区路面在标高上相等。不得已时，可使两者之间有不超过4%的纵向坡度。

货场一般沿铁路路线布置，多数是跨在铁路专用线两侧。在标高上，除确保铁路有专门的规定外，货场标高可适当略高或略低于铁路线。

装卸站台通常是以其一侧面向铁路，另一侧面向汽车线路或装卸货场。站台的高度和宽度，以物资搬运方式和运输工具的不同而不同。用汽车运输时，根据汽车的一般类型，站台应高出道路路面 0.9~1.2m。用火车运输时，站台的高度应与车厢底板相平。

2. 合理利用地坪建筑承载能力

仓库地坪单位面积建筑承载能力因地面、垫层和地基的结构不同而不同。例如，在坚硬的地坪采用 300mm 厚的片石，其表面用 200mm 厚的混凝土形成地面，其建筑承载能力为 5~7t/m²。应当充分利用地坪的承载能力，采用各种货架存货，以充分利用空间；同时，使用各种装卸机械设备配合作业，加速库存商品的周转。

（三）作业功能区域布局

1. 仓库作业基本功能

仓库选址仓储中心功能分区包括：进货区、储存区、中转区、分拣区（可选）、流通加工区（可选）、仓库管理区、出货区等。

2. 仓库作业基本功能布置

根据当地的条件和物流需求，仓库作业功能分区布置必须对仓库各个作业区

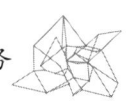

域以及区域之间的相互关系进行规划，其步骤如下：

（1）确定各个区域的关系：①流程上的关系即建立物料流和信息流之间的关系；②组织上的关系即建立在各部门组织之间的关系；③功能上的关系即区域之间因功能需要而形成的关系。

（2）确定仓库货物流动形式：①直线形流动适合出入口在厂房两侧、作业流程简单、规模较小的物流作业，无论订单大小和拣货多少都要经过厂房；②U形流动适合出入口在仓库的同侧的物流作业；③T形流动适合出入口在厂房两侧的物流作业。

（四）作业区空间位置布局

作业区空间位置布局方法：第一，确定仓储对外的连接形式；第二，确定仓储中心厂房空间范围、大小和长宽比例；第三，确定物流中心由进货到发货的主要物流流动形式；第四，根据物流中心作业流程顺序安排各区域位置；第五，决定行政区与物流仓储区的关系。

1. 仓库供给与排水布局

仓库供给、排水主要是生活用水和消防用水。库区的排水包括两个方面：

（1）防洪问题，防止库外洪水冲淹仓库；

（2）库区场地排水问题，即生活污水和雨水排出库外。供给、排水管道在地下铺设埋入的深度，取决于库区所在地的气象条件。一般而言，北方深埋以防冻，南方浅埋，但应加固防压坏。

2. 搬运与库区布局

仓库布局需结合所选择的材料搬运设备，因为产品流程的通道将主要取决于材料搬运系统。

三、仓配中心设备配置

仓储设置的配置是仓储系统规划的重要内容，关系到仓库建设成本和运营费用，更关系到仓库的生产效率和效益。

（一）设备的选择原则

设备的选择有以下几个原则：

（1）仓储机械设备的型号应与仓库的作业量、出入库作业频率相适应。

（2）计量和搬运作业同时完成。

（3）选用自动化程度高的机械设备。

（4）注意仓储机械设备的经济性。

（二）搬运设备

有以下搬运设备：

（1）堆垛机：是专门用来堆码或提升货物的机械。

（2）输送机：是一种连续搬运货物的机械。

（3）叉车：是比较常用的装卸设备，具有各种叉具，能对货物进行升降和移动以及装卸作业的搬运车辆。

（4）起重机：是指将货物吊起，在一定范围内做水平运动的机械。

（三）自动化立体仓库

1. 自动化立体仓库概述

自动化立体仓库又称自动存取系统、自动仓库、自动化高架仓库、高架立体仓库、无人仓库、无纸作业仓库等，是指通过电子计算机和相应的自动控制设备对仓库的作业和仓储管理进行自动控制和管理，并通过自动化系统进行仓库作业的现代仓库。在物流术语中，自动化仓库是指由电子计算机进行管理和控制，不需人工搬运作业，而实现收发作业的仓库。立体仓库是指采用高层货架配以货箱或托盘储存货物，用巷道堆垛起重机及其他机械进行作业的仓库。

2. 自动化立体仓库构成

自动化立体仓库的组成部分主要包括：

（1）高层货架：用于存储货物的钢结构。目前主要有焊接式货架和组合式货架两种基本形式。

（2）托盘（货箱）：用于承载货物的器具，亦称工位器具。

（3）巷道堆垛机：用于自动存取货物的设备。按结构形式分为单立柱和双立柱两种基本形式；按服务方式分为直道、弯道和转移车三种基本形式。

（4）输送机系统：立体库的主要外围设备，负责将货物运送到堆垛机或从堆垛机将货物移走。输送机种类非常多，常见的有辊道输送机、链条输送机、升降台、分配车、提升机、皮带机等。

（5）AGV 系统：即自动导向小车。根据其导向方式，分为感应式导向小车和激光导向小车。

（6）自动控制系统：驱动自动化立体库系统各设备的自动控制系统。目前以现场总线方式为主要控制模式。

（7）库存信息管理系统：亦称中央计算机管理系统，是全自动化立体库系统的核心。目前典型的自动化立体库系统均采用大型的数据库系统（如ORACLE，SYBASE等）构筑典型的客户机/服务器体系，可以与其他系统（如ERP系统等）联网或集成。

3. 建造自动化立体仓库应考虑的因素

自动化立体仓库是在社会生产力和科学技术不断发展的情况下产生的一种现代化仓储管理技术手段。然而，不是所有的企业都适合建造自动化立体仓库，企业必须进行认真分析。为使自动化立体仓库能够充分发挥其作用，建造时应考虑以下几个因素：

（1）需要有较大的资金投入。自动化立体仓库除了建筑投资外，还必须有相应的配套设施与设备投入，这不仅要求初期投入，还要考虑设施与设备的使用维护费用。所以，自动化立体仓库的资金投入是相当大的，拟建库的企业必须具备雄厚的资金实力。

（2）货品的出入库频率较大，且货物流动比较稳定。货品的仓储总量必须足够大，而且出入库作业频繁，货流量稳定，否则，就会出现仓储空间浪费，仓储设施设备闲置等不良状况，不利于发挥自动化仓库的优势。

（3）仓库的建筑地面应有足够的承载能力。由于自动化立体仓库采用高层货架，高度可达到几十米，其单位面积利用率都比较大，有的可达 $7.5t/m^2$，仓库的建筑地面应有足够的承载能力。这就要求了解建库现场的环境条件，包括地形、地质条件、地面承载能力以及其他环境因素等。

（4）需要配备一支高素质的专业技术队伍。从自动化立体仓库的规划设计到投入运营的整个过程中，组成自动化立体仓库的各个子系统的设计施工和维护均需要相应的专业知识，需要由专业人员进行，因此，自动化立体仓库的建造不仅要求工作人员具有较高的专业技术素质，而且要求工作人员具有高度的责任心。

（5）企业发展的整体规划。自动化立体仓库投资额巨大，因而在建造时要考虑企业未来的经营方向、经营规模等整体发展规划。

总之，自动化立体仓库的建设必须综合考虑各方面的因素，紧密结合实际，不能盲目投资兴建，否则将会造成很大的损失。我国在采用自动化仓库这项技术时，一定要从实际出发，结合我国近期的发展情况，慎重考虑。

第四章 供应链仓储管理实务

【学习目标】

知识目标：

1. 了解"国家级物流系统与技术实验教学示范中心"软件信息系统构成；

2. 了解存储单元设备的特点和参数、储位规划的基本内容；

3. 理解储位存储方式、储位规划的基本原则；

4. 掌握货品物动量分析方法；

5. 掌握储位规划的存储策略、储位规划的操作流程，以及货位编码与货位编号。

能力目标：

1. 能够根据货物的出库数据，对货物进行物动量分析；

2. 能够对存储单元进行 SKU 设定；

3. 能够根据储位规划的基本原则，合理采用储位规划存储策略，依照储位规划操作流程，为待出库货物进行储位规划，确定合理分拣储位。

4. 掌握"国家级物流系统与技术实验教学示范中心"软件系统构成。

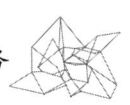

【任务发布】

2022 年 10 月 31 日，仓配中心正常运营。信息组负责每日接收处理来自客户的订单，包括：发货时间、发货地点、运输方式、在途天数、预计到货时间、到货地点、联系电话、货物名称、规格、数量、包装、形状、单件体积、理化性质、保管要求、自提还是送货上门、是否需要与货站结算货款等内容，必要时要向存货人询问和核实，确保准确无误，以便于后续工作的顺利开展。信息组根据这些信息生成相应的仓配作业任务，发送至运营中心。运营中心根据业务类型，将作业任务向下按组分发。

"VM 集团"向各供应商采购一批生活用品、食品和健康防护用品，经由京津冀分拨中心发送即将到达仓配中心。其中，"食品 1"共 140 箱，每箱毛重 8kg，包装称重压力为 35kg，包装长 25cm，宽 17cm；"生活用品 1"共 120 箱，每箱毛重 11kg，包装称重压力为 40kg，包装长 20cm，宽 18cm。

信息组收到来自客户的入库订单，根据客户需求和货品信息向运营中心发送入库任务通知。运营中心进一步将入库任务下发至仓储组。

目前，系统可以查询近 6 个月的物动量月报表，请根据客户需求完成客户入库任务。

客户入库通知单 1~6 如表 4-1 至表 4-6 所示。

表 4-1 入库通知单 1

客户："VM 集团"　　　　　　　　　　　　　　　　入库库房：北物仓配中心库房
批次号：20221029　　　　　　　　　　　　　　　　预计入库时间：2022-11-1
客户指令号：20220120×011

货品条形码	货品名称	包装规格（mm）	数量	单位
20205001	食品 1	250×170×70	140	箱

表 4-2 入库通知单 2

客户："VM 集团"　　　　　　　　　　　　　　　　入库库房：北物仓配中心库房
批次号：20221030　　　　　　　　　　　　　　　　预计入库时间：2022-11-1
客户指令号：20220120×012

货品条形码	货品名称	包装规格（mm）	数量	单位
20205002	生活用品 1	200×180×70	80	箱

表4-3 入库通知单3

客户："VM集团"　　　　　　　　　　　　　入库库房：北物仓配中心库房

批次号：20221111　　　　　　　　　　　　预计入库时间：2022-11-2

客户指令号：20220120×013

货品条形码	货品名称	包装规格（mm）	数量	单位
20205002	生活用品1	200×180×70	40	箱

表4-4 入库通知单4

客户："VM集团"　　　　　　　　　　　　　入库库房：北物仓配中心库房

批次号：20220120001　　　　　　　　　　　预计入库时间：2022-11-1

客户指令号：20220120×011

货品条形码	货品名称	包装规格（mm）	数量	单位
20201101	健康防护品1	85×80×70	8	箱

表4-5 入库通知单5

客户："VM集团"　　　　　　　　　　　　　入库库房：北物仓配中心库房

批次号：20220120002　　　　　　　　　　　预计入库时间：2022-11-1

客户指令号：20220120×012

货品条形码	货品名称	包装规格（mm）	数量	单位
20201102	健康防护品33	80×70×20	5	箱
20201106	健康防护品12	60×55×20	5	箱

表4-6 入库通知单6

客户："VM集团"　　　　　　　　　　　　　入库库房：北物仓配中心库房

批次号：20220120003　　　　　　　　　　　预计入库时间：2022-11-1

客户指令号：20220120×013

货品条形码	货品名称	包装规格（mm）	数量	单位
20201103	健康防护品17	90×70×70	10	箱
20201104	健康防护品27	80×70×20	10	箱
20201105	健康防护品47	90×70×70	5	箱

注意：破损、污损、未封箱、错误的货品需拒收；未组拖的货物需要进行码盘作业。

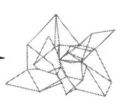

【任务实施】

客户（存货人）在储存货物之前，会以仓储合同或保管合同的形式将其存放货物的种类、规格、数量、性质、入库时间、保管时间、保管条件等信息明确地告知仓配中心。这时，仓库计划人员就可以对其进行分析，编制具体的入库作业计划，说明作业程序与内容，并及时通知各部门做好相应的准备工作，以保证入库的顺利进行。

任务一　仓配中心软件系统认知

自动化立体仓库管理系统 WIMS 由网络服务器、管理计算机、各客户机与网络服务器的接口等组成。网络服务器在 Windows Server 2008 操作系统中，采用 sqlServer2012 数据库进行数据管理。管理计算机在 Windows 7 32 位操作系统中运行。自动化立体仓库管理系统包括托盘库、料箱库、多层穿梭车、流利条拣选线，实现了自动化仓库的商品存取操作、自动入/出库作业处理、自动台账管理、数据查询、输出报表、系统数据维护及流水线分拣管理等功能。

系统功能如图 4-1 所示。

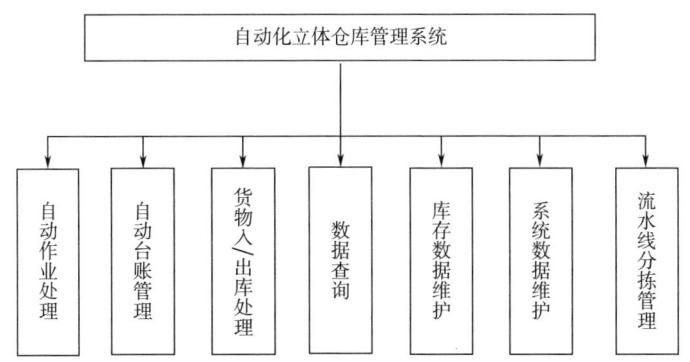

图 4-1　系统功能示意图

网络连接：

WIMS 通过网络连接器与网络服务器物理连接，通过 ODBC 和 OLEDB 数据接口与网络数据库 sqlServer2012 完成数据链接。状态显示如图 4-2 所示。

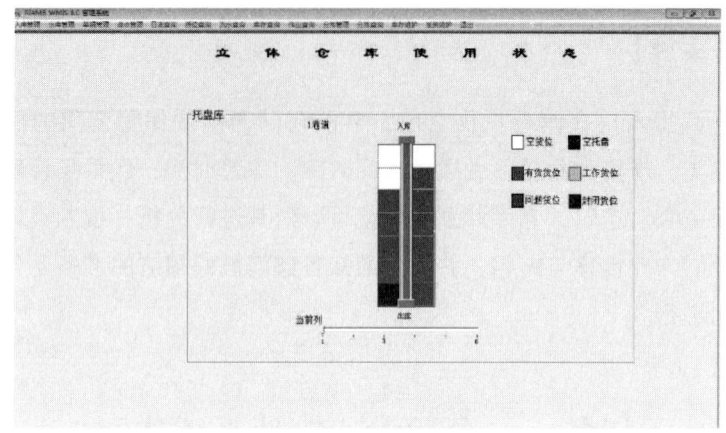

图 4-2　主体仓库使用状态

一、入库出库管理

此模块主要完成货物的入库上架和出库下架的业务操作、单据处理和后台信息数据的监控与更新。如图 4-3 所示。

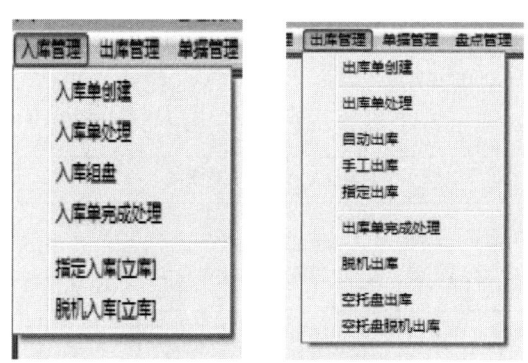

图 4-3　入库出库管理

（1）入/出库单据创建与处理：建立入/出库单的表头和货品信息，并进行订单确认处理（见图 4-4）；

（2）组盘数据输入：货物入/出库前的组托堆码信息输入；

（3）入/出库完成处理：完成出/入库任务，更新后台信息，排队进入下一单作业任务；

（4）指定入/出库：用于指定储位完成入/出库作业；

图 4-4

（5）手工出库：不通过系统指令直接出库；

（6）脱机入出库：不通过系统任务生成而直接出入库作业；

（7）空托盘出库：将货架的空托盘出库；

（8）空托盘脱机出库：不通过系统任务生成而直接空托盘出库作业。

二、单据管理

单据查询：对系统已经生成的单据进行查询（见图 4-5）。

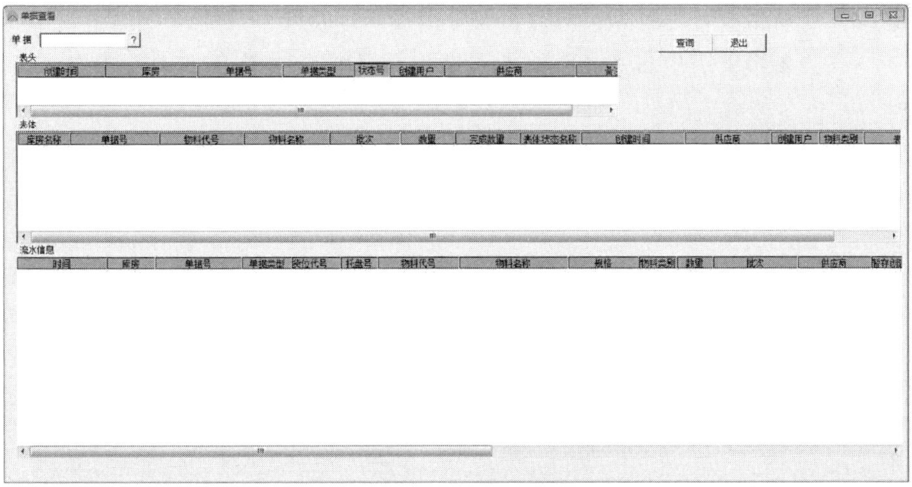

图 4-5 单据查询

三、日志查询

此模块主要完成对程序运行日志、设备报警日志、多穿托盘去向等日志的查询。

（1）系统日志查询：主要对日常程序运行日志进行查询，以便追踪日常设备作业的操作（见图4-6）；

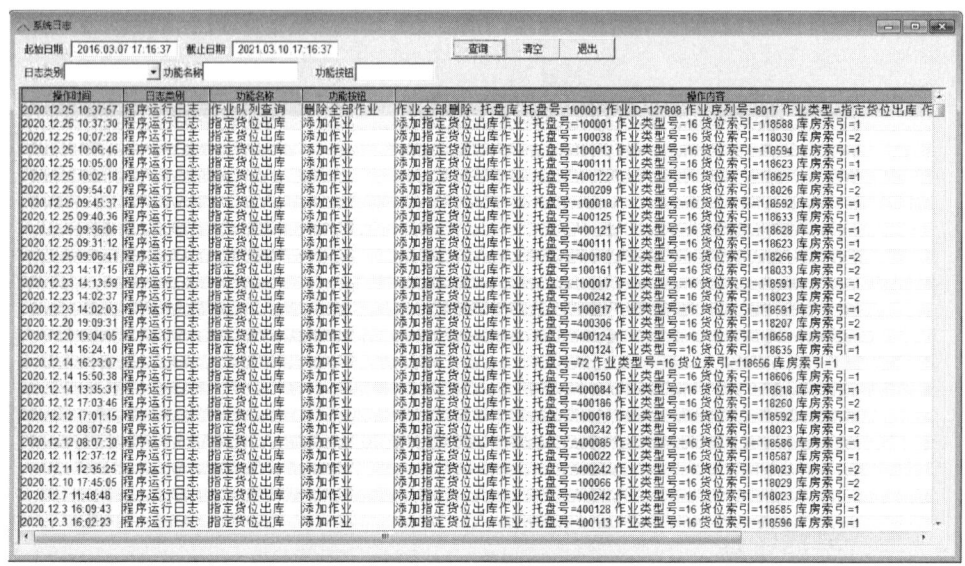

图4-6　系统日志查询

（2）设备报警日志查询：对设备故障报警的日志进行查询；

（3）设备报警历史日志查询：对设备之前的故障报警日志进行查询，以便追踪分析设备故障原因。

四、库存及货位查询

此模块主要完成对现有库存量以及存储货位地址、托盘号等进行查询，同时可以查询问题货位、工作货位、托盘货位等。

（1）库存综合查询：对立库系统现有库存进行查询，包括入库时间、库房、货位代号、托盘号、物料代号、名称、规格、数量、类别、供应商等（见图4-7）；

（2）可用库存查询：对于库存量不为零的货物进行查询；

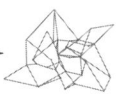

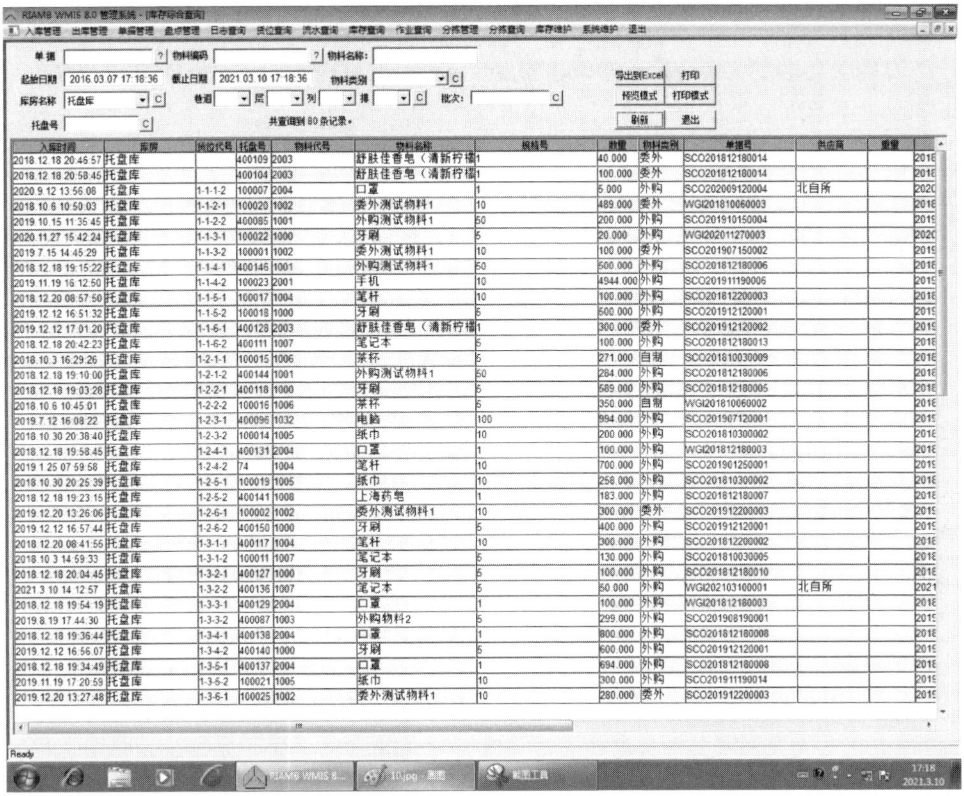

图 4-7 库存综合查询

（3）库存统计列表：对库存状态进行数据统计；

（4）货位状态统计：对货位使用情况进行数据统计；

（5）货位综合查询：对立库系统现有货物进行查询，包括货位的地址、状态、使用情况、与托盘的对应关系等（见图 4-8）。

五、作业及流水查询

（1）流水查询：对出入库作业流水情况进行查询；

（2）流水统计列表：可用于对流水的数据统计分析；

（3）作业队列查询：对系统目前待完成的作业队列进行查询；

（4）作业记录查询：对不同类型的系统历史作业进行查询（图 4-9）；

（5）入库组盘查询：对入库模块中的入库组盘数据进行查询；

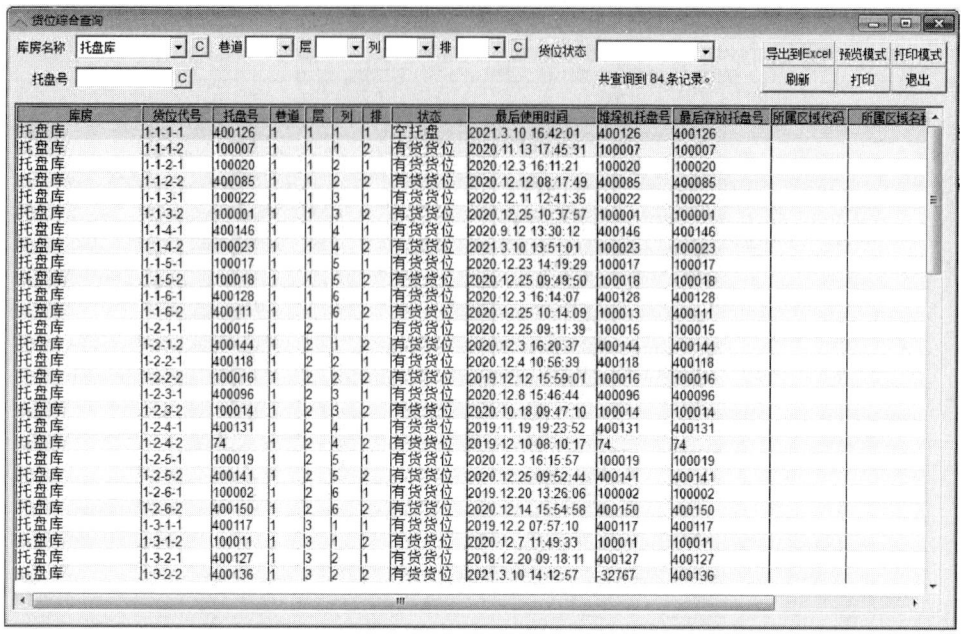

图 4-8　货位综合查询

（6）出库任务查询：对已出库和待出库的作业任务进行查询。

图 4-9　作业记录查询

六、分拣管理

（1）分拣区库存插入：主要用于对流利立库系统进行插入备货；

（2）订单确认：对插入备货订单进行确认，以完成备货作业（见图 4-10）。

出库单号	库房索引	单据状态	数量	完成数量	还需数量	事务类型	创建人	创建时间	单据索引
DBO201810040002	3	5	5	0	5	8	003	2018.10.4 17:55:28	70765
DBO201810090004	3	5				8	003	2018.10.9 10:25:25	80864
DBO201810270012	3	5				8	003	2018.10.27 15:43:01	91104
DBO201811030010	3	5	10	0	10	8	003	2018.11.3 10:07:12	91168
DBO201811130006	3	5	7	0	7	8	003	2018.11.13 14:52:52	91233
DBO201811160002	3	5				8	003	2018.11.16 09:39:58	101292
DBO201812010007	3	5	5	0	5	8	003	2018.12.1 15:07:00	101407
DBO201812280004	3	5				8	003	2018.12.28 08:13:10	101536
DBO201903150002	3	5	1	0	1	8	003	2019.3.15 08:11:59	101663
DBO201904050001	3	5	2	0	2	8	003	2019.4.5 08:32:53	101766
DBO201904080003	3	5				8	003	2019.4.8 08:30:43	101771
DBO201904150003	3	5	1	0	1	8	003	2019.4.15 10:42:22	101796
DBO201904160001	3	5				8	003	2019.4.16 09:05:37	101797
DBO201905070001	3	5	2	0	2	8	003	2019.5.7 08:08:10	111831
DBO201905160002	3	5				8	003	2019.5.16 10:05:30	111848
DBO201905160005	3	5	4	0	4	8	003	2019.5.16 10:20:40	111853

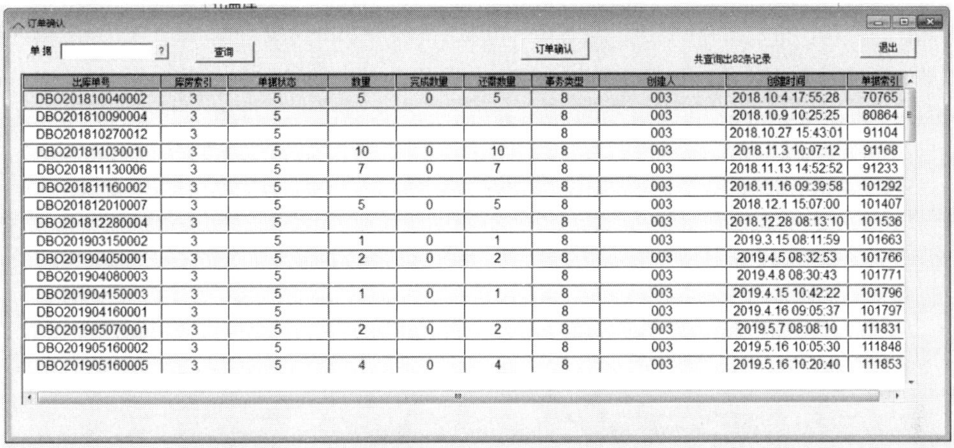

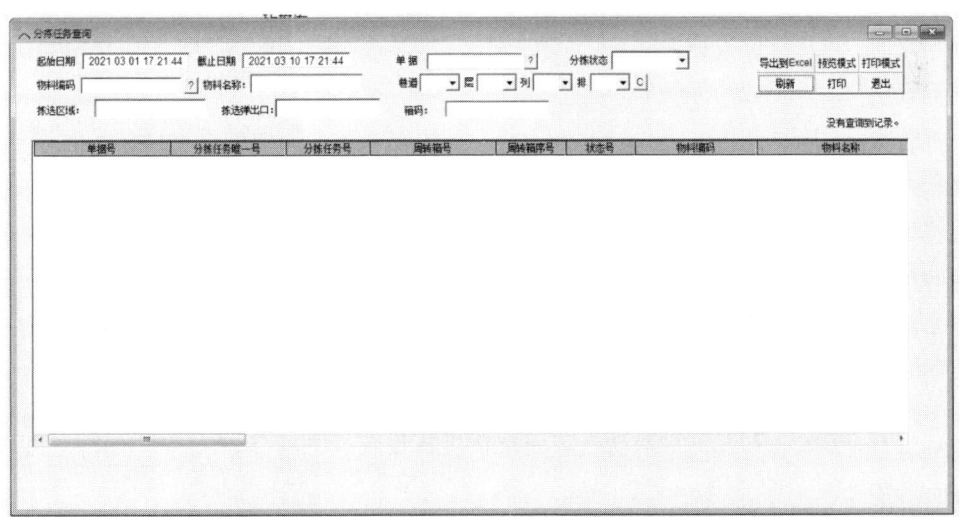

图 4-10　订单确认

七、分拣查询

（1）分拣任务查询：对已完成和待完成的分拣作业任务进行查询（见图 4-11）；

（2）分拣记录查询：对已完成的分拣任务历史记录进行查询。

图 4-11　分拣任务查询

八、库存维护

此模块主要完成库存维护工作，对问题货位进行查询，确定问题原因并实施处理（如图4-12所示）。

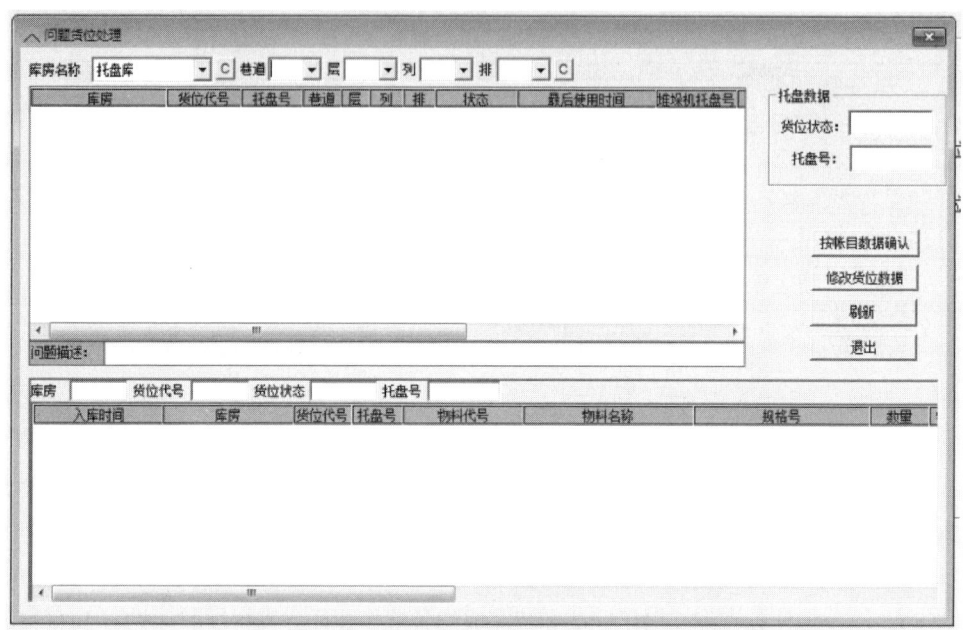

图4-12　库存维护

（1）问题货位查询：系统自动识别问题货位并提供地址、状态、使用情况等数据；

（2）问题日志查询：对已经发生的有关库存和货位的问题日志进行查询；

（3）问题货位处理：对于发生问题的货位修改货位数据（如图4-13所示）；

（4）人工搬库：对人工搬运进行设置和确认。

九、盘点管理

此模块主要完成对盘点作业任务的设置和查询。

（1）手工盘点设置：对待盘点的货物进行设置，下达盘点指令（如图4-14所示）；

（2）盘点库存查询：提供库存数据，为盘点作业任务提供依据。

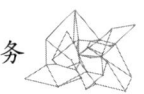

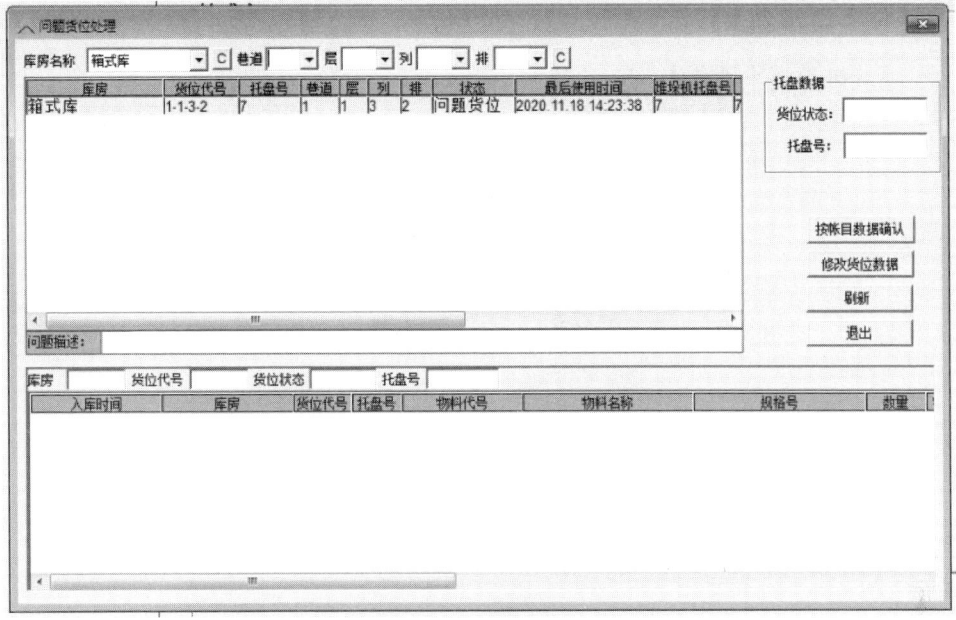

图 4-13　问题货位处理

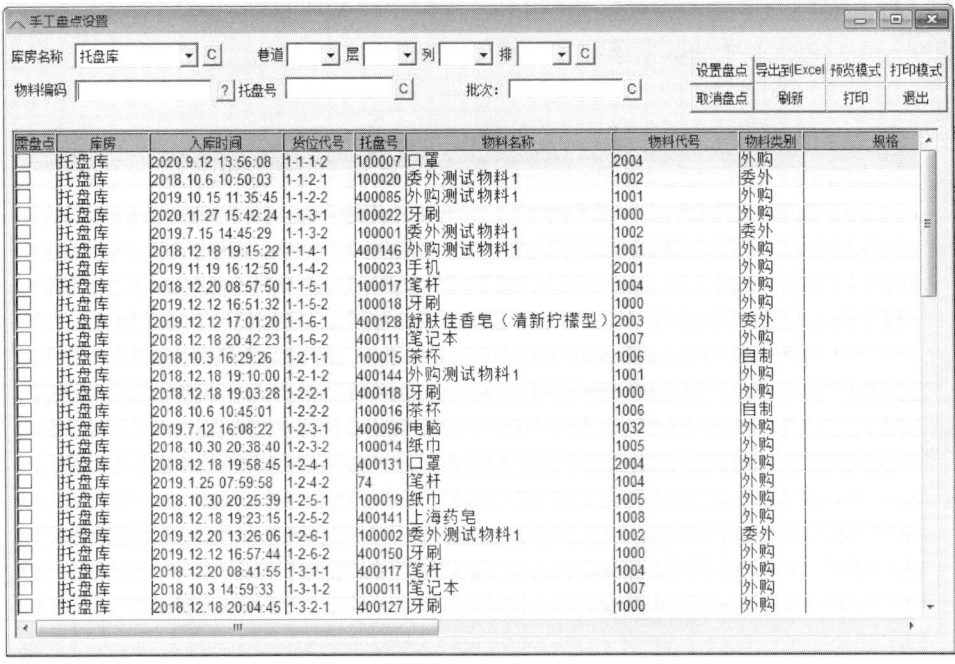

图 4-14　手工盘点设置

十、系统维护

系统维护模块见图4-15。

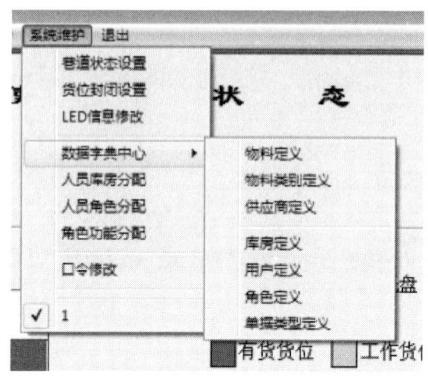

图4-15 系统维护模块

（1）货位状态设置：将不可使用的货位设置成"封闭货位"；

（2）巷道状态设置：将可用巷道进行开启或者关闭；

（3）基础数据定义（数据字典中心）：编辑数据库数据，对物料、供应商、库房、用户等做基础的数据维护（如图4-16所示）。

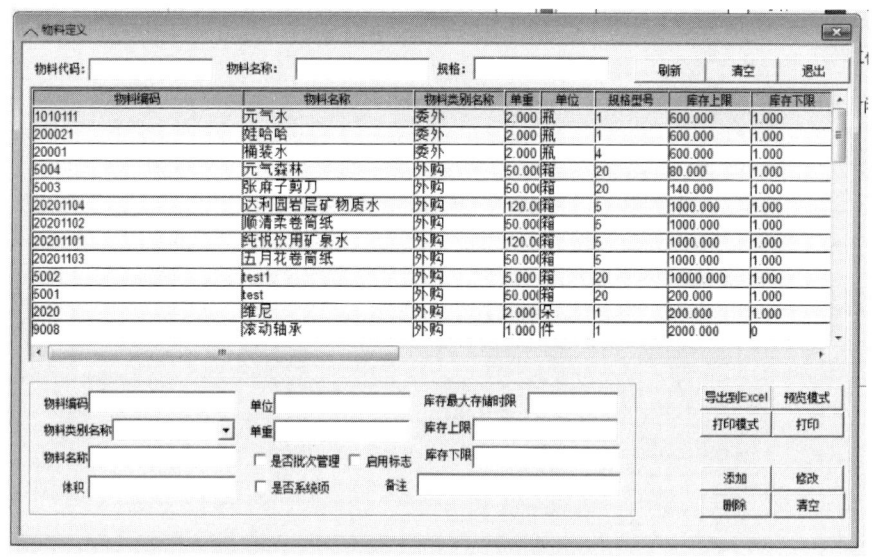

图4-16 基础数据定义

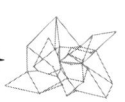

（4）用户管理：用于登录账号、立库系统对应的设置；

（5）人员角色分配：对作业任务管理员、操作员、信息员等任务角色进行设置；

（6）角色权限分配：对不同角色所有权限进行分配；

（7）人员库房分配：对不同角色所负责的库房进行分配；

（8）修改口令：对于账号密码等信息进行修改。

任务二　存储单元设备准备

根据上一章的结论，仓配中心托盘式立库与循环搬运系统、多穿立库系统主要面向食品和生活用品。存储单位使用木质托盘进行存储，规格为 860mm×1 000mm×150mm，托盘承重 1 000kg，具有抗弯强度大、刚性好，精确度高、不易变形，用高强度螺钉加固，牢固性好等优点；但材料易受潮、发霉、虫蛀、无法清洗，不防水不防火，对使用场地的温湿度要求较高。在使用立体货架时，应注意托盘的额外货架载重，禁止超载使用。

料箱式立库系统主要面向健康防护品。存储单位使用标准式料箱，规格为 400mm×600mm×280mm，具有耐用、多功能性、可堆叠；质轻节材；防静电、阻燃；化学性质稳定；防水、防潮、防腐蚀、防蛀虫；抗折、抗老化、承载强度大等优点。注意避免阳光暴晒，严禁将货物从高处抛掷在料箱内。如图 4-17 所示。

图 4-17　托盘与料箱

任务三　储位编码

每个存储单元都有自己独有的地址。本任务的入库作业，只有明确系统的储位地址极其排序，才有顺利完成任务的保证。为了方便搜索定位和信息管理与记录，货位编号、品名、序号、标签记号等用以识别的记录代码就非常重要，如果没有这些可识别区分的符号代码，记忆系统便无法运作。同时储位的编码并不是无序和随机的，而是从定义的起点开始以一定规则顺序编码。

以料箱式立库系统为例：

登录"RIAMB WMIS8.0"管理系统，启动系统管理，可以实时查询系统储位使用状态，如图4-18、图4-19所示。

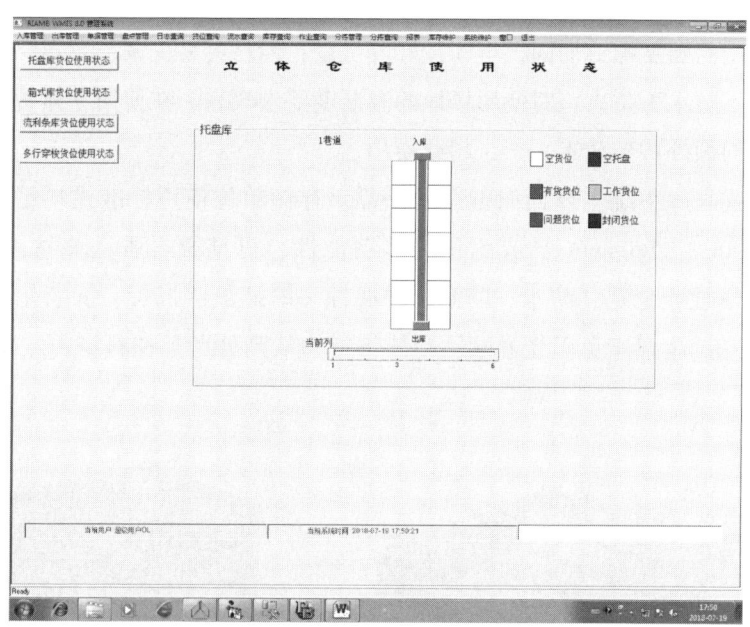

图4-18　立库使用状态

由图4-18可见，拖动下方滚动条，选择不同列，根据图块颜色，可以查询储位空储位、空托盘、有货储位、工作储位、问题储位和封闭储位的状态。

仓配中心立库存储设备储位布局都可以分为巷、排、列和层，可考虑将这四

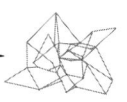

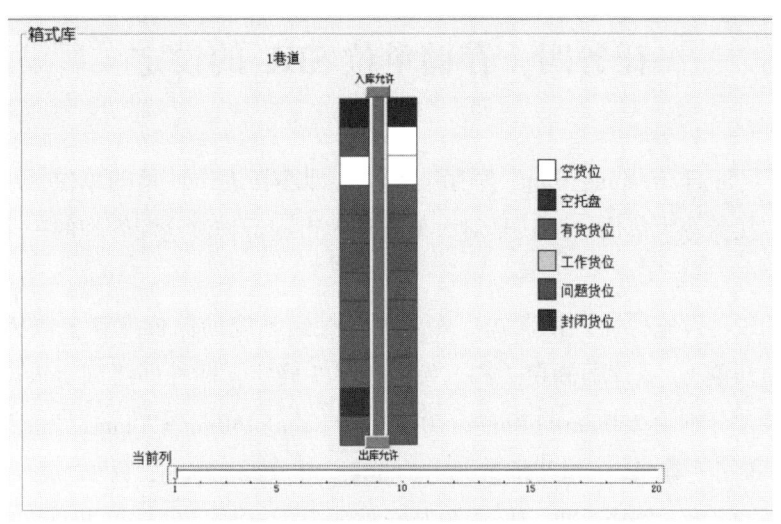

图4-19 料箱系统使用状态

个维度作为储位编码的基础。这里结合平面布局图，规定如下：

- 编码顺序：巷—层—列—排；
- 巷编码：每一个立库系统仅有一巷，规定巷编号为1；
- 层编码：规定由下向上，编码由1起始，依次为1，2，3，…
- 列编码：规定由东向西，编码由1起始，依次为1，2，3，…
- 排编码：每一个立库系统都由巷将储位布局分成两排，规定由北向南，

编码由1起始，依次为1，2。

料箱式立库系统总货位数：504货位＝1巷×14层×18列×2排，如图4-20所示。

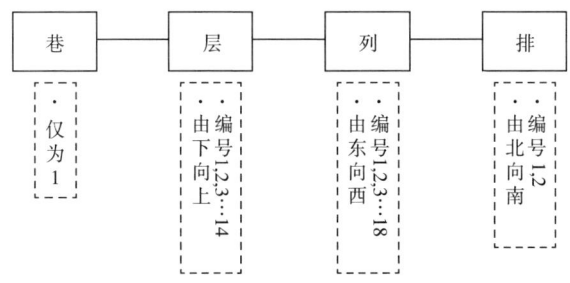

图4-20 立库系统储位编码

任务四　存储单位 SKU 的设定

SKU（Stock Keeping Unit，库存量单位）即库存进出计量的单位，可以是以件、盒、托盘等为单位。SKU 是对大型连锁超市进行物流仓配管理的一个必要的方法。

根据硬件设施特性，托盘式立库与循环搬运系统的储位库存上限为 900kg；由入库通知单 1、入库通知单 2 和入库通知单 3 确定，两种即将到货入库的货物的包装尺寸分别为 250mm×170mm×70mm，200mm×180mm×70mm；"食品 1"共 140 箱，每箱毛重 8kg，包装承重压力为 35kg，包装长 25cm，宽 17cm；"生活用品 1"共 120 箱，每箱毛重 11kg，包装承重压力为 40kg，包装长 20cm，宽 18cm。为了顺利完成客户入库任务，将货品的 SKU 设定由"箱"改为"托"，并对各存储单位 SKU，即每托盘可堆码最大箱数进行设定。

对于货品"食品 1"：

（1）计算托盘最大存储箱数，按照储位库存上限向下取整计算：

$$900/8 = 112(箱)$$

（2）计算托盘每层最大存储箱数：

$$MAX\{[(托盘长÷包装长)向下取整]×[(托盘宽÷包装宽)向下取整];$$

$$[(托盘长÷包装宽)向下取整]×[(托盘宽÷包装长)向下取整];$$

$$(托盘面积÷包装面积)\}$$

可得，每托盘每层最多可以存储 20 箱。

（3）计算每托盘最大存储层数，向上取整：

$$托盘最大存储箱数／托盘每层最大存储箱数 = 6(层)$$

但由于每箱毛重 8kg，包装承重压力为 35kg，向下取整：

$$包装承重压力／每箱毛重 + 1 = 5(层)$$

所以，每托盘最大存储层数为 5。

综上，对于货品"食品 1"，托盘立库系统存储单位 SKU 为每层 20 箱，堆码 5 层，共 100 箱。需入库量为近一托半，应入库到两个储位。同理，对于货品"生活用品 1"，多穿立库系统存储单位 SKU 为 80 箱，需入库量为一托半，应入库到两个储位。

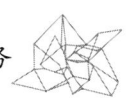

料箱立库系统 SKU 设定同理。

至此，还有一个问题待解决：选择哪些储位完成入库任务？

任务五　入库储位分配

仓配中心的货品存储方式是指各个货位如何存放商品。货位存储方式有两种基本形式：一是固定货位，二是自由货位。

固定货位的主要优点是各种商品存放的位置固定不变，管库人员容易熟悉货位，并记住货位，收发料时很容易查找。如果绘制成货位分布图，非本库人员也能按图比较容易地代到货位。料箱式立库系统存储的货物品种多而数量相对较少，对存储条件提出一定的要求，比如溶剂药品不可与片剂或粉剂药品一起存储。所以，料箱式立库系统储存区使用指定存储入库方式。

与固定存储相反，随机存储方式每个货位可以存放任何一种商品，只要货位空闲，入库的各种商品都可存入，称作"见缝插针"。随机存储的主要优点是能充分利用每一个货位，提高仓库的储存能力。多穿立库系统、托盘式立库与循环搬运系统储存区需要入库的货品尺寸大、重量大，不适合固定存储；同时，系统存储空间大；存储的货品品种少而数量大，进出库频率较均匀稳定。所以，托盘式立库与循环搬运系统、多穿立库系统储存区使用随机存储入库方式。

需要注意的是，货品"生活用品1"分别来自两个入库任务单，批次互不相同，入库储位分配应按照批次进行分配。

一、进入料箱式立库系统，查询近六个月的物动量月报表

物动量月报表见表4-7。

表4-7　物动量月报表

制表人：李毅　　　　　　　　　　　　　　　　制表时间：2020 年 5 月 31 日

货品条码	货品名称	出库量（件）
20201101	健康防护品 1	10
20201102	健康防护品 2	73
20201103	健康防护品 3	12

续表

货品条码	货品名称	出库量（件）
20201104	健康防护品4	129
20201105	健康防护品5	93
20201106	健康防护品6	11
20201107	健康防护品7	6
20201108	健康防护品8	329
20201109	健康防护品9	800
……	……	……

二、对物动量进行 ABC 分析

ABC 分类法又称帕雷托分析法，也称主次因素分析法，是项目管理中常用的一种方法。它是根据事物在技术或经济方面的主要特征，进行分类排队，分清重点和一般，从而有区别地确定管理方式的一种分析方法。由于它把被分析的对象分成 A、B、C 三类，所以又称为 ABC 分析法。

计算所有货品 6 个月的出库总量，如图 4-21 所示。

	A	B	C	D	E	F	G	H	I
	货品条码	货品名称	出库量1（箱）	出库量2（箱）	出库量3（箱）	出库量4（箱）	出库量5（箱）	出库量6（箱）	总量
2	6902774003017	健康防护品1	16	20	15	18	20	15	104
3	6932010061459	健康防护品10	10	15	6	8	10	14	63
4	6932010061780	健康防护品11	4	6	7	9	7	7	40
5	6932010061808	健康防护品12	118	127	152	173	195	183	948
6	6932010061822	健康防护品13	178	186	195	164	154	164	1041
7	6932010061826	健康防护品14	3	6	7	4	8	5	33
8	6932010061829	健康防护品15	8	16	14	18	17	7	73
9	6932010061853	健康防护品16	13	34	33	29	26	27	162
10	6932010061860	健康防护品17	12	15	12	19	15	14	87
11	6932010061863	健康防护品18	15	18	20	16	19	16	104
12	6932010061865	健康防护品19	13	11	19	17	14	19	93
13	6913221010106	健康防护品2	491	469	441	429	431	472	2733
14	6932010061877	健康防护品20	8	9	8	19	13	10	67
15	6932010061884	健康防护品21	8	7	9	7	5	6	42
16	6932010061887	健康防护品22	4	3	6	8	9	8	38
17	6932010061891	健康防护品23	14	16	18	16	18	20	102
18	6932010061900	健康防护品24	7	9	6	7	8	7	44
19	6932010061907	健康防护品25	7	6	7	10	15	12	57
	6932010061921	健康防护品26	6	6	7	5	9	11	38

图 4-21　货品 6 个月的出库总量

按照出库总量进行由大到小排序，如图 4-22 所示。

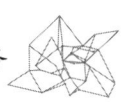

货品条码	货品名称	出库量1（箱）	出库量2（箱）	出库量3（箱）	出库量4（箱）	出库量5（箱）	出库量6（箱）	总量
6944848456015	健康防护品42	800	896	805	863	893	862	5119
6932425987656	健康防护品33	456	489	469	452	483	472	2821
6913221010106	健康防护品2	491	469	441	429	431	472	2733
6944848456282	健康防护品43	329	310	389	367	384	360	2139
6932010061822	健康防护品13	178	186	195	164	154	164	1041
6944848456589	健康防护品47	129	167	159	198	187	163	1003
6918010061360	健康防护品3	137	159	187	175	184	153	995
6934848456092	健康防护品35	123	186	176	186	130	178	979
6921317958690	健康防护品9	146	187	167	159	176	139	974
6932010061808	健康防护品12	118	127	152	173	195	183	948
6958786200067	健康防护品49	73	101	112	153	178	159	776
6944848456527	健康防护品46	93	108	99	105	136	185	726
6920855052068	健康防护品6	70	65	64	65	68	77	409
6932010061853	健康防护品16	13	34	33	29	26	27	162
6932010081891	健康防护品30	24	28	21	19	14	10	116
6932010061976	健康防护品29	9	10	15	21	29	27	111
6902774003017	健康防护品1	16	20	15	18	20	15	104
6932010061863	健康防护品18	15	18	20	16	19	16	104

图4-22　出库总量由大到小排序

计算所有货品6个月的出库总量，如图4-23所示。

货品条码	货品名称	C	D	E	F	G	H	I	J	K
6939261900108	健康防护品36	9	10	12	10	14	12	67	0.29%	96.53%
6933434567891	健康防护品34	7	9	8	9	12	19	64	0.27%	96.81%
6932010061459	健康防护品10	10	15	6	8	10	14	63	0.27%	97.08%
6918163010887	健康防护品5	7	11	9	11	15	8	62	0.27%	97.34%
6932010061907	健康防护品25	7	6	7	10	15	12	57	0.24%	97.59%
6944848456290	健康防护品44	6	4	6	9	11	18	54	0.23%	97.82%
6920907800173	健康防护品8	7	10	5	10	12	10	54	0.23%	98.05%
6920907800171	健康防护品7	5	9	10	8	7	6	45	0.19%	98.24%
6944848450350	健康防护品41	7	8	9	7	8	6	45	0.19%	98.44%
6942425987624	健康防护品39	3	4	7	9	12	9	44	0.19%	98.62%
6932010061900	健康防护品24	7	9	6	7	8	7	44	0.19%	98.81%
6932410061891	健康防护品32	5	8	6	9	7	8	43	0.18%	99.00%
6918011061360	健康防护品4	8	9	4	9	7	6	43	0.18%	99.18%
6932010061884	健康防护品21	8	7	9	7	5	6	42	0.18%	99.36%
6932010061780	健康防护品11	4	6	7	9	7	7	40	0.17%	99.53%
6932010061887	健康防护品22	4	3	6	8	9	8	38	0.16%	99.70%
6932010061921	健康防护品26	6	5	7	5	9	11	38	0.16%	99.86%
6932010061826	健康防护品14	3	6	7	4	8		33	0.14%	100.00%
							=SUM(I2:I51)			

图4-23　出库总量求和

计算各货品的累计百分比。

按照7：2：1的原则对货品进行物动量ABC分析（见图4-24）：

累计百分比在0~70%间的货品为A类货品；

累计百分比在70%~90%间的货品为B类货品；

累计百分比在90%~100%间的货品为C类货品。

由ABC分类结果可知，待拣货出库的货品中，健康防护品33为A类货品；健康防护品12为B类货品；健康防护品17、健康防护品1、健康防护品27为C类货品。

	货品条码	货品名称	出库量1（箱）	出库量2（箱）	出库量3（箱）	出库量4（箱）	出库量5（箱）	出库量6（箱）	总量	百分比	累计百分比	
1												
2	6944848456015	健康防护品42	800	896	805	863	893	862	5119	21.94%	21.94%	A
3	6932425987656	健康防护品33	456	489	469	452	483	472	2821	12.09%	34.03%	
4	6913221010106	健康防护品2	491	469	441	429	431	472	2733	11.71%	45.74%	
5	6944848456282	健康防护品43	329	310	389	367	384	360	2139	9.17%	54.91%	
6	6932010061822	健康防护品13	178	186	195	164	154	164	1041	4.46%	59.37%	
7	6944848456589	健康防护品47	129	167	159	198	187	163	1003	4.30%	63.67%	
8	6918010061360	健康防护品3	137	159	187	175	184	153	995	4.26%	67.93%	
9	6934848456092	健康防护品35	123	186	176	186	130	178	979	4.20%	72.13%	B
10	6921317958690	健康防护品9	146	187	167	159	176	139	974	4.17%	76.30%	
11	6932010061808	健康防护品12	118	127	152	173	195	183	948	4.06%	80.36%	
12	6958786200067	健康防护品49	73	101	112	153	178	159	776	3.33%	83.69%	
13	6944848456527	健康防护品46	93	108	99	105	136	185	726	3.11%	86.80%	
14	6920855052068	健康防护品6	70	65	64	65	68	77	409	1.75%	88.55%	
15	6932010061853	健康防护品16	13	34	33	29	26	27	162	0.69%	89.25%	
16	6932010081891	健康防护品30	24	28	21	19	14	10	116	0.50%	89.74%	C
17	6932010061976	健康防护品29	9	10	15	21	29	27	111	0.48%	90.22%	
18	6932010061863	健康防护品18	15	18	20	16	19	16	104	0.45%	90.67%	
19	6902774003017	健康防护品1	16	20	15	18	20	15	104	0.45%	91.11%	
20	6932010061969	健康防护品28	12	18	20	18	14	18	103	0.44%	91.55%	
21	6932010061891	健康防护品23	14	16	18	16	18	20	102	0.44%	91.99%	
22	6942425987629	健康防护品40	18	18	20	15	17	15	100	0.43%	92.42%	
23	6982010061891	健康防护品50	10	11	17	20	21	19	98	0.42%	92.84%	
24	6932010061865	健康防护品19	13	11	19	17	14	19	93	0.40%	93.24%	

图 4-24　货品 ABC 分类结果

三、储位查询

料箱式立库系统共 1 巷、14 层、18 列、2 排。现有货位 1 排存储的货物皆为片剂或者粉剂；2 排存储的货物皆为溶剂或者悬浊液。

登录"RIAMB WMIS8.0"管理系统，启动料箱式立库系统管理，查询系统储位使用状态，定位空货位（见表 4-8）。

表 4-8　储位使用情况表

层-排 \ 列	2	3	……	9	……	10	11	……	14
2	1-2-2-1	1-3-2-1							
……									
8									
9				1-9-9-2					
……									
15						1-10-15-1			
……									
17							1-11-17-2		
18									1-14-18-1

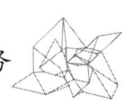

四、储位分配

合理地分配和使用货位，可以减少货物搬运的成本，降低货物在存储过程及搬运过程中的损耗，从而降低物流业务本身的成本，提高收益。这也是仓储企业工作的重点。货位分配包含有两层意义：一是为入库的货物分配最佳货位，因为在仓库内可能同时存在多个空闲的货位，即入库货位分配；二是要选择待出库货物的货位，因为同种货物可能同时存放在多个货位里。

货位分配考虑的原则有很多。对配送中心仓储区进行货位规划时，应遵循以下原则：靠近出口原则、以周转率为基础原则、产品相关性原则、产品同一性原则、产品类似性原则、产品互补性原则、产品相容性原则、先进先出原则、码高的原则、面对通道原则、产品尺寸原则、重量特性原则、产品特性原则、储位标识原则、明晰（标识）性原则等。

由物动量分析可知，C 类货物半年来出库量累计百分比占比很低，属于市场需求低的货物。在仓配作业中，这类货物订单量小，出库作业频率低。对于 A 类货物，根据以周转率为基础的原则、产品同一性原则、先进先出原则等，因其频繁的出入库操作，故应缩短搬运设备行进动线，保证作业流程的流畅性，以保证仓配订单的快速响应，这就是尽量选择远离料箱式立库系统分拣口储位的原因：为入库任务 4 的健康防护品 1 分配储位 1-10-15-1；为入库任务 6 的健康防护品 17 分配储位 1-11-17-2；为入库任务 6 的健康防护品 27 分配储位 1-14-18-1。

相应的，分析 B 类货物物动量，其在半年来库量累计百分比占比居中，属于市场需求居中物。在仓配作业中，这类货物订单量或出库作业频率高于 C 类货物而低于 A 类货物。根据以周转率为基础原则和产品类似性原则等，故尽量分配与箱式立库系统分拣口距离居中的储位：为入库任务 5 的健康防护品 12 分配储位 1-9-9-2。

A 类货物半年来出库量累计百分比很高，属于市场需求高的货物。在仓配作业中，这类货物订单量大，出库作业频繁。根据靠近出口原则、以周转率为基础原则和产品特性原则等，应便于 A 类货物出入库操作，节省搬运设备成本，提高作业效率，以达到城市配送快速响应的目的。目前靠近出口的储位 1-2-2-1 和 1-3-2-1 为空储位，可分别为防护用品 33、防护用品 47 分配储位。

但是，这两个空储位在两个货品之间又如何分配呢？

在仓储管理系统平台中综合库存查询模块查得，更加靠近出库口且与这两个空储位相邻的货品为健康防护品 42，储位为 1-2-1-1。如图 4-25 所示。

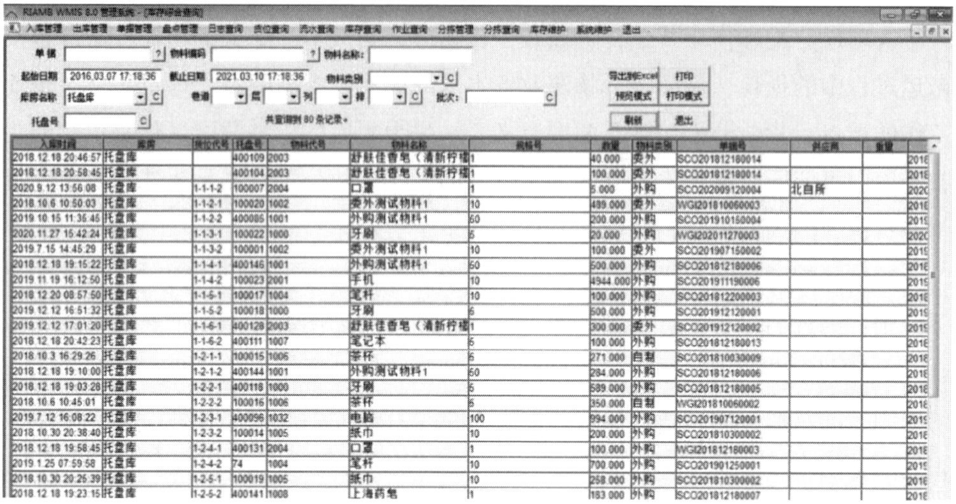

图 4-25　综合库存查询

健康防护品 42、健康防护品 33 和健康防护品 47 的 6 个月的物动量月报表如表 4-9 所示。

表 4-9　健康防护品物动量月报表

货品条码	202011010	20201102	20201106
货品名称	健康防护品 42	健康防护品 33	健康防护品 47
出库量 1（箱）	329	456	129
出库量 2（箱）	310	489	167
出库量 3（箱）	389	469	159
出库量 4（箱）	367	452	198
出库量 5（箱）	384	483	187
出库量 6（箱）	360	472	163

为了保证仓配中心物流作业效率，考虑将具有物动量强关联性的货品（即常常伴随着另一货品一起出库的某货品）分配在相邻储位。表 4-9 中这三个品项的货品都属于 A 类货品，所以我们以健康防护品 42 作为标的货品，分析健康防护品 33 和健康防护品 47 与其关联性；在此基础上，确定这两个待分配储位的货

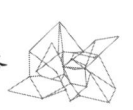

品与标的货品的关联性，选出关联性最强的货品，将其分配到更为靠近 1-2-1-1 的储位。

鉴于目前物动量数据仅为近 6 个月三个品项货品的出库量，数据样本量比较小，不再适于通过使用第二章讲到的回归分析来确认物动量数据之间的关联性。针对这种情况，仓配中心选择采取灰色关联分析方法判断健康防护品 42、健康防护品 33 和健康防护品 47 之间的关联性。

"灰色系统"这个概念的提出是相对于"白色系统"和"黑色系统"而言的。颜色一般代表的是对于一个系统我们已知的信息的多少：灰色介于两者之间，表示我们只对该系统有部分了解。灰色关联分析（grey relation analysis，GRA）是一种多因素统计分析的方法，在一个灰色系统中，我们可以分析其中我们所关注的某个标的项目受其他因素影响的相对强弱。其核心是，由于需要分析各货品与健康防护品 42 物动量的关联性，所以建立灰色关联分析模型，将健康防护品 42 的物动量数据作为随时间变化的母序列，把健康防护品 33 和健康防护品 47 的物动量作为随时间变化的子序列，求各个子序列与母序列的相关联程度，依照关联大小得出结论。

首先，计算三个品项货品的 6 个月物动量均值，如表 4-10 所示。

表 4-10　物动量均值

货品条码	202011010	20201102	20201106
货品名称	健康防护品 42	健康防护品 33	健康防护品 47
平均值	853.166 7	470.166 7	167.166 7

其次，对物动量数据表中的各数据做去量纲化处理，以减少数据的绝对数值的差异，将数据的波动统一到近似的范围内，重点关注其变化和趋势：计算各数据除以该列数据的平均值，即可得到一个去量纲化的"相对值"，如表 4-11 所示。

表 4-11　去量纲化物动量

货品条码	202011010	20201102	20201106
货品名称	健康防护品 42	健康防护品 33	健康防护品 47
出库量 1（箱）	0.937 7	0.969 9	0.771 7

续表

货品条码	202011010	20201102	20201106
出库量 2（箱）	1.050 2	1.040 1	0.999 0
出库量 3（箱）	0.943 5	0.997 5	0.951 1
出库量 4（箱）	1.011 5	0.961 4	1.184 4
出库量 5（箱）	1.046 7	1.027 3	1.118 6
出库量 6（箱）	1.010 4	1.003 9	0.975 1

最后，基于以上数据表，做灰色关联性分析。以健康防护品 42 物动量数据为母序列，健康防护品 33 和健康防护品 47 物动量数据为子序列，计算子序列各数据与母序列相应数据的绝对差值，建立子序列与母序列之间的关系，如表 4-12 所示。

表 4-12　子序列与母序列之间的关系

货品条码	202011010	20201102	20201106
货品名称	健康防护品 42	健康防护品 33	健康防护品 47
出库量 1（箱）		0.032 2	0.166 0
出库量 2（箱）		0.010 1	0.051 2
出库量 3（箱）		0.054 0	0.007 6
出库量 4（箱）		0.050 2	0.172 9
出库量 5（箱）		0.019 4	0.072 0
出库量 6（箱）		0.006 5	0.035 3

找到以上序列数据中的最最大值和最最小值，即行数据或列数据中皆为最小值/最大值的数据，如表 4-13 所示。

表 4-13　最最大值和最最小值

最最大值	0.172 9
最最小值	0.006 5

灰色关联分析公式：

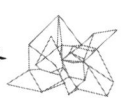

$$\xi_{0i}(k) = \frac{\min\limits_{i}\min\limits_{k}|x_0(k)-x_i(k)| + \rho\max\limits_{i}\max\limits_{k}|x_0(k)-x_i(k)|}{|x_0(k)-x_i(k)| + \rho\max\limits_{i}\max\limits_{k}|x_0(k)-x_i(k)|}$$

式中：$|x_0(k)-x_i(k)|$ 表示序列 x_0 与 x_i 在第 K 点的绝对值；

$\min\limits_{i}\min\limits_{k}|x_0(k)-x_i(k)|$ 表示两序列两极最小绝对值；

$\max\limits_{i}\max\limits_{k}|x_0(k)-x_i(k)|$ 表示两序列两极最大绝对值。

$x_0(k)$ 代表母序列各行数据，k 代表行数及时刻；$x_i(k)$ 代表各子序列行数据，i 代表子序列列数，即某个子序列因素。ρ 为分辨系数，用来减弱最大值过大对关联系数失真的影响，可以提高关联系数之间的分辨力。ρ 的取值区间为（0，1），具体取值要具体分析情况。当 $\rho \leq 0.5463$ 时，分辨力最好，所以通常 ρ 取值 0.5。$\xi_{0i}(k)$ 表示母序列与第 i 子序列在 k 时刻的关联系数。计算各时刻各子序列的灰色关联系数，如表 4-14 所示。

表 4-14 灰色关联系数

货品条码	202011010	20201102	20201106
货品名称	健康防护品 42	健康防护品 33	健康防护品 47
出库量 1（箱）		0.783 1	0.368 0
出库量 2（箱）		0.961 8	0.674 9
出库量 3（箱）		0.661 6	0.987 8
出库量 4（箱）		0.680 1	0.358 2
出库量 5（箱）		0.877 8	0.586 5
出库量 6（箱）		1.000 0	0.763 2

关联系数就是比较数据序列每个时刻与参考数据序列在各个对应时刻（即曲线中的各点）的关联程度值，它数量很多，然而信息过于分散，不利于进行整体性分析评价。因此，有必要将每个时刻的关联系数集合成一个值，即求其平均值，作为母序列与子序列之间的关联程度的度量值，即关联度，公式如下：

$$r_{0i} = \frac{1}{m}\sum_{k=1}^{m}\xi_{0i}(k)$$

式中，r_{0i} 为第 i 个比较数列与参考序列的关联度，如表 4-15 所示。

表 4-15　关联度分析

货品条码	202011010	20201102	20201106
货品名称	健康防护品 42	健康防护品 33	健康防护品 47
灰色关联度		0.827 4	0.623 1

从以上灰色关联分析可见，健康防护品 42 与健康防护品 33 的关联度高于与健康防护品 47 的关联度，可认为健康防护品 33 常常随着健康防护品 42 一起出库，将这两个品相货物分配在相邻储位更有利于保证仓配中心物流作业的效率。因此，将入库任务 5 的健康防护品 33 分配储位 1-2-2-1，将入库任务 6 的健康防护品 47 分配储位 1-3-2-1。

综上，仓配中心完成了入库任务货品储位分配的作业，继而可以完成货物入库工作。

【参考知识】

一、现代仓配中心在物流系统中的作用

现代仓储的着重点与过去的仓储已有所不同。仓储在过去一般起着长期储存原材料及产成品的战略角色，生产商生产出来的产品都成为存货，然后再将储存在仓库中的存货销售出去。这样，仓库里不得不将存货水平维持在能满足 60~90 天需求的状态。因此，多数企业都有很高的存货水平。

近 20 年来，随着零库存、物流联盟及物流供应链理论的出现，仓库所扮演的战略角色逐步转变为以较短周转时间、较低存货率、较低成本和较好的顾客服务为内容的物流目标。如今，仓库不再是长期储存货物的设施，仓库的运作大大加快了，人们把注意力放到了产品在企业内流动的速度上。有些企业，产品在仓库中只储存几天甚至几小时。

为了满足顾客对商品快捷、廉价的需求，企业物流管理人员注重对仓储过程中的劳动生产率及成本进行考察。他们重新设计仓库，以达到加快订单处理及降低成本的目标。他们还对仓库重新选址，以达到在综合供应链中为顾客提供更好服务的目标。

我们通常将仓储定义为对货物的储存。从广义上解释，这一定义包括一系列提供储存货物服务的设施和场地，例如，露天场地对铁矿石的储存，生产厂家中对成品的储存，以及在运输过程中对原材料、工业货物和成品的储存；另外，它

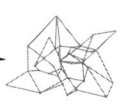

还包括一些专门的储存设施，比如储存粮食的仓库、储存烟草的仓库以及冷库。对每一件产品来说，在其生命周期中（从被创造到被消费）至少被储存了一次。了解了这一事实，我们就很容易理解仓储在国民经济中的地位了。例如，美国在物流方面的花费总额相当于 GDP 的 10%左右，仓储成本占 GDP 的 1%左右。

从宏观上看，仓储是一项必要的功能，它为原材料、工业货物和产成品产生时间效用。源于市场的仓储同顾客的贴近使一个企业能够在较短的时间内为顾客服务。更重要的是，通过仓储，公司能在顾客要求的时间和地点将货物交到顾客手上。随着企业将顾客服务当作一个动态的、有附加价值的竞争工具，仓储的这一功能变得越来越重要。

仓库是物流系统中企业储存原料、半成品及成品的场所。将货物储存在仓库中意味着中止或打断了货物的流动，必然增加产品的成本。某些企业把仓储成本看作是有很大的负面作用的，想方设法地避免仓储成本；现在，由于认识到增加仓储的附加值能抵消仓储成本的增加，这一观点正在发生变化。其他一些企业，特别是一些配送商和批发商，走向了另一个极端，它们尽可能地储存多种多样的货物。走向这两个极端都是错误的。

仓库在物流系统中扮演了包括运输整合、产品组合、交叉收货、服务、防范偶发事件、使物流过程平稳等一系列增加附加值的作用。

（一）运输整合（transportation consolidation）

如图 4-26 所示，企业有时会遇上运输的原料或成品（LTL 和 LCL）不足整车的情形。一般长距离运输零担（LTL）及拼箱（LCL）的费率比满载运输的费率要高很多。

通过将零担及拼箱运入或运出距离相对较近的仓库，仓储能让公司将较小的货载整合为较大的货载（装满一车），这样就大大减少了运输费用。对于原材料物流系统来说，仓库能将不同供货商的零担及拼箱整合为整车（TL）及整箱（CL），然后将其送到企业的工厂去。对产成品物流系统来说，仓库可以接收来自各分厂的整装货物，再将其分装为零担及拼箱运到不同的市场中去。

（二）产品组合（product mixing）

仓库的第二项功能是按顾客的需要进行产品混装。如果从颜色、大小、形状等方面考虑，公司推出的生产线常常包括了几千种不同的产品。在订单下达时，顾客要求的往往是生产线上各种产品的组合，例如，5 打 4 个杯的咖啡套具、6

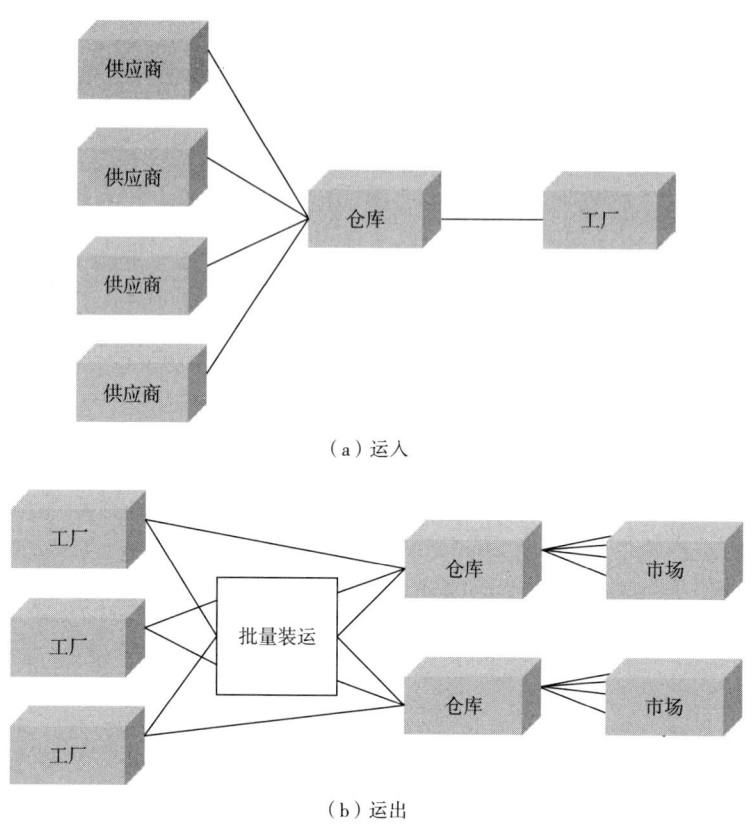

（a）运入

（b）运出

图 4-26　运入运出的物流系统

打 10 个杯的蓝色边咖啡套具和 10 打 10 个杯的红色边咖啡套具，3 打蓝色的沙拉碗套具。一般各公司是在不同地盘的工厂里生产各类产品，如果公司没有储存货物，它就不得不在各个地点去完成各个订单，这样就造成了货物到达时间及按要求进行组合的机会参差不齐。因此，为多种产品生产线服务的仓库能够高效地完成订单。通过在靠近人口稠密区的地方建造新的组合仓库，公司能用较小的运输工具运送货物，并且安排合适的时间送货以避免交通堵塞。

除了按顾客需求进行产品组合以外，公司也能将原料及产品组合后整车地由供应仓库运往工厂（如图 4-27 所示）。这一策略不仅因货物整合而降低了运输成本，还使公司避免了将工厂当作仓库使用。随着燃油费提高导致运输成本提高，这一策略的采用将会变得更加广泛。对采用一些诸如物料需求计划（MRP）、零库存等成熟策略的公司而言，采用供应仓库的策略是必要的。

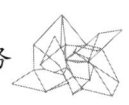

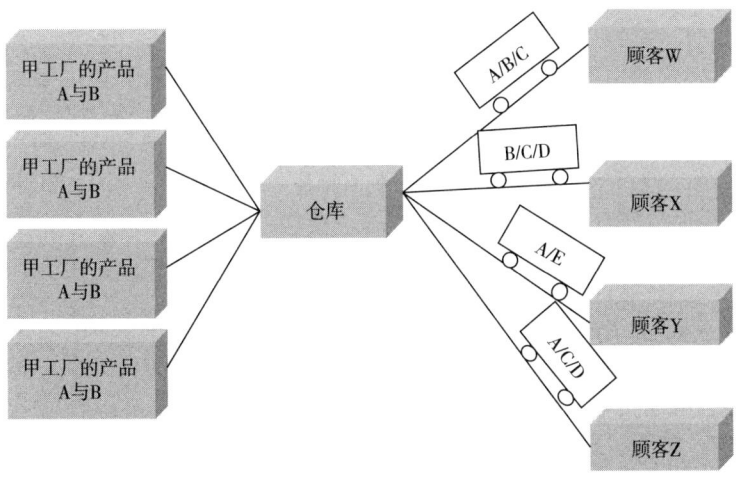

（a）产品组合

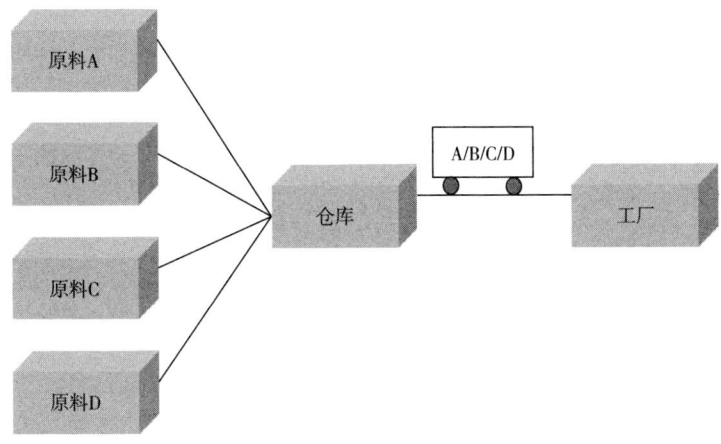

（b）原材料的组合

图4-27　原材料及产品组合

（三）直接转运（cross-docking）

直接转运是一项使产品组合顺利进行的作业。在作业中，来自不同供货商的产品聚集到流通仓库，但这些货物并不是储存起来供以后进行分拣，而是直接穿过仓库，载入正在等待的货车，然后驶向特定的顾客。

（四）服务（service）

仓库的第三项功能是提供服务，为顾客提供服务的重要性是显而易见的。在顾客下达订单时就将货物按要求在仓库里准备好将使顾客感到满意，并由此提高将来的销售量，这在仓库距离顾客较近时尤为如此。服务应该也是供货仓库的要求之一。然而，公司预先制定的生产计划更着重于顾客而非服务，因为顾客的需求量总是不确定的，而缺货成本有时非常大。

（五）偶发事件的防范（contingency）

仓库的第四项功能是防范偶发事件。例如，运输被延误，卖主缺货。在国外，如果遇上一场潜在的卡车司机罢工将导致人们购买比往日更多的存货。对供货仓库而言，这项功能是非常重要的，因为原材料供应的延迟将使产品的生产延迟。此外，在配送仓库中也会有偶发事件发生，例如，运输过程中的货物损耗会影响存货水平及订单的完成。

（六）平稳化（smoothing）

仓库的第五项功能就是使生产过程中的作业流程及后继阶段能平稳进行。例如，对某产品的周期性需求保证了长时期内合理的成本费用和产品质量，即，避免了在较低生产水平时要加班加点的现象。实际上，这一平衡策略使公司能够减少其在制造能力上的投资。

总之，仓库的各项功能可以为物流系统及公司的运作做出重要的贡献。然而我们看待仓储必须从全局出发，也就是说，仓储的贡献必须比仓储成本要高。

二、仓储的布局与设计

（一）储位规划的基本原则

对配送中心仓储区进行货位规划时，应遵循以下原则。

1. 靠近出口原则

将刚到达的商品指派到离出入口最近的空储位上。

2. 以周转率为基础原则

按照商品在仓库的周转率（销售量除以存货量）来排定储位。首先依周转率由大到小排出序列，再将此序列分为若干段，通常分为3~5段。同属于一段的货品列为同一级，依照定位或分类储放的原则，指定储存区域给每级的货品。周转率越高应离出入口越近。

3. 产品相关性原则

产品相关性大者在订购时经常被同时订购，所以应尽可能存放在相邻位置。

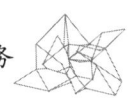

考虑货品相关性储放的优点如下：

（1）缩短提取路程，减少作业人员工作量；

（2）简化清点工作；

（3）产品相关性大小可以利用历史订单数据进行分析。

4. 产品同一性原则

所谓同一性原则，是指把同一货品储放于同一保管位置的原则。这种管理方式的管理效果是值得期待的。

仓库作业人员对于货品保管位置皆能熟知，对同一货品的存取搬运时间最少是提高配送中心作业生产率的基本原则之一。因而当同一货品分布于仓库内多个位置时，货品在储放、取出等作业时的不便可想而知，在盘点及作业人员对货架、货品掌握程度等方面都可能造成困难。因此，同一性原则是任何配送中心都应遵守的重点原则。

5. 产品类似性原则

所谓类似性原则，是指将类似品比邻保管的原则，此原则与同一性原则类似。

6. 产品互补性原则

互补性高的货品也应存放于邻近位置，以便缺货时可迅速以另一品项替代。

7. 产品相容性原则

相容性低的产品绝不可以放置一起，以免损害品质，如烟、香皂、茶不可放在一起。

8. 先进先出原则

所谓先进先出，是指先入库的货品先出库。此原则一般适用于寿命短的商品，如感光纸、软片、食品等。

以作为库存管理的手段来考虑时，先进先出是必要的。但是，如果产品品规变化小，产品寿命长，保管时不易产生损耗、破损等，则需要考虑先进先出的管理费用及采用先进先出原则所得到的利益，将两者之间的优劣势比较后，再决定是否要采用该原则。另外，对于食品或易腐败变质的货品，应考虑的是先到期先出货的原则。例如，进口货柜货物储存配销的情况，常会有先进货的反而保存期限较长，而后进货的保存期限较短，此时保存期限快到过期的货品要先出库，且保存期限剩下 3~6 个月的货品应考虑退货给原供应商或折扣处理，以免后续发生过期退货或货品变质造成客户投诉，影响整个作业进行。

9. 码高的原则

所谓码高的原则，即是像堆积木般将货品码高，以提高配送中心整体的保管效率。可利用托盘等工具将货品堆高来提高容积效率。但值得注意的是，在严格要求先进先出时，一味码高并非最佳的选择，应考虑使用合适的货架或阁楼式货架等保管设备来保证出货效率。

10. 面对通道原则

所谓面对通道原则，即货品面对通道，使可识别的标号、名称能被作业人员容易地辨识。为了使货品的储放、取出能够容易且高效率地进行，货品就必须面对通道来保管，这也是使配送中心内能流畅及活性化的基本原则。

11. 产品尺寸原则

在仓库布置时，要同时考虑货品单位大小及相同的一批货品所造成的整批形状，以便能供应适当的空间满足某一特定需要。所以在储放货品时，储位必须有不同大小位置的变化，以容纳一切不同大小的货品和不同的容积。此原则的优点在于，若货品储存数量和位置适当，则分拣发货迅速，搬运工作量及时间都能减少。

若未考虑储存货品单位大小，将可能造成储存空间太大而浪费空间，或者储存空间太小而无法存放。未考虑储存货品整批形状，也可能造成因整批形状太大无法同处存放（数量太多）或浪费储存空间（数量太小）。一般将体积大的货品存放于进出比较方便的位置。

12. 重量特性原则

所谓重量特性原则，是指按照货品重量的不同来决定储存货品于保管场所的高低位置上。

一般而言，重物应直接置于地面或货架的下层位置，重量轻的货品则保管于货架的上层位置；若是人工进行搬运作业，则人的腰部以下的高度用于保管重物或大型货品，腰部以上的高度则用来保管重量轻的货品或小型货品。此原则对于采用货架的安全性及人工搬运的作业性有很大意义。

13. 产品特性原则

货品特性不仅涉及货品本身的危险及易腐性质，同时也可能影响其他的货

品，因此，在配送中心布置设计时必须考虑。现列举5种有关货品特性的基本储存方法：

（1）易燃品的储存。应在具有高度防护作用的建筑物内安装适当的防火设备，最好是独立分隔放置。

（2）易窃品的储存。应装在加锁的笼子、箱、柜或房间内。

（3）易腐品的储存。需要储存在冷冻、冷藏或其他特殊的设备内，且由专人作业与保管。

（4）易污损品的储存。可使用帆布套等覆盖。

（5）一般货品的储存。需要储存在干燥及管理良好的库房内，以应客户需要随时提取。

另外，彼此易互相影响的货品应分开放置，如饼干和香皂，容易气味相混；而危险的化学药剂、清洁剂，也应独立隔开放置，且作业时应戴上安全护套。此原则的优点是：不仅能因货品特性有适当的储存设备保护，而且容易管理与维护。

14. 储位标识原则

所谓储位标识原则，即对保管货品的位置给予明确标识。此原则的主要目的在于将存取单纯化，并能减少其间的错误。尤其在临时人员、高龄作业人员较多的配送中心，此原则更有必要。

15. 明晰（标识）性原则

所谓明晰性原则，是指利用视觉使保管场所及保管品能够容易识别的原则。此原则还需要与储位标识原则、同一性原则及码高原则相吻合。例如，使用颜色看板、布条、标识符号等，能让作业人员一目了然，且能产生联想而帮助记忆。

良好的储放策略与指派原则配合，可大量减少捞取货品所要移动的距离。然而，越复杂的储位指派原则越需要功能越强的计算机管理系统相配合，通过先进的计算机管理系统可大大提高作业效率。

（二）储位规划存储策略及操作

1. 储位规划存储策略

配送中心仓储区储存作业是要充分考虑最大限度地利用空间，最有效地利用劳动力和设备，最安全经济地搬运货物，最良好地保护和管理货物。良好的储存策略可以减少出入口的移动距离，缩短作业时间，充分利用储存空间。一般常见的储存策略有：

（1）定位储存：

①定位储存的原则。每一项货物都有固定的储位，货品不能互相用储位，因此需要规划每一项货品的储位容量不得小于其潜在的最大库存量。

②定位储存的优点。每种货品都有固定的储存位置，容易管理；拣货人员容易熟悉货品储位；货品的储位可按周转率大小或出货频率来安排，以缩短出入库搬运距离，搬运时间较少；可针对不同货物特性安排储位，可以将货物之间的不良影响降到最低。

③定位储存的缺点。储位必须按各项货品的最大在库量设计，因此储区空间平时的使用效率较低；

④定位储存的应用。这种存储策略一般适用于：根据物品尺寸及重量安排储位；库房空间较大，多品种少批量货物的存储；不同物理、化学性质的货物须控制不同的保管储存条件，防止不同性质的货物互相影响；重要物品的保管，例如有的货物要求控制温度储存条件，易燃易爆物必须存放于有一定高度并满足安全标准及防火条件的储位。

（2）随机储存：每一个货品被指派储存的位置不是固定的，而是随机产生的。也就是说，任何品项可以被存放在任何可利用的位置。此随机储存策略一般是储存人员按习惯来储存，且通常按货品入库的时间顺序储存于出入口的储位。其较适用于库房空间有限、需尽量利用储存空间的场合，以及需要储放种类较少或体积较大的货品。

①随机储存的优点。由于储位可共用，因此只需按所有库存货品最大库存量设计即可，储区空间的使用效率较高。一般说来，随机储放与定位储放相比较，可节省 35% 的移动储存时间和增加 30% 的储存空间。

②随机储存的缺点。货品的出入库管理及盘点工作的进行困难较高，周转率高的货品可能被储存在离出入口较远的位置，增加了出入库的搬运距离；具有相互影响特性的货品可能相邻储存，造成货品的伤害或发生危险，且较不利于货品的拣取作业。

（3）分类储存：

①分类储存的原则。所有的储存货品按照一定特性加以分类，每一类货品都有固定存放的位置，而同属一类的不同货品又按照一定的原则来指派储位。分类储存通常按产品相关性、流动性、产品尺寸、重量、产品特性来分类。

②分类储存的优点。便于畅销品的存取，具有定位存储的各项优点；各分类的储存区域可根据货品特性再做设计，有助于货品的储存管理。

③分类储存的缺点。储位必须按各项货品最大载库量设计，因此储区空间平均的使用效率低；分类储存比定位储存具有弹性，但也有与定位储存同样的缺点。

④分类储存的适用场合。货物的相关性大，经常被同时订购；货物的周转率差别大；货物的尺寸相差大。

（4）分类随机储存：

①分类随机储存的原则。每一类货品有固定存放的区域，但在各类的储区内，每个储位的指派是随机的，分类随机储存兼具分类储存及随机储存的特色，需要的储存空间介于两者之间。

②分类随机储存的优点。既可吸收分类储存和随机储存的部分优点，又可节省储位数量，提高储区利用率。由于储位可共用，因此只按所有库存物料最大在库量设计即可。

③分类随机储存的缺点。货品出入库管理特别是盘点工作较困难。周转率高的物料可能被储放在离出、人口较远的位置，增加了出入库的搬运距离；具有相互影响特性的物料可能相邻储放，造成物料的损坏或发生危险。

（5）共同储存。这种方法是当确切知道各货物进出库的时间时，那么不同货物只要相容就可以共用相同的储位。这虽然在管理上会带来一定的困难，但是减少占用储位空间，缩短搬运时间，有一定的经济性。

实际应用中，可能选择单一策略，也可能是某几种策略的组合。一般来说，定位储放和分类储放更加贴近目前的物料存储复杂的实际特征，是大多数信息系统不强的企业的选择。但采用组合策略对企业的信息系统要求比较高。

配送中心的库存信息与各厂商的生产信息是紧密结合在一起的，所有的订货计划、到货指示和发货指示都是经由上层的 MRP（material requirement planning）发布的。MRP 及时管控物料库存的情况，可有效缓解因物料"齐套"引发的库存占用问题，解决外协生产能力与总体生产能力平衡的问题。仓库的 WMS（warehouse management system）执行 MRP 所发布的指令，利用条码技术和 RF（radio frequency）数据采集及无线网络传输系统实现物料收货、JIT 拉动、物料上架、物料下架、拣选出货、装车等库内作业。该配送中心采用了固定储位集中存储和分类储位随机存储相结合的策略，达到优化仓储作业效率、合理利用存储空间的目的。

2. 储位规划的操作流程

（1）明确储位规划的目标。储位规划的第一步是明确工作目标。无论是任何货物与储位规划项目，明确工作目标始终是第一项工作内容，它可以避免在后续工作中走弯路和无端地重复。进行储位规划的目标是通过储位调整改善作用效率，通常包括以下三个方面目标：

①缩短行走距离。这个目标不是指缩短某一次操作的行走距离，而是在一个衡量时期内缩短所有操作的行走总距离。

②平衡仓库员工工作量。出入库作业某种程度上是并行作业模式，合理的储位规划可以保证多任务的并行实施，平衡仓库员工工作量。作业时间跨度是货物的总搬运需求时间与实施作业的员工人数之比，通过并行作业模式和平衡员工工作量，可以有效缩短仓储作业时间跨度。

③缩短存放、提取货物时间。通过划分每一种货物的存取频率，以决定其存放在储位上的纵向位置，即上下相对位置。

在实现规划目标过程中还需要考虑到许多客观影响因素，包括货物重量、储位大小、平均拣货准确率要求等，保证储位规划的顺利进行。

（2）分区分层规划储位。根据"提高作业效率"和"满足限制条件"的原则进行货位的规划调整，使各货物处于理想的货位。运用频率 ABC 分类法对货物进行分类，同时对仓库进行空间区域划分，二者结合起来进行统筹规划，再考虑把出货频率高的货物或重量型货物放在易于拿取的货架层，出货频率低的货物或重量轻的货物放在较高或较低的货架层，从而确定每一种货物在仓库中的哪个货架及货架哪一层。

图 4-28 所示为货物频率 ABC 分类：将 A 类货物定义为存取频率最高的 1/3 货物品种，C 类货物为存取频率最低的 1/3 货物品种，B 类货物为存取频率居中的 1/3 货物品种。从图 4-13 可以看出，A 类货物的工作量比重约占总工作量的 75%，B 类货物的工作量比重约占总工作量的 20%，而 C 类货物的工作量比重仅占总工作量的 5%。

对仓库空间位置，根据离出入口的距离区域划分。如图 4-29 所示，它采用的是分区规划方法：根据离出入口的远近，将仓库分为 3 个区域即 1#区、2#区和 3#区。根据前面 A、B、C 类货物的特点，将 A 类货物放在 1#区，B 类货物放在 2#区，C 类货物放在 3#区。每一种货物应该放在具体什么位置还需要根据货物的重量与体积，参照规划原则而进行。当然，如果货物品种比较多，可以对每一类

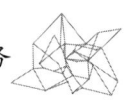

货物进行二次 ABC 分类，从而进一步细化规划工作。

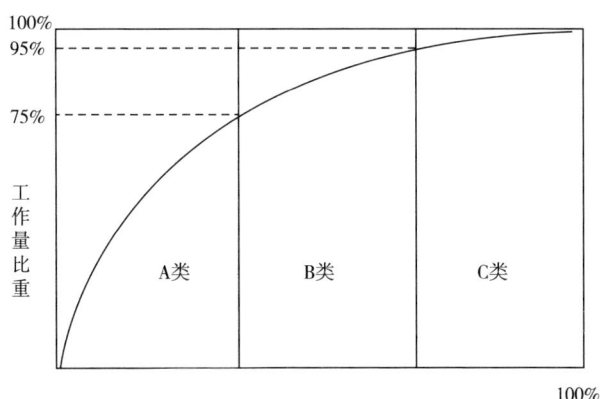

图 4-28　货物频率 ABC 分类

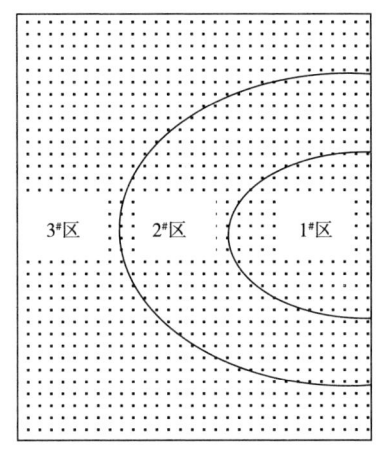

图 4-29　分区规划方法

三、货位编码

明确规划好各储区货位后，这些位置就开始经常被使用了。为了方便记忆与记录，货位编号、品名、序号、标签记号等用以识别的记录代码就非常重要，如果没有这些可识别区分的符号代码，记忆系统便无法运作。实际上，货位的编码就如同货物的住址，而货物编号就如同姓名，一封信（记忆系统）在住址、姓名都写清楚的条件下，才能迅速正确地送到收信人手中。也就是说，每一品类都要有一个地址及姓名，以便在需要时能马上找到它。

（一）货位编码

1. 货位编码功能

货位经过编码以后，在管理上具有一系列的功能，如容易确定货位资料的正确性，能提供计算机相对的记录位置以供识别；提供进出货、拣选、补货等人员存取货物的位置依据，方便货物进出上架及查询，节省重复找寻货物的时间，提高工作效率；提高调仓、移仓的工作效率，可以利用计算机进行分析处理，可迅速依序储存或拣选，一目了然，减少弊端；方便盘点，可让仓储及采购管理人员了解掌握储存空间，控制货物存量；可避免货物乱放堆置而导致过期报废，并可有效掌握存货，降低库存量。

2. 货位编码的方法

考虑到保管区域和商品特征差异，货位编码的方法一般有下述四种。

（1）区段方式。区段方式是把保管区域分割成几个区段，再对每个区段编码。此种编码方式是以区段为单位，每个号码所标注代表的货位区域将会很大，因此适用于容易单位化的货物，以及大量或保管周期短的货物。在 ABC 分类中的 A、B 类货物也很适合这种编码方式。货物以物流量大小来决定其所占的区段大小；以进出货频率来决定其配置顺序。

（2）品类群类别方式。品类群类别方式是把一些相关性货物经过集合以后，区分成好几个品类群，再对每个品类群进行编码。这种编码方式适用于比较容易的商品群类别保管及品牌差距大的货物。例如服饰、五金方面的货物。

（3）地址式。地址式是利用保管区域中的现成参考单位，例如是库场的第几栋，第几保管区、排、行、层、格等，依照其相关顺序来进行编码。这些编码方式由于所标注代表的区域通常以一个货位为限，且有相对顺序可依循，使用起来容易明了又方便，是目前仓储中心使用最多的编码方式，由于货位体积所限，适合一些量少或单价高的货物储存使用。

（4）坐标式。坐标式是利用空间概念来编排货位的方式，这种编排方式对每个货位空位切割细小，在管理上比较复杂，对于流通率很小、需要长时间存放的货物即一些生命周期较长的货物比较适用。

一般而言，由于储存货物特性不同，所适合采用的货位编码方式也不同，如

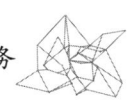

何选择编码方式就得按照保管货物的储存量、流动率、保管空间布置及所使用的保管设备来选择。不同的编码方法对于管理的容易与否也有影响，必须综合考虑上述因素及信息管理设备，这样才能适宜地选用，这时如果采用计算机管理的话，货位的编号就相对简单一些。

（二）货位编码的标识

在货物储存作业中，必须经由标识的指引才能把货物迅速放入正确的货位。最重要的就是要协助引导取货作业，正确无误取得该取的货物及数量。应用中在了解了货位编码及货物编号方法后，在灵活应用编码编号原则的基础上，还需要注意货位编码的标识问题，才能取得好的应用效果。

1. 一般标识

一般情况下，必要配合整理整顿来进行货位分类的标识，在每个货位（货架）上以大字明确地写上品名，货号、货位、条码等，以便容易知道货物放在哪里。同时，保管空间的灯光是否明亮也是很重要的。若是货位编号或品名货号写得太小，或所写的品名、货号相似，只是前后或中间稍有不同的话，就会很容易看错，影响到货物上架及拣（补）货、下架的准确率。

对于这种品名货号非常接近的情形，可采用统一在每个货位（货架）的上方或下方横板上以大字写满这个货位（货架）的编号、品名、货号，对于类似品名货号在其不同处以红色标注的方法，来达到醒目的目的。以加重区分的方式来强调差异点，不仅可避免在货物指派时放错位置，同时也能提高取货效率并防止错误的发生。若是货位（货架）上下方没有横杆可标注这些品名货号，也可以采用10cm×10cm的纸板以大字把品名、货号、储码等写于上方再将其贴于货位（货架）的角落，也是很容易区分的，只要该标注不妨碍货物的存取，这些都是现场很容易采用且很有效的标注方式。

2. 暂存区标识

在储存货物时，通常应尽量避免在相同的货位编码中放置不同商品。如果由于空间限制不得不混用货位的话，在相同的货位编码中，应放置相类似的货物，这也需要标识非常清楚。两种特殊的情况是在进出货暂存区，由于储存时间较短，为了更好地利用空间，其货位编码可以采用区段式，先依照历史资料，分析每批进出货的量取一个估计量，再按照这个量，把高存区分隔成数个区段，每个区段以有颜色的线标识区分，并在每个区段前方标上储区编号。由于货物在暂存区上均属于短时间存放，因此，这个储区无法标上其品名货号。所以，除了在每托盘货物上方贴上这些货物的品名、货号、数量等资料外，还应在暂存区前方最醒目处准备一块足够大的看板，看板上依照暂存区的储区分隔布置方式，划分成相等比例区域，并标上相应的储区编号。一旦有货物放入暂存区，便在看板货位对应位置写上品名、货号、数量，而货物取出时便擦除，这样从看板上便可明确目前暂存区的存放情况，作为相关作业的参考依据。

3. 动管区标识

仓库内有时设置动管储存区，主要是为拣选方便设置的，普遍采用流动货架。货架货物的供给方式是由货架前面取货，货架后面补货。虽然都会在流动货架前面贴上明确的、品名、货号等标识，但补给货物的流动货架后方却未贴有任何标识，即使有时有一些简单指示，但是对于补货时的指派仍然帮助有限。因此，动管储区的编码及品名、货号的标识，必须考虑补货的方便，应在流动货架后方粘贴标识，甚至连条码也附上，供补货时用条码读取机扫描确认。

四、储位指派优化

根据仓库的现代化水平的差异，货物指派方式有不同的方式，可以通过人工进行货位指派，也可以完全由计算机进行。进行货位指派可以在出库时及时找到所需要的货物，提高作业效率。为了缩短出入库的路径，减少不必要的作业，需要进行货位优化，尽量少走弯路。

（一）货位指派模式

当储存空间、设备、货位编码等一切前置工作都就绪后，接下来便要考虑用何种方法把预备保管的货物指派到最适宜的货位上，例如，以人工指派管理、以计算机辅助指派管理或全由计算机指派管理等。至于用哪种方式最好，并不是绝对的，也并非全由计算机来指派货位就是最好的货位指派方式，必须因地制宜，配合货物的货位储存单元来互相评量。

1. 货位指派单元

由于进货量的大小或储存设备的使用种类不同，指派货物上架时会有大小数量不同的货位指派单元，后者大致可分为三种：

（1）个别货位单元，表示每一货位的储存状况均列入管理状态；

（2）纵深货位单元，表示以每道纵深的货位为一个管理单元，每单元以放

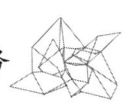

置一种货物为原则，其储存状况均列入管理状态，涉及的主要储存设备为后推式货架、驶入式货架、流动式托盘货架等；

（3）区域货位单元，表示以客户单一货物的"最常进货批量""最适宜进货批量""最小进货批量"为公倍数，设置一个储区作为管理单元，每区域单元货位以放置一种货物为原则，其储存状况均列入管理状态。

2. 货位指派方式

货位指派方式依信息化使用程度可分为三种。

（1）人工指派方式。人工指派货位所凭借的全是管理者的头脑，一方面，人脑指示会受主观驱使，加上管理者本身对货位管理的相关经验与应用程序的认知不同，都会使指派情况受到影响，效率便会大打折扣；另一方面，虽然人工指派可依据报表行事，但报表仍由人来登录或读取，所以因笔误或者看错而搅乱货位的秩序也是常有的事。人工指派方式的优点是计算机及相关设备投入少，且以人脑来指派货位的调配弹性大。但是这种方法易因为作业人员的情绪波动而影响效率，出错率高，总体效率一般且信息化程度差，需要大量人力投入，成本高，且过分依赖管理者的经验，从而执行效率差。

人工指派若想成功，首要的问题是指派的决策人员必须熟记货位指派原则并灵活运用。其次，仓储人员必须确实遵守指派决策者的指示（最好能以书面方式指示，避免口头交代），将货物存放于指定的货架上，并且一定要把指派上架的结果记录在货位表单上。还需要注意，仓管人员每完成一个货位指派的内容后，必须如实记录这个货位内容，货物因补货或拣选从货位移出后也登录消除。为了简化登录工作，可利用计算机及一些自动读取登录设备，如条码扫描读取机等。

（2）计算机辅助指派方式。计算机辅助指派方式是利用一些图形监控软件，经收集在库货位信息后，及时地转换显示在库的货物使用情况，以供货位指派决策者及时查询，来作为货位指派的参考。因其由人工下达货位指派指示，故仍需调仓作业。

（3）计算机全自动指派方式。计算机全自动指派方式利用一些图形监控及货位管理软件收集在库货位信息及其他入库指示，经计算机运算进而下达货位指派指示。因其由计算机自动下达货位指派指示，任何时段都可保持货位的理想使用，故不需调仓作业。

在货位管理中，以计算机来指派货位，所凭借的就是控管技术。利用自动读取或识别设备来读取资料，通过无线电或网络，再配合货位监控或货位管理软件来控制货位的指派，这两种方式由于其资料输入/输出均以条码读取机扫入，故错误率低，且一切控制均为即时控制方式。资料扫读后，通过无线电或网络即刻把获取信息传回，而其中货位的搬移布置又用软件明确设立，按照所制定的法则一一执行，绝不会有人为的主观影响，因此在执行效率上远胜人工指派方式。其优点是不受人为因素影响，效率高，资料输出/输入错误率低，但是设备费用高，维护困难。

3. 货位指派管理方式

不同的货位指派方式适用性不同，表4-16列出了货位指派方式对不同货位单元的适用性。

表4-16 货位指派管理方式及其适用性

货位储存单元信息化程度	个别货位单元	纵深货位单元	区域货位单元（储区）
人工指派方式	不适合	不适合	适合
用计算机建立货物货位管理文档，以人工管理指派货位	不适合	勉强可用	适合
应用计算机辅助人工管理指派货位	勉强可用	适合	适合
计算机全自动管理指派货位	适合	适合	适合

（二）货位优化

货位优化是指在货物当前位置的基础上，基于SKU（stock keeping unit，最小存货单元）和预想不到的变化因素，对货位进行重新配置，以保证货位分布总是处在较为合理的状态，达到提高拣选效率和降低仓库操作成本的目的。

货位优化的内因是SKU变动因素，即根据货架和货物本身特性的需要进行货位调整。例如，由于频繁地对某些货物进行存取，这些货箱的重量可能发生较大变化。如果货架出现诸如"上重下轻"等严重的不均衡现象，则可能导致货架变形甚至倾覆。因此，应遵循"重物在下"的原则，以保证货架的稳定性。

货位优化的外因是各种预想不到的变化因素，即根据货物的流动性进行货位调整。在不同时期，货物的需求品种、需求数量和需求频率可能会有较大变化，而存取不同货位上的货物所走路径和花费时间是不同的，因而所花代价不同，应根据外界条件的变化，定期对若干货位进行交换。

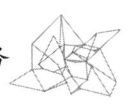

1. 货位优化的意义

货物在仓库中的初始位置是由前面所述的货位储存策略配合货位分配原则来确定的，进行优化的意义主要在于提高仓储工作效率，降低成本。

首先，在区域配置上，尽量将或金区域配置给拣取频率高的货物，从而实现最大化拣选效率及最小化拣选成本。所谓黄金区域，就是指那些容易进行搬运、拣选工作的区域。仓库黄金区域的位置取决于很多因素，比如出货月台位置、订单剖析，以及拣选路径设计。对于自动化的托盘存取系统，仓库黄金区域通常由靠近地面的20%的区域和靠近出货月台的20%的区域组成；而对于以人力为主的拣选系统，从工效学的角度考虑，黄金区域由操作人员腰部附近20%的区域组成，在这个区域内操作人员无须弯腰或踮脚、登高。所谓拣取频率高的货物，就是指流动性高的货物。一般而言，拣选频率最高的货物应该放置于最便于拣选的区域，这样能缩短拣选作业中的移动时间，加快拣选作业，提高订单的处理效率。

其次，总是遵循货位分配和指派原则进行工作，可以明显提高效率。基于货物的尺寸和货箱、托盘的标准尺寸来确定存取位量，可以明显减少补货过程所需的劳动。将拣选量大的货物平均分配在不同拣选区域，避免某区域内的拣选作业拥挤，改善工作流程，缩短对订单的总反应时间。为了将货物的损害减到最少，在拣选路径上，重的货物在前面，容易磕碰的货物在后面。另外，可以遵循一些基本法则，例如将相似的产品分开，以减少拣取错误的机会；将相关性大者存放在相邻位置，以提高拣选效率等。

2. 货位优化的基本步骤

货位优化往往需要应用一定的分析工具和数学方法、信息手段等来进行，通常按照以下步骤进行：

（1）收集所需的基础信息，用以分析货物的历史数据、需求、前置时间、周转率和特别的操作特性等，为确定合理货位提供参考。

收集仓库内货位特性资料、货物需求资料和产品文件等资料。如果信息化管理程度较高，相关数据就可以从 WMS 或 ERP（enterprise resource planning）中获得。根据这些数据，分析货物需求的季节性变化规律、SKU 长期增长/淘汰变化等物流特性资料。货物的流动性可以根据每个品类销售的次数、销售量、销售预测和库存量等数据来考评。如果品类时常改变而且没有任何的历史数据，那么可以使用销售预测来代替历史数据。

（2）确定货位优化的目标和约束。货位优化的最终目标就是降低成本、提高效率，这可以通过提高生产率和将无用的运动减到最少来实现。货位优化的目标可以是多个，例如平衡操作者的工作量、提高拣选效率、减少补货工作量、缩短拣选距离等，货位优化是一个多目标决策问题，需要注意各目标利益的平衡。货位优化的约束，是指货位优化中必须考虑客观限制条件，如货物重量、货位大小、拣选准确率要求等。在进行货位优化的过程中，必须兼顾提高作业效率和满足限制条件两个方面。

（3）确定算法。多目标优化的方法有很多，如何选择合适的算法来保证货位分布处在较为合理的状态，这是货位优化系统设计中最关键的环节。

（4）软件实现。运用适当的语言将算法表达出来，调试并测试，使系统为仓库提供有效的货位优化结果。

第五章　供应链客户关系管理实务

【学习目标】

知识目标：

1. 了解供应链企业客户关系管理的含义、大客户的定义及特征；

2. 理解供应链企业客户分类依据和供应链企业客户分类的运作策略；

3. 掌握供应链企业客户评估指标选择、评估指标体系建立的依据和方法；

4. 掌握供应链企业客户分级的含义、作用、意义及对不同级客户的管理策略，了解客户档案数据的基本内容，了解客户数据库的建设、分析和利用。

能力目标：

1. 能够对供应链企业客户的利润数据进行统计分析；

2. 能够根据客户档案数据对客户进行合理评价；

3. 能够合理选择供应链企业客户评估指标，定性、定量建立供应链企业客户评价体系；

4. 能够通过评价体系对供应链企业客户进行分级；

5. 能够根据客户综合评价结果，合理采用管理策略，对不同级别客户实施供应链企业客户关系管理。

【任务发布】

物流客户就是物流企业的服务对象，物流客户一般是物流产品或服务的最终接受者，体现为供应链上的客户关系。物流客户服务是指物流企业为促进其产品或服务的销售，发生在客户与物流企业之间的互相活动。它是以货主的委托为基础进行的独立的物流业务活动，或者说是按照货主的要求，为消除客户货物在空间和时间上的间隔而进行的劳动。物流行业是一个典型的服务行业，物流配送作为物流的关键环节，其客户满意程度决定了物流企业的生存能力。与客户建立良好的长期关系，赢得客户的信任和满意，需要物流企业维护客户资源，提高客户满意度。

"VM 集团"在北京市区内有近 15 家商超集团客户，其中 1 家商超集团"Se Eleven"为连锁经营便利店模式，主营 10 个末端便利店的商品市场销售，其物流配送服务主要由"北物仓配中心"提供；同时，在供应链协同运营管理上，由于仓配中心通过物流配送服务直接对接客户末端各门店，更为直接掌握末端客户的各方面运营情况，所以"VM 集团"将客户各末端门店管理工作交由仓配中心完成。

请根据客户档案数据（如表 5-1 所示）和近 10 个月客户利润月报表（如表 5-2 所示），对这 10 个末端门店进行客户关系管理，为仓配业务工作提供依据。

表 5-1　客户档案数据

客户编号	2018400309		公司名称	门店 10	助记码	××
门店性质	加盟连锁	所属行业	商业	注册资金	500 万	经营范围	食品、日用百货
法人代表	××	地址	北京市左安门外××号	联系方式	136882992×××
证件类型	营业执照	证件编号	120108765436×××	营销区域	京津塘
公司地址	东直门内大街 4 号		邮编	100235	联系人	××
办公电话	010-265489××	传真号码	010-864368××	电子邮箱	meicheng@yahoo.com
开户银行	中华银行		银行账号	632732169473××
信用额度	15 万元	核心竞争力	一般	满意度	一般	应收账款	9.5 万元
客户类型	普通型		客户级别	
备注：						

表 5-2　客户利润月报表

序　号	门店名称	利润（元）
1	门店 1	13 400
2	门店 2	9 800
3	门店 3	36 700
4	门店 4	15 000
5	门店 5	3 000
6	门店 6	7 990
7	门店 7	96 540
8	门店 8	44 000
9	门店 9	5 420
10	门店 10	75 430

【任务实施】

根据《客户档案》表，挑选客户档案关键信息：门店性质，信用额度，核心竞争力，满意度，应收账款，客户类型，客户利润级别，等等。目前，客户利润级别一栏尚未确定，需要对客户级别进行分析。下面将通过对各门店客户利润进行分析，进而确定客户级别。

任务一　对近 4 个月客户利润进行统计分析

按照 7：2：1 的原则对客户进行利润 ABC 分析，如图 5-1 所示。

累计百分比在 0~70% 间的货品为 A 类门店客户，累计百分比在 70%~90% 间的货品为 B 类门店客户，累计百分比在 90%~100% 间的货品为 C 类门店客户。

由 ABC 分析结果可知：门店 7、门店 10、门店 8 为 A 类门店客户，这类客户为仓配中心提供的利润空间最高，确定客户级别为 A 级；门店 3、门店 1 为 B 类门店客户，这类客户为仓配中心提供的利润空间居中，确定客户级别为 B 级；门店 4、门店 6、门店 9、门店 5、门店 2 为 C 类门店客户，这类客户为仓配中心

	A	B	C	D	E	F	G	H	I	J
1	序号	名称	第一个月	第二个月	第三个月	第四个月	总利润	利润百分比	累计百分比	
2	7	门店7	96 540	95 768	86 368	81 687	360 363	27.34%	27.34%	
3	10	门店10	75 430	98 334	87 374	95 458	356 596	27.05%	54.39%	A
4	8	门店8	44 000	49 030	57 090	43 129	193 249	14.66%	69.04%	
5	3	门店3	36 700	50 002	69 049	37 204	192 955	14.64%	83.68%	B
6	1	门店1	15 000	10 636	12 039	11 018	48 693	3.69%	87.38%	
7	4	门店4	13 400	7 675	15 935	9 657	46 667	3.54%	90.92%	
8	6	门店6	7 990	6 712	8 259	9 329	32 290	2.45%	93.36%	C
9	9	门店9	5 420	6 275	9 145	9 341	30 181	2.29%	95.65%	
10	5	门店5	3 000	7 684	9 427	8 747	28 858	2.19%	97.84%	
11	2	门店2	9 800	4 637	8 838	5 159	28 434	2.16%	100.00%	
12							1 318 286	1		

图 5-1 客户利润 ABC 分析

提供的利润空间最低，确定客户级别为 C 级。

ABC 分类法是在分类分析问题中经常使用的方法。ABC 分类法是根据问题在技术或经济方面的主要特征进行分类排队，分清重点和一般情况，从而有区别地确定管理方式的一种分析方法。但是 ABC 分类法只根据一种标准把项目划分为 A、B、C 类，明显地忽视了其他重要指标，在客户关系管理问题中，不能全面综合地对客户进行评价。

针对这种情况，可以采用综合评分法对客户进行综合评价。

任务二　客户归一赋值评价

综合评分法是通过打分来对根据品质划分等级的项目进行量化处理，可用来进行定性排序问题的综合评价。其核心内容是对评价的不同等级赋予不同的分值，并以此为基础进行综合评价。

其顺序如下：

（1）确定评价项目，即明确哪些指标采取此法进行评价。

（2）制定出评价等级和标准。先制定出各项评价指标统一的评价等级或分值范围，然后制定出每项评价指标每个等级的标准，以便打分时掌握。这项标准，一般是定性与定量相结合，也可能是定量为主，也可以是定性为主，根据具体情况而定。

（3）制定评分表。内容包括所有的评价指标及其等级区分和打分。

（4）根据指标和等级评出分数值。评价者收集和指标相关的资料，给评价对

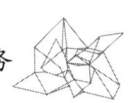

象打分，填入表格。打分的方法，一般是先对某项指标达到的成绩做出等级判断，然后进一步细化，在这个等级的分数范围内打上一个具体分。这时往往要对不同评价对象进行横向比较。

（5）数据处理和评价：

- 确定各单项评价指标得分。
- 计算各组的综合评分和评价对象的总评分。
- 评价结果的运用。将各评价对象的综合评分，按原先确定的评价目的，予以运用。

如表5-3所示，在客户中选取公司性质、核心竞争力、满意度、客户级别和客户类型为评价指标，对这些指标进行评分，建立客户评价指标体系。

表5-3 评价指标体系

	门店性质	核心竞争力	满意度	客户级别	客户类型
直营	0.5				
自由连锁	0.3				
加盟连锁	0.2				
高		0.5	0.5		
较高		0.3	0.3		
一般		0.2	0.2		
A类				0.5	
B类				0.4	
C类				0.1	
伙伴型					0.5
重点型					0.4
普通型					0.1
总计	1	1	1	1	1

注：针对各评价指标的评分总计都为1。

下面分别对各指标进行分析。

（1）公司性质。就"Se Eleven"的连锁经营而言，它具有三种形式：直营式连锁RC、自由式连锁VC（也叫自愿式加盟）、加盟连锁。

直营式连锁指总公司直接经营的连锁店，即由公司总部直接经营、投资、管理各个零售点的经营形态。直营连锁的主要特点：所有权和经营权集中于总部。其所有权和经营权的集中表现在：所有成员企业必须是单一所有者，归一个公司、一个联合组织或单一个人所有；由总部集中领导、统一管理，如人事、采购、计划、广告、会计和经营方针都集中统一；实行统一核算制度；各直营连锁店经理是雇员而不是所有者；各直营连锁店实行标准化经营管理。

自由式连锁经营：是由不同资本的多数商店自发组织成总部，实行共同进货、配送的连锁经营形式。各加盟店在保留单个资本所有权的基础上实行联合，总部同加盟店之间是协商、服务关系。集中订货和统一送货，统一制定销售战略，统一使用物流及信息设施。各加盟店不仅独立核算、自负盈亏、人事自主，而且在经营品种、经营方式、经营策略上也有很大的自主权，但要按销售额或毛利的一定比例向总部上交加盟金及指导费。总部经营的利润也要部分返还各加盟店。

加盟连锁是指主导企业把自己开发的产品、服务的营业系统（包括商标，商号等企业形象的是，经营技术，营业场合和区域），以营业合同的形式，授予加盟店在规定区域内的经销权或营业权。

（2）企业核心竞争力。"Se Eleven"企业核心竞争力包括：企业获取信息、知识、技术及相关资源并将其集成，转化为企业核心技术、核心产品并获得竞争优势的能力；企业组织、调动各生产要素进行生产，使各职能、各环节、各系统处于协调统一、高效运转并动态适应环境变化的能力。主要体现在：研究和开发能力；动态创新的持续；将技术创新、知识创新、发明创造的成果转化为产品、服务的能力；随时适应环境的变化，自动协调，实现企业经营、创新的动态优化等。

（3）满意度。门店客户的满意程度越高，则该门店对物流服务会购买更多，对仓配中心品牌忠诚更久。大量的有关客户满意和顾客忠诚的研究也支持如下的观点：无论行业竞争情况如何，客户忠诚度都会随着客户满意度的提高而提高。可以说，客户满意是推动顾客忠诚的最重要因素之一。

（4）客户类型。从关系的重要程度看，"Se Eleven"的客户门店主要分为三类：伙伴型客户门店、重点型客户门店和普通型客户门店。

伙伴型客户门店是能够给企业带来最大价值的前1%的客户。它们往往是物流服务的重度客户门店，对仓配中心忠诚，是仓配中心客户资产中最稳定的部

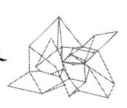

分；它们为仓配中心创造了绝大部分和长期的利润，而仓配中心却只需支付较低的服务成本；它们对价格不敏感，还可帮助介绍客户，节省开发新客户的成本。伙伴型客户门店是最有吸引力的一类客户，仓配中心拥有重要客户的多少，决定了其在市场上的竞争地位。

重点型客户门店，是除伙伴型客户门店以外，给仓配中心带来最大价值的前20%的客户门店，一般占客户总数的19%。重点型客户门店也许是物流产品或者服务的大量使用者，也许是中度使用者，但是它们对价格的敏感度比较高，因而为仓配中心造成的利润和价值没有伙伴型客户那么高，也没有伙伴型客户那么忠诚，为了降低风险，他们会同时与多家同类型的仓配中心保持长期关系。

普通型客户门店，是除伙伴型客户门店与重点型客户门店之外的为仓配中心创造最大价值的前50%的客户门店，一般占总客户数的30%。这类门店包含的客户数量较大，但它们的购买力、忠诚度、带来的价值却远不如以上两类客户门店。

（5）客户级别。客户门店利润贡献度是指通过对客户门店收入和客户门店成本的严格定义和分类，以一套完整的核算体系计量出某客户或客户组群在某时段内为企业带来的利润。客户门店利润贡献度是一个短期的、某一时点上的、基于历史分析的概念。尚未盈利但具有成长潜力的客户门店很容易被忽视。这就要求仓配中心必须以战略思维审视客户门店整个生命周期的盈利潜力。也许在现阶段某个客户门店还不能为仓配中心带来大量利润，但随着时间的推移，它可能逐渐给仓配中心带来大量利润。此因素的权重数最低，在各准则之间的相对重要性的排序靠后，说明仓配中心对于客户门店评价因素的考虑过程中考虑到了客户门店终身价值的关键问题。

对客户进行归一赋值评价，为仓配分拣工作提供依据，如图5-2所示。

	A	B	C	D	E	F	G	H
1	序号	客户名称	公司性质	核心竞争力	满意度	客户类型	客户级别	评分
2	7	门店7	0.1	0.5	0.5	0.5	0.5	2.1
3	3	门店3	0.2	0.5	0.5	0.5	0.4	2.1
4	8	门店8	0.5	0.3	0.3	0.5	0.5	2.1
5	4	门店4	0.1	0.5	0.3	0.4	0.1	1.4
6	9	门店9	0.1	0.3	0.3	0.4	0.1	1.2
7	10	门店10	0.2	0.2	0.2	0.1	0.5	1.2
8	1	门店1	0.2	0.2	0.1	0.1	0.4	1.1
9	6	门店6	0.3	0.2	0.1	0.1	0.1	1
10	2	门店2	0.1	0.2	0.5	0.1	0.1	1
11	5	门店5	0.1	0.2	0.1	0.1	0.1	0.8

图5-2 门店赋值排序结果

综上，仓配中心对客户末端门店进行了初步分级：门店 7、门店 3 与门店 8 的综合评分最高，可作为长期战略合作伙伴，在分拣工作安排中，可以优先保证订单完成率；门店 5 的综合评分最低，可进行一般管理或者考虑中断合作关系。

任务三　客户评价指标体系构建

初步客户分级的结果表明：门店 7、门店 3 与门店 8 的归一赋值评分都是 2.1 分，所以对这三家门店客户的排序还需进一步确定。

对门店客户进行排序，是为了把重点放在为企业提供 80% 利润的关键客户上，为它们提供上乘服务，提高它们的满意度，从而维系他们对企业的忠诚度；同时积极提升各级客户在客户金字塔中的级别，放弃劣质客户，从而使企业资源与客户价值得到有效的平衡。由于《客户档案》所考评的指标过于笼统，同时归一赋值法也有一定的局限性，得到的排序结果不够精准，所以需要进一步根据客户价值构建评价指标体系。

一、建立客户门店评价指标体系

客户价值是指价值感受主体为企业、价值感受客体为客户的客户价值，即从企业的角度来看客户价值。客户价值研究有助于企业准确地评价客户，并通过评价结果划分客户群体，合理分配营销资源，提高客户的价值贡献。客户价值是一个时间性概念，它的评估必须考虑客户整个生命期内的各个阶段；它的计算是以当前时间为基准，对将来价值的折现，不仅要体现客户在历史和现在给企业带来的收益，同时要考虑客户在将来可能带给企业的收益大小，即客户价值的增长潜力。客户价值包括客户带给企业的收益（包括货币因素的和非货币因素的）以及企业为获取和保持客户而付出的成本，要全面反映客户价值，不仅要评估客户带给企业的货币价值，同时更要反映客户带给企业的非货币价值。

鉴于此，仓配中心决定将客户评价体系的第一级指标设为客户历史价值、客户当前价值、客户潜在价值。

（一）客户历史价值

客户历史价值是指到目前为止，对客户曾经的了解以及客户对企业真实存在

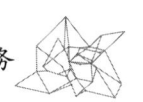

的已经实现了的贡献价值。综合考虑已经实现了的贡献价值，仓配中心针对客户历史价值，将设立客户评价体系的第二级指标：订购稳定性，门店服务成本，门店回款能力。

1. 订购稳定性

这主要涉及客户复购率、购买频次和单客产值三个方面，也就是客户活跃度，以实现销售的转化。

2. 门店服务成本

客户服务成本包括产品或服务的提供成本和服务成本。提供成本是指与提供给客户的产品或服务相关的所有成本，如配置运输系统、信息系统等。服务成本是指与客户服务相关的所有成本，包括售前、售中和售后服务。提供成本和服务成本是影响客户保持的重要因素。客户所需要的服务成本越低，其在成本方面对企业的贡献就越大，在其他因素不变的情况下，企业感知到的客户价值就越大。就成本贡献而言，老客户比新客户在这一方面的贡献更大。这不仅是因为企业保留老客户的成本比认知新客户的成本更低，而且由于老客户更加熟悉产品使用，降低了对企业服务支持的要求，减少了企业的服务成本。例如"Se Eleven"的供应链服务策略成本、仓储订单处理成本、配送成本、货品追踪成本、客户投诉成本以及为了提高客户服务满意度而投入的无形成本等。

3. 门店回款能力

该能力主要涉及客户的信用额度，货品及供应链服务应收账款，对于货品或服务的销售，客户货款回收的能力保证。

（二）客户当前价值

客户当前价值也称作"客户实际价值"，是指如果顾客当前行为模式不发生改变，将来会给公司带来的顾客价值。对企业提供的产品和服务是客户基于自身价值而创造出的实际价值，同时，通过客户关系所带来的商誉资本以及技术创新的机会，对仓配中心来说也是非常重要的收益。仓配中心针对客户当前价值，将客户评价体系的第二级指标设立为：门店营运能力，门店盈利能力，供应链协同能力，忠诚度。

1. 门店营运能力

门店营运能力是指"Se Eleven"充分利用现有资源创造社会财富的能力，它是评价企业资产利用程度和营运活力的标志。强有力的营运能力，既是企业获利的基础，又是企业及时足额地偿付到期债务的保证。

2. 门店盈利能力

门店盈利能力是指"Se Eleven"盈利的持续性、稳定性和可预测性，是企业实际的经营成果、经济效益和发展能力的内在揭示。盈利能力是各方面关心的核心，也是企业成败的关键，只有长期盈利，企业才能真正做到持续经营。其主要包括：①与投资相关的盈利能力指标，包括资本经营能力和资产经营能力；②与销售有关的盈利能力指标，是指不考虑企业的筹资或投资问题，只研究利润与收入或成本之间的比率关系；③与股本相关的盈利能力指标，主要是与企业股票价格和市场价值相关的分析指标。

3. 供应链协同能力

"Se Eleven"通过与客户、供应商、竞争对手等主体的协同互动寻求更具持久推动力的创新模式。协同创新能力更强调企业整合外部资源实现创新所表现出来的一种组织能力。协同创新系统内各个要素之间的耦合互动及多样化协作，促动企业内部和外部协同优势的发挥。

4. 忠诚度

客户忠诚度是指客户因为接受了仓配中心物流，满足了自己的需求而对品牌或物流供应（服务）产生的心理上的依赖及行为上追捧。客户忠诚度是客户忠诚营销活动中的中心结构，是消费者对产品感情的量度，反映出一个消费者转向另一品牌的可能程度，尤其是当该产品在价格上或者产品特性上有变动时，随着对企业产品忠诚程度的增加，基础消费者受到竞争行为影响的程度降低了。所以客户忠诚度是反映消费者的忠诚行为与未来利润相联系的产品财富组合的指示器，因为对企业产品的忠诚能直接转变成未来的销售。"Se Eleven"的门店客户忠诚度表现为：对仓配中心的理念、行为和视觉形象的高度认同和满意；再次发送订单时对物流服务的重复购买行为；对仓配中心物流服务的未来消费意向。

（三）潜在价值

潜在价值是指如果公司通过有效的交叉销售可以调动顾客购买积极性，或促使顾客向别人推荐产品和服务等，从而可能增加的顾客价值。客户对企业潜在价值的贡献，主要表现在两个方面：第一，客户未来利润的净现值——客户未来利润的净现值越大，获利率就越高，为企业的持续发展提供更多的资金的可能性越大，对其发展的贡献就越大；第二，客户给企业带来的非货币价值，即涵盖客户与

其他客户、客户与企业交流时所传达的信息而相应带来的利益。针对客户潜在价值，仓配中心将客户评价体系的第二级指标设立为潜在订购力、口碑效应、创新价值。

1. 潜在订购力

潜在订购力，包括增量购买和交叉购买。增量购买指"Se Eleven"对仓配中心增加已购物流服务的交易额。交叉购买指"Se Eleven"购买以前从未买过的供应链服务产品类型，从而拓展公司的业务范围。客户是否决定增量购买与交叉购买，主要取决于两点：一是本公司能提供给客户有需求的产品（这些产品是客户以前从未购买过的），这种产品数量越多，客户越有可能进行交叉购买；二是客户关系的水平，即客户关系水平越高，客户越有可能进行交叉购买。

2. 口碑效应

口碑效应，是指忠诚客户把一些潜在客户推荐给公司，包括为公司传递好的"口碑"。推荐新客户是忠诚客户的一种互惠行为。这些客户对公司非常满意，认为本公司是其最有价值的供应商，因此愿意与公司建立长期双赢的合作伙伴关系。推荐是赢得客户最快速、最安全和最能保证成功的一种方式，客户的口碑会直接关系到企业形象的好坏。

3. 创新效应

创新效应，是指客户为企业的进一步发展战略或者市场开拓提供思路，这也是客户潜在价值的一个不可忽视的方面。客户对企业提出的建设性建议，甚至投诉也都属于这一范畴。

综上所述，建立"Se Eleven"客户评价指标体系如表5-4所示。

表5-4 "Se Eleven"客户评价指标体系

目标	一级指标	二级指标
客户门店分级（A）	历史价值（B_1）	订购稳定性（C_1）
		服务成本（C_2）
		回款能力（C_3）
	当前价值（B_2）	营运能力（C_4）
		盈利能力（C_5）
		供应链协同能力（C_6）
		忠诚度（C_7）
	潜在价值（B_3）	潜在购买力（C_8）
		口碑效应（C_9）
		创新效应（C_{10}）

二、确定客户门店评价指标权重

在"Se Eleven"客户评价指标体系中，各级指标中的因素对客户门店分级结果的影响程度不同，所以，决策者在考量客户门店分级过程中，对各评价因素之间的重视程度也存在差异。因此，采取层次分析法对门店客户信息数据做进一步分析。该方法将定量分析与定性分析结合起来，用决策者的经验判断各衡量各标准的相对重要程度，并合理地给出每个决策方案的每个因素的权数，利用权数求出各方案的优劣次序，比较有效地应用于那些难以用定量方法解决的社会系统和公共决策问题。

对一级评价指标的门店历史价值、当前价值和潜在价值三个评价指标的相对重要性进行两两比较，并给出判断。这些判断用数值表示出来，构成矩阵，即所谓的判断矩阵。由于层次结构模型中有许多指标的数据难以通过统计方法获得，因而采用 Delphi 法或 1~9 标度法对同属一级的要素以上一级的要素为准则进行两两比较，根据评价尺度确定其重要性，以此来构造两两比较判断矩阵。运用专家打分法对客户门店评价指标结构中处于一级指标的各个因素进行两两比较构造判断矩阵，计算指标权数。

判断矩阵

A	B_1	B_2	B_3
B1	1.0000	0.1250	0.1667
B2	8.0000	1.0000	4.0000
B3	6.0000	0.2500	1.0000

层次单排序是指根据判断矩阵中门店历史价值、当前价值和潜在价值三个评价指标，对客户门店分级结果相对重要性的权值排序。层次单排序可以归结为计算判断矩阵的特征根和特征向量问题，即对判断矩阵 A，计算满足 $AW = \lambda_{max}$ 的特征根和特征向量。式中，λ_{max} 为 A 的最大特征根，W 为对应于 λ_{max} 的正规化特征向量，W 的分量 W_i 即是相应因素单排序权值。

为简化计算，可采用近似方法——和积法计算，它使得我们可以仅使用小型计算器在保证足够精确度的条件下运用层次分析法。

（1）将判断矩阵每一列归一化。

$$\overline{W}_{ij} = b_{ij} \Big/ \sum_{i=1}^{n} b_{ij} \qquad i, j = 1, 2, 3, \cdots, n$$

（2）每一列经归一化后的判断矩阵按行相加。

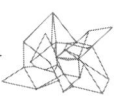

$$\overline{W_i} = \sum_{j=1}^{n} \overline{W_{ij}} \qquad i = 1,2,3,\cdots,n$$

（3）将 $\overline{W_i}$ 取均值得

$$W_i = \overline{W_i}/n , \qquad i = 1,2,3,\cdots,n$$

所得到的 $W = [W_1, W_2, \cdots, W_n]^T$ 即为所求特征向量。

（4）计算判断矩阵最大特征根 λ_{max}。

$$\lambda \sum_{i=1}^{n} \frac{(AW)_i}{nW_i}{}_{max}$$

式中，$(AW)_i$ 为向量 AW 的第 i 个分量。

所以，对矩阵 A 进行列向量归一化：

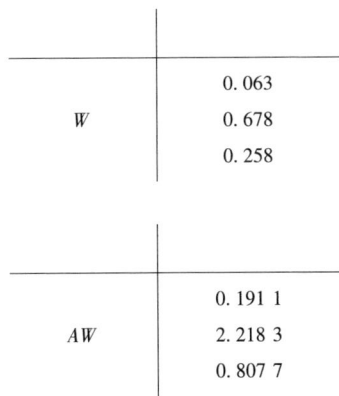

$$\overline{W} \begin{array}{ccc} 0.067 & 0.091 & 0.032 \\ 0.533 & 0.727 & 0.774 \\ 0.400 & 0.182 & 0.194 \end{array}$$

W_i 为：

$$W \begin{array}{c} 0.063 \\ 0.678 \\ 0.258 \end{array}$$

$$AW \begin{array}{c} 0.191\ 1 \\ 2.218\ 3 \\ 0.807\ 7 \end{array}$$

$$\lambda_{max} = 3.138\ 7$$

判断矩阵是各层次各因素之间两两比较其相对重要性而来的。那么一方面由于客观世界的复杂性和人们认识问题的多样性，另一方面由于 n 个元素两两比较时并没有固定的参照物，那么人们在进行比较时就有可能做出一些违反常识的判断，例如：

（1）次序不一致的判断，比如说如果人们判断 $A>B$（表示 A 比 B 重要），$B>C$，而 $C>A$（按常识本应该是 $A>C$）。

（2）基本不一致的判断，比如说如果人们判断 A 比 B 重要 3 倍，B 比 C 重要 2 倍，当 A 与 C 再进行比较时又认为 A 比 C 重要 4 倍（本来应该是 A 比 C 重要 6 倍了）。

当这种违背常识的判断出现时，判断矩阵就不完全一致了，我们允许不完全一致，但要求判断矩阵具有大体的一致性，所以需要进行一致性检验，步骤如下：

（1）计算一致性指标 CI ：

$$CI = \frac{\lambda_{max} - n}{n - 1}$$

得，$CI = 0.069\ 4$。

（2）为判断矩阵的最大特征值，计算一致性率 CR 。

$$CR = \frac{CI}{RI}$$

式中，RI 是自由度指标，如表 5-5 所示。

表 5-5　1~9 阶矩阵的平均随机一致性指标

阶数	1	2	3	4	5	6	7	8	9
RI	0.00	0.00	0.58	0.90	1.12	1.24	1.32	1.41	1.45

得 $RI = 1.12$，$CR = 0.061\ 9$。

当 $CR < 0.1$ 时，认为判断矩阵的一致性可以接受，否则应调整矩阵中的元素，直到判断矩阵具有满意一致性为止。所以，第一级评价因素的权重近似为表 5-6 中所示。

表 5-6　第一级评价因素的权重

B_1	0.06
B_2	0.68
B_3	0.26

计算结果表明，客户门店评价三个评价指标的相对重要性按照从大到小排列为：当前价值、潜在价值、历史价值。

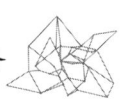

对同评价体系中的一级指标的分析，可以得到二级指标各评级因素的权重，则"Se Eleven"客户门店评价指标体系如表5-7所示。

表5-7 客户门店评价指标体系

目标	一级指标	二级指标
客户门店分级（A）	历史价值 B_1（0.06）	订购稳定性 C_1（0.18）
		服务成本 C_2（0.35）
		回款能力 C_3（0.47）
	当前价值 B_2（0.68）	营运能力 C_4（0.22）
		盈利能力 C_5（0.18）
		供应链协同能力 C_6（0.32）
		忠诚度 C_7（0.28）
	潜在价值 B_3（0.26）	潜在购买力 C_8（0.28）
		口碑效应 C_9（0.41）
		创新效应 C_{10}（0.31）

任务四 客户模糊分析综合评价

根据建立的"Se Eleven"客户门店评价指标体系，对于二级指标各门店的表现，需要更为准确和理性的评判；而由于专家评分法主观性强、评分标准不能统一、对于"专家"的界定饱受争议等问题，无法满足"VM集团"协同供应链客户管理的要求。同时，对于客户的评价体系的诸多指标，专家的评价一般只能用模糊语言描述。评价者从诸因素出发，参照有关信息，根据其判断，对复杂问题分别做出"大、中、小""高、中、低""优、良、可、劣""好、较好、一般、较差、差"等程度性的模糊评价。因为要同时综合考虑的因素很多，而各因素的重要程度又不同，使问题变得很复杂。鉴于模糊数学为解决模糊综合评价问题提供了理论依据，是一种简便而有效的评价与决策方法，故下面采取模糊综合分析法对"Se Eleven"门店客户做评价、分级。

模糊综合评价法是一种基于模糊数学的综合评标方法。该综合评价法根据模糊数学的隶属度理论把定性评价转化为定量评价，即用模糊数学对受到多种因素制约的事物或对象做出一个总体的评价。它具有结果清晰、系统性强的特点，能较好地解决模糊的、难以量化的问题，适合各种非确定性问题的解决。

模糊评价通过精确的数字手段处理模糊的评价对象，能对蕴藏信息呈现模糊性的资料做出比较科学、合理、贴近实际的量化评价。评价结果是一个向量，而不是一个点值，包含的信息比较丰富，既可以比较准确地刻画被评价对象，又可以进一步加工，得到参考信息。

基于归一赋值评分初步筛选出的门店 3、门店 7 和门店 8 在各评价指标方面的表现，设立 4 个等级组成门店客户的评语集合 V，即 V = { V_1（优秀），V_2（良好），V_3（一般），V_4（较差）} = {0.4，0.3，0.2，0.1}。结合市场调查情况，由多位专家对各门店二级指标各因素进行投票调查，其投票结果所占的比例，如表 5-8（以"历史价值"为例）所示。

表 5-8　"历史价值"指标的打分评价结果

历史价值	二级指标	优秀	良好	一般	较差
门店 3	订购稳定性	0.8	0.1	0.05	0.05
	服务成本	0.5	0.3	0.1	0.1
	回款能力	0.3	0.2	0.4	0.1
门店 7	订购稳定性	0.75	0.05	0.2	0
	服务成本	0.8	0.2	0	0
	回款能力	0.6	0.2	0.1	0.1
门店 8	订购稳定性	0.9	0.1	0	0
	服务成本	0.3	0.3	0.2	0.2
	回款能力	0.4	0.3	0.1	0.2

一、评价指标对于 4 个等级的模糊子集

对于门店 3，评价矩阵 R_1 为

门店 3

R_1

0.8	0.1	0.05	0.05
0.5	0.3	0.1	0.1
0.3	0.2	0.4	0.1

对于指标体系中一级指标"历史价值",门店 3 二级指标三个因素的权重为 $C_1 = \{0.18，0.35，0.47\}$。做模糊变换：

$$U_1 = \{u_{11}, u_{12}, u_{13}, u_{14}\} = C_1 \times R_1$$

式中，U 为评语集 V 上的等价模糊子集，U_i 为各等级 V_i 对综合评价所对应的等价模糊子集 U 的隶属度。因此门店 3 的评价指标"历史价值"对于 4 个等级的模糊子集 $U_1 = \{0.460，0.217，0.232，0.091\}$。

对于门店 7，评价矩阵 R_2 为

门店 7				
	0.75	0.05	0.2	0
R_2	0.8	0.2	0	0
	0.6	0.2	0.1	0.1

评价指标"历史价值"对于 4 个等级的模糊子集 $U_2 = \{0.697，0.173，0.083，0.047\}$。

对于门店 8，评价矩阵 R_3 为

门店 8				
	0.9	0.1	0	0
R_3	0.3	0.3	0.2	0.2
	0.4	0.3	0.1	0.2

评价指标"历史价值"对于 4 个等级的模糊子集：$U_3 = \{0.455，0.264，0.117，0.164\}$。

同理，可得"Se Eleven"三个客户门店"当前价值"和"潜在价值"对于 4 个等级的模糊子集。门店 7、门店 3 和门店 8 各自的一级指标因素对于 4 个等级的模糊子集如表 5-9 所示。

表 5-9　一级指标模糊子集

	一级指标	优秀	良好	一般	较差
门店 3	历史价值	0.460	0.217	0.232	0.091
	当前价值	0.419	0.285	0.228	0.068
	潜在价值	0.320	0.290	0.140	0.250

	一级指标	优秀	良好	一般	较差
门店7	历史价值	0.697	0.173	0.083	0.047
	当前价值	0.570	0.300	0.061	0.069
	潜在价值	0.374	0.210	0.227	0.189
门店8	历史价值	0.455	0.264	0.117	0.164
	当前价值	0.483	0.258	0.100	0.160
	潜在价值	0.283	0.300	0.240	0.177

二、各门店对于4个等级的模糊子集

指标体系中一级指标各因素的权重 B = {0.06，0.68，0.26}，做模糊变换 A = B * U，得到三个客户门店对于 4 个等级的模糊子集，如表 5-10 所示。

表 5-10　客户门店模糊子集

客户名称	优秀	良好	一般	较差
门店3	0.428	0.282 5	0.189 25	0.100 25
门店7	0.526 8	0.255	0.134 7	0.083 5
门店8	0.433 35	0.271 25	0.153	0.142 4

至此，三个客户门店在"优秀、良好、一般、较差"4 个评价等级的模糊综合分析表已经得到（表 5-11）。对于评语集，每个等级的权重为 V = {0.4，0.3，0.2，0.1}，则通过加权求和法可得：

三家客户门店中，门店 7 模糊分析结果最优，门店 8 模糊分析结果最差。

表 5-11　客户门店模糊分析结果

门店3	0.303 8
门店7	0.322 5
门店8	0.299 6

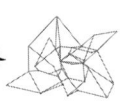

三、客户门店分级

对于归一赋值评分结果相同的"Se Eleven"客户门店7、门店3和门店8，通过梳理客户价值相关因素，确立评价指标结构；采用AHP层次分析法确定各级指标权重，建立客户门店评价指标体系。对评价指标体系各指标设立4个等级进行评判，通过模糊综合评价分析，得到三个客户门店对于4个等级的模糊子集；根据每个等级的权重，实现对三家客户门店的评价和排序。对于归一赋值评分结果相同的门店9和门店10、门店6和门店2，同样应用层次分析法和模糊分析法，得到最终"Se Eleven"客户门店的优先级排序，如表5-12所示。

表5-12　模糊综合评价门店排序结果

排序	客户名称
1	门店7
2	门店3
3	门店8
4	门店4
5	门店10
6	门店9
7	门店1
8	门店2
9	门店6
10	门店5

客户门店排序分类的结果，对于"VM集团"协同供应链的客户库存管理、客户采购管理、客户资源配置管理等提供了必要的参考；对仓配中心，在有效识别物流服务客户、合理配置仓配中心资源、提供物流个性化服务、巩固核心物流客户市场等方面，也有着很大的指导意义。

【参考知识】

一、客户服务与配送管理

客户服务是很难定义的。不同的人对客户服务的理解可以不同，不同的公司也可以有不同的理解。服务的提供者与服务的购买者对客户服务也可以有不同观点。但总的来说，客户服务是对物流系统在创造时间与场所效应的表现程度的衡量，如及时地把恰当的产品运送到恰当的地方。

一般认为，客户服务是公司区别自己的产品、保持客户（忠诚）、增加销售和提高利润的一种方法。客户服务的关键是理解与认识客户及他们的期望。客户服务可以用定量与定性方法来衡量，定性方法包括询问客户对所接受服务的意义。因此，客户服务应被看成是营销战略不可分割的一部分，它可以帮助提高市场占有率与公司的利润。

我们可以把客户服务看成是公司提供给购买产品或服务的东西，产品可以有三个层次：

（1）得到的主要利益或服务，它构成了购买者实际的购买。

（2）有形的产品（实体产品）或服务本身。

（3）有争议的产品，它包括次于但整合于加强购买者购买产品的利益。

按照这种层次划分，我们可以认为，物流的客户服务属于第三类产品，它增加了购买者的价值。其他的第三类产品包括安装、保修和售后服务等。

进一步分析发现，公司可以通过提供较高的物流客户服务水平而取得竞争优势。因此，把客户服务看成一个可以增加显著价值、具有潜在利益的"产品"。

但必须认识到，客户服务是一个远远超出物流领域的概念，它表现在很多方面，下面所列的就是各种不同形式的客户服务：

- 改进开具账单的程序，满足客户对此的要求；
- 提供财务与信贷支持；
- 保证在规定的时间送达货物；
- 适宜的销售货物代表；
- 在销售中提供有关材料；
- 安装产品；
- 保持足够修理配件的存货。

本节讨论物流供应链中的客户服务。如前所述，客户服务可以在整个公司的各个不同部门体现。非物流的客户服务方面也可以增加客户的价值，必须把这些方面也包括在整个营销努力之中。

虽然客户服务并无普遍适用的定义，但客户服务可以从三个方面来体现，我

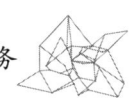

们可以把它看成对客户服务的三个层次的认识：

（1）把客户服务看作是活动。在此层次上，把客户服务看成公司必须完成的、满足客户需求的特定任务。订单处理、开具账单和发票、产品退换、投诉处理等是该层次中客户服务的典型例子。客户服务部是用来处理客户的抱怨与问题的部门，它代表了此层次的客户服务。

（2）客户服务表现衡量。这一层次的客户服务重视以特定的指标来衡量客户服务的表现，如订单按时完成的百分比，以及在可以接受的时间内完成订单的数量。虽然这一层次加强了前一层次的客户服务，但公司并不局限于表现衡量本身，而必须保证服务的努力能够取得客户的实际满意。

（3）客户服务哲学。这一层次把客户服务提高到了全公司对客户服务的承诺，这种观点与当今许多公司强调质量与质量管理是相一致的。这一观点不光把客户服务看成是一项任务或一套表现评价，还把它看成是包括全公司的事和包括所有的活动，他们都专注于客户服务。

对大部分公司来说，客户服务被作为一项活动，根据这种观点，在供应链中客户服务活动是在一定程度上保持客户交易型水平。例如，在零售店接受产品退货并没有增加产品价值，它只是平息客户情绪的一种交易，并不存在通过客户服务增加价值。

对客户服务注重其表现评价是非常重要的，它提供了供应链系统运作的一种评价方法。在一段时间后，这种评价提供了衡量的基准，它对实施全面质量管理计划的公司尤为重要。但这层次的客户服务还是不够的。

最高层次的客户服务是作为一种经营哲学，把客户服务作为整个公司的事。但这仍不够，还必须把增值因素包括在公司客户服务哲学中。客户服务因此可以定义为：客户服务是提供竞争优势、增加供应链利益，以取得最终客户价值最大化的过程。

客户服务问题具有许多要素，非常复杂。公司必须以物流管理来全面控制客户服务要素。成功的和高水平的物流客户服务很容易成为公司区分其竞争对手的战略方法。

客户服务是发生供应链成本的一个重要领域，通常通过提供较好的服务使客户得到经济利益。决策者必须对客户期望的高水平服务和由此增加的销售额的得益与提供服务的成本做出权衡。须努力在提供服务的水平、供应链总成本和公司总收益之间进行平衡。但也有可能做到既降低成本又提高服务水平。

三、顾客价值与供应链管理概述

（一）什么是顾客价值

顾客价值是供应商以一定的方式参与到顾客的生产经营活动过程中而能够为顾客带来的利益，即顾客通过购买商品所得到的收益和顾客所花费的代价（购买成本和购后成本）的差额。在市场竞争中，顾客代表着市场份额，顾客是利润的源泉，顾客更是企业获取持续竞争优势的核心资源，获取顾客必须以"顾客价值"作为导向。

在对顾客价值（customer value）研究中，不同的学者从不同的角度对其进行了定义：

（1）从单个情景的角度，顾客价值是基于感知利得与感知利失的权衡或对产品效用的综合评价。

（2）以关系角度出发，重点强调关系对顾客价值的影响，将顾客价值定义为：整个过程的价值＝（单个场景的利得＋关系的利得）／（单个场景的利失＋关系的利失），认为利得和利失之间的权衡不能仅仅局限在单个情景上，而应该扩展到对整个关系持续过程的价值衡量上。

（3）强调顾客价值的产生来源于购买和使用产品后发现产品的额外价值从而与供应商之间建立起感情纽带。

（4）大多数学者比较认同 Woodruff 对顾客价值的定义，并在其定义基础上进行了很多相关研究。Woodruff 通过对顾客如何看待价值的实证研究，提出顾客价值是顾客对特定使用情景下有助于（有碍于）实现自己目标的产品属性、这些属性的实效以及使用的结果所感知的偏好与评价。该定义强调顾客价值来源于顾客通过学习得到的感知、偏好和评价，并将产品、使用情景和潜在的顾客所经历的相关结果相联系。一般认为，顾客价值是指顾客对于公司绩效在整个业界的竞争地位的相对性评估，具有以下不同的意义：①感知价值：顾客以他们从产品或服务中所获得的核心利益来定义价值，也就是说，顾客以自己从产品或服务那里获得的满足感大小来主观地判别其价值高低。②成本价值：用获得成本来认定他们所获得的价值。顾客认为，如果可以用较低的金钱成本和时间成本买到相同的产品则所获得的价值较高。③还要考虑顾客价值的动态性，经济发展水平、顾客消费文化均会影响顾客价值。例如，电商企业不得不考虑顾客对产品快速送达的要求，同时还不能提高价格。

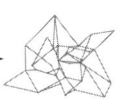

（二）顾客价值和供应链之间的关系

从定义上看，顾客价值包括两个方面：一个是顾客获得的"收益"，另一个是顾客花费的"代价"，相对应的分别是供应链前端的研发、产品创新、产品质量以及生产成本、物流销售成本、售后服务成本等。因此，现代市场环境下的竞争，是围绕顾客价值在整个供应链上的竞争。提升顾客价值的途径与供应管理是分不开的，通过供应管理可以让顾客花费最低的时间成本和货币成本。通过提供个性化的产品或服务，可以提升顾客的感知价值。

但是，提升客户总价值和降低供应链成本之间不可避免地存在冲突。没有任何的体系可以在最小化成本的同时最大化服务能力。因为最大化客户服务意味着过高的采购成本、需要巨大的库存、超额的配送以及多重的仓库，而这一切都在增加成本。因此，供应链管理需要从一个体系的整体出发，制定各种决策，综合考虑各方面的因素。首要的出发点是研究客户需要什么以及竞争者提供了什么，接下来要研究所提供的各种服务、产品的相对重要性，同时还必须综合考虑提高服务水平所增加的成本。因此，供应链管理的目标就是将满足目标客户服务水平所需要的成本（包括采购、运输、仓储等）最小化。

这里对基于顾客价值的供应链问题分述如下：

（1）企业应生产快速变化的产品，还是生产需求相对稳定的产品。快速变化的产品和需求相对稳定的产品，其顾客价值的内容是不一样的。顾客对快速变化的产品的要求体现在质量、速度（时尚）、技术先进、品牌等方面，对价格并不敏感；而需求稳定的产品对质量、价格和便捷的获得性要求比较高。

（2）是否应针对不同的细分市场建立不同的供应链。从实际运作的角度看，市场细分必须能够有效地区分不同的客户需求，同时在公司运作方面能够支持这种细分，当然最后细分的结果是确保公司在市场中占有一定的优势。如果一种市场细分不能区分客户需求，而且在公司运作实施上要付出成本高昂的代价，最终细分不能确保公司的优势地位，那么这样的细分就是无效的。针对高端的用户可能更注重的是体验，而低端用户更多注重价格，如高档品牌一般选择专卖店的模式进行销售。

（3）销售和市场信息是否影响供应链决策。这里要解决的是销售信息系统的完善性、客观性问题。有时，销售部门出于自身利益的需要，会高报或低报销售预测，销售预测往往与实际下单的情况不相符，这种人为因素干扰了供应链的信息可得性，使供应链反应滞后或库存积压。因此，建立基于 POS 的电商数据平台显得非常重要。

（4）供应链运作是否有足够的效率完成配送。供应链的运作是公司的核心部门，在很多情况下，其不仅仅是本公司内的问题，如上游的供应商是否能按时发货、库存是否合理等，因此，供应链管理部门的协调能力变得至关重要。迅捷及时的交货服务并不仅仅是为了取悦客户，通过快速交货，可以使订单完成的提前期得到缩短，从而缩短了库存供应天数，加速了现金流转，这对公司财务指标也有直接的贡献。

（5）供应链的整体成本是否合理。例如，服装生产和分销体系的总体成本，虽然大批量的服装生产降低了生产成本，但同时产生了大量的库存服装。如果实现定制必然会提高生产成本，但库存成本会大大下降，同时提升顾客体验，这种供应链流程的再造也是提升顾客价值的途径之一。

只有将上述这些问题回答得很清楚，企业的供应链部门才能对营销战略有清晰透彻的理解，从而在运作上给予高效的配合，提升顾客价值。供应链的运营战略是建立在对企业营销战略充分理解之上的，它回答企业如何生产产品和提供服务的问题。生产商要决定是选择按库存生产（build to stock）还是按计划生产（build to plan），是按订单生产（build to order）还是按订单定制（configure to order）的方式，或者是这几种方式的组合。在实际运作中，如何确定哪些产品要按订单生产、哪些产品要按计划生产是一个难点。我们有必要用顾客价值的理念对此进行分析。

（三）基于顾客价值的供应链优化

供应链重组始于公司内部的业务流程再造，最典型的是重组完成订单以及制造和采购的业务流程，如今，这项重组工作已经向前方和后方进行了集成，即将重组延伸到供应链的上下游企业。而所有这些流程和节点都必须围绕"顾客价值"展开，一方面提高顾客满意度和附加价值，另一方面降低流程成本，减少过程浪费，即以顾客需求的信息流来拉动实物流和资金流，实现供应链效益最大化。随着信息技术和物联网的高速发展，越来越多的企业开始重视并尝试进行供应链的优化，虽然每家企业所处的环境和存在的问题不尽相同，但它们的共同目标却是一致的，那就是创造新的"顾客价值"。

1. 信息系统的整合

供应链上存在多家公司，即便在一家公司内部，不同部门、不同地区之间也

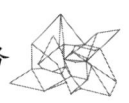

有不同的计划、执行时间表和流程。如果没有协同一致的流程，在经营活动过程中就会有各自为政甚至相互冲突的目标。应该把信息系统整合放在首要的地位，把各个区域所有与供应链相关的数据，如销售、库存等整合到可以共享的数据库中，提高整个供应链的数据可视化水平。当然，这方面的投资巨大，而且需要供应链和其他功能部门的密切配合。但是，如果没有这项投入，很多决策就如同盲人摸象，公司整体运作的效率和准确性就会有问题。

最好的解决办法是所有供应商、生产商、零售商共享各自的流程，并且要对订货模式进行改变。如家电制造厂商与供应商之间的购销协作关系可以通过流程的重组来进行优化，即采用共享数据库等信息技术，将生产的经营活动与供应商的经营活动连接起来。供应商通过制造厂商的数据库了解其生产进度，拟订自己的生产、采购和发货计划。通过计算机将发货信息传给制造厂商，而收货员在扫描条形码确认收到货物的同时，自动向供应商付款。这样，就使得供应商的运转和下游制造厂商的运转密切联系起来，实现了供应链的有效性，简化了工厂的流程，缩短了生产、订货周期，并降低了库存。

2. 简化供应流程

通过一些资料发现，低效的工作流程极大地制约了大部分企业供应链的有效运作。这里要考虑两个原则：第一，有没有规模效益。建立配送中心就是典型的例子。配送中心的实质就是将运作中有共同作业流程的行为集中到某一个或者少数几个地点统一实施，从而提高了作业效率。第二，减少不必要的实体流转环节。例如，批发商的职能变化，批发商只负责商流，制造企业不管是不是直销，都可以把货物直接送到客户手中，从而缩短货物在途时间。

3. 提高需求预测能力

对于很多企业而言，最难把握的运作问题之一就是需求预测。多年来，人们习惯于盯着财务数字而不是产品数字，盯着预销量而不是具体的销售额。从本质上讲，这种思维模式会导致员工盯着"公司要生产什么"，而不去考虑客户真正需要什么，从而严重偏离了以顾客价值为核心的供应链管理目标。因此，增强销售预测的准确性（包括产品种类、数量、到货时间）是另一个改进的方向。首先，要确定计划部门的核心地位，将订单化整为零，及时地衔接销售和生产，并根据市场变化及时调整；其次，建立销售预测的统计和分析模型，不断增强预测的准确性；最后，统一产品数量和财务金额的口径问题，防止由于价格波动或其他因素导致数量和金额的不一致。

4. 提高产品供应能力

当前市场日益呈现产品多样化的竞争趋势，企业应该有更多的供应弹性，以更好地适应市场的变化。首先，实施小批量定制化生产模式，增强生产柔性；其次，建立科学合理的安全库存标准，而非凭经验确定；最后，建立客户数据库，并为客户制定统一的数据标准。

5. 重组供应链结构

一个很典型的实践就是建立供应商管理库存（VMI），要求主要部件的供应商在企业的总装厂周边建立仓库，可以随时对原材料进行补货，这样不仅会缩短供应商的供货周期，还能大大提高供应柔性。有的供应商可能基于成本考虑不愿意建立 VMI，这时可以考虑由列进第三方的合作伙伴来做。推动供应商改进流程，实际上是延展供应链管理的覆盖面，强化与供应商的合作，将供应商纳入公司的核心运作体系。这对于提高企业的综合竞争实力是十分有益的。

顾客价值是供应链管理的起点，也是供应链管理的核心目标。只有把这些工作做扎实了，公司的成本优势才能够凸显出来，公司的服务水平才能够为客户所感知。在互联网时代。市场信息越来越透明，信息量越来越大，商家的竞争也越来越激烈，买方可以容易地获取所需要的信息，同时也越来越没有耐心等待，所以，品牌可以让买方很快地建立对公司及产品的信任，而快速的交货可以很快地抓住机会，实现销售。从这个意义上看，供应链也是品牌价值实现的重要工具。

第六章　供应链采购管理实务

【学习目标】

知识目标：

1. 了解供应链合作伙伴关系的演变及类型；

2. 理解不同供应链伙伴关系类型下，供应链采购策略及其业务流程；

3. 掌握供应链伙伴协同关系下，采购业务流程重组要点；

4. 掌握供应链伙伴协同关系下采购策略的制定和实施；

5. 掌握在新零售模式下，供应链伙伴协同采购策略。

能力目标：

1. 能够通过信息共享模式，识别供应链合作伙伴关系类型；

2. 能够根据不同类型的供应链合作伙伴关系，制定并实施采购策略；

3. 能够针对新零售模式再设计供应链伙伴协同采购策略。

【任务发布】

"VM 集团"致力于供应链协同运营。为了实现零库存管理目标，"VM 集团"根据对客户门店管理的分级结果，为线下各大、中、小型门店/便利店制定了合理的采购策略，进而促使供应链获得更大的利润空间。

以供应链客户"Se Eleven"为例，其 10 家门店的客户管理分级在前面一章已经确定。"Se Eleven"各门店大部分为便利店，库存能力较低，为了降低采购提前期的库存成本，各门店由"VM 集团"实施门店采购管理：集团根据各门店的需求，制定合理订货批量，仓配中心根据"VM 集团"制定的各门店采购策略，合理规划仓配管理，保证每天按量送货至各门店。

"VM 集团"对分级不同的客户采取不同程度的合作与信息化共享模式：第一种模式为无合作、无信息共享模式，在此模式下，"VM 集团"无法掌握商品市场信息，仅能了解每天商品销量的均值与标准差；第二种模式为简单合作、不完全信息共享模式，在此模式下，门店将近期一段时间内历史销售数据信息共享，"VM 集团"可以估算商品每天销量的概率分布；第三种模式为战略合作、完全信息共享模式，在此模式下，"VM 集团"可以实时读取门店商品每天的销售信息，对市场需求波动准确把握。

"VM 集团"计划根据合作与信息化共享程度，为分级不同的客户分别制定了三种不同模式的采购策略。

【任务实施】

根据市场调查，生活用品 2 的市场价格为 20 元/件，其市场需求波动均值为 100，偏差为 10，但其具体的市场需求变化趋势和水平不得而知。"VM 集团"需要与客户建立合作关系，共享市场信息，根据市场实施情况为客户制定合理的采购策略，实现供应链零库存管理协同运营目标。

客户"Se Eleven"在供应链客户关系管理中，10 家门店的评分及排序见表6-1。

表 6-1 客户门店的评分及排序

序号	客户名称	评分	评分结果
1	门店 7	2.1	较高

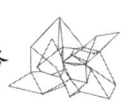

续表

序号	客户名称	评分	评分结果
2	门店 3	2.1	较高
3	门店 8	2.1	较高
4	门店 4	1.4	居中
5	门店 10	1.2	较低
6	门店 9	1.2	较低
7	门店 1	1.1	较低
8	门店 2	1	较低
9	门店 6	1	较低
10	门店 5	0.8	较低

根据评分的偏低、居中、较高，"VM 集团"将这 10 家门店划分为三个评价区间。评分较低层级的客户门店包括门店 10、门店 9、门店 1、门店 2、门店 6 和门店 5，评分居中的客户门店是门店 4，评分较高的客户门店包括门店 7、门店 3、门店 8。针对不同的评分区间的客户门店，"VM 集团"将基于合作与信息化共享的程度不同，来为各客户门店制定相应的不同的采购策略。

任务一　无信息共享下的采购策略

对于评分较低的客户门店，其在采购环节采取与"VM 集团"无合作、无信息共享模式。"VM 集团"与仓配中心无法掌握商品市场信息，仅能了解每天商品销量的均值为 100，且偏差为 10。集团为这些客户门店制定常规的采购策略，即以采购提前期 2 天和订货批量，向仓配中心为客户门店发送商品出库配送指令；仓配中心按照发货要求立即实施订单管理、发货管理和配送管理，将客户门店采购的商品送货至各门店；客户门店在验收收货之后，与"VM 集团"进行财务结算。客户门店生活用品 2 的采购价格为 15 元/件，库存成本为 3 元/件，缺货成本为 9 元/件，且"VM 集团"对未售出商品不采取回收策略，具体如表 6-2 所示。

表 6-2　无合作客户门店采购基本情况

均值（件）		100
标准差（件）		10
采购提前期（天）		2
库存成本（元/件）		3
价格	采购价格（元/件）	15
	销售价格（元/件）	20
	缺货成本（元/件）	9

门店客户在考虑缺货成本的情况下，其盈利概率为 45%，如图 6-1 所示。

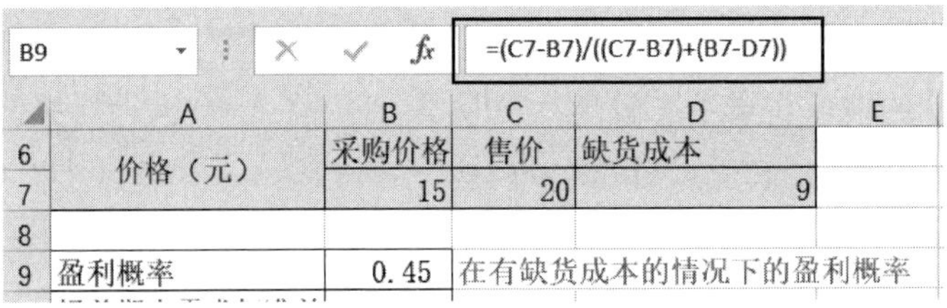

图 6-1　无合作客户门店盈利概率

对盈利概率求反函数 $f^{-1}(p)$，可得提前期内需求的均值的标准差的倍数 z。根据在提前期内的期望现货供应概率 0.45，倍数 z 可以通过正态分布表查得，也可以通过函数计算得到（见图 6-2）。

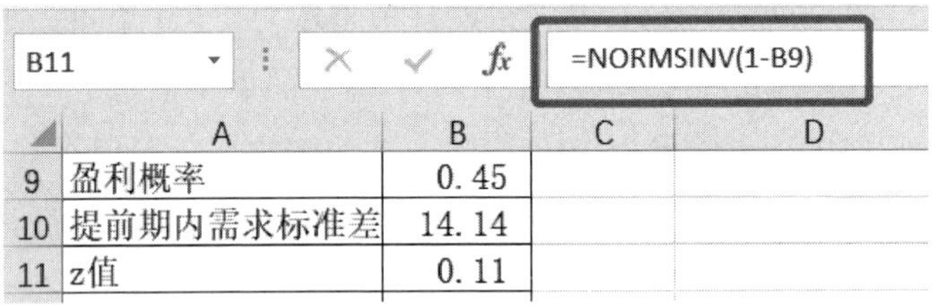

图 6-2　无合作客户门店的需求均值标准差倍数

因此，在考虑缺货成本下，提前期内确保市场供应的临界需求均值标准差倍数为 0.11。

已知单位时间内需求的标准差为 10，则提前期内商品需求的标准差如图 6-3 所示。

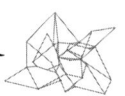

B10		▼	⋮	×	✓	*fx*	=B3*(B4)^0.5

	A	B	C	D
3	标准差（人）	10		
4	采购提前期（天）	2		
5	库存成本（元/件）	3		
6	价格（元）	采购价格	售价	缺货成本
7		15	20	9
8				
9	盈利概率	0.45		
10	提前期内需求标准差	14.14		

图 6-3　无合作客户门店需求标准差

根据提前期内需求的标准差和提前期内需求的均值的标准差的倍数，客户门店对生活用品 2 的安全库存如图 6-4 所示。

B12		▼	⋮	×	*fx*	=B10*B11

	A	B	C
10	提前期内需求标准差	14.14	
11	z值	0.11	
12	安全库存	1.61	

图 6-4　无合作客户门店安全库存

因此采购提前期为 2 天，市场需求均值为 100，标准差为 10，且考虑安全库存和库存成本的情况下，客户门店的采购量和每天的盈利额见图 6-5、图 6-6。

B13		▼	⋮	×	✓	*fx*	=ROUNDUP((B2*B4+B12),0)

	A	B	C	D	E
1					
2	均值（人）	100			
3	标准差（人）	10			
4	采购提前期（天）	2			
5	库存成本（元/件）	3			
6	价格（元）	采购价格	售价	缺货成本	
7		15	20	9	
8					
9	盈利概率	0.45			
10	提前期内需求标准差	14.14			
11	z值	0.11			
12	安全库存	1.61			
13	订购量	202.00			

图 6-5　无合作客户门店采购量

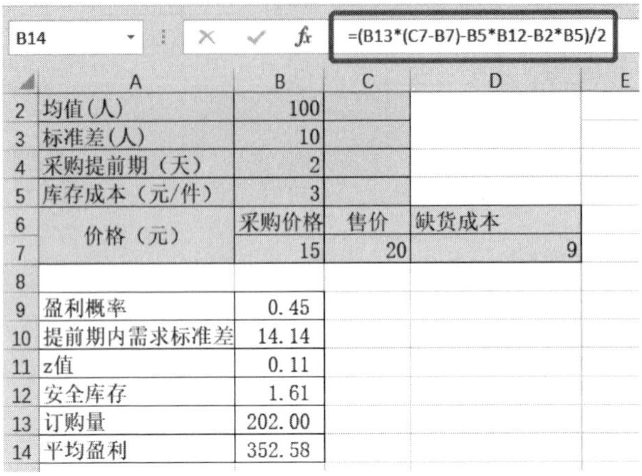

图 6-6　无合作客户门店盈利额

在供应链客户关系管理中，评分较低的"Se Eleven"客户门店与"VM 集团"在采购环节采取无合作、无信息共享模式。"VM 集团"按照常规方式，为客户门店商品生活用品 2 制定采购策略；在考虑缺货情况下设置安全库存，为了最大满足市场需求，提前期内确定最优采购量为 202 件、平均每天盈利 352 元。

任务二　部分信息共享下的采购策略

对于评分居中的客户门店，其在采购环节与"VM 集团"采取简单合作、不完全信息共享模式，门店将近期一段时间的历史销售数据向供应链企业共享，集团估算商品每天的市场需求概率分布（见表 6-3）。

表 6-3　简单合作客户门店市场需求

需求量	70	80	90	100	110	120	130	140
概率	6.5%	9.5%	24%	27.5%	18%	10%	2.5%	2%

仓配中心为这些客户门店制定采购策略，确定合理的采购量；为了降低库存成本，不再提前采购，为此集团对仓配中心提出物流需求；每天按照设置好的时间，对客户门店做订单管理、发货管理和配送管理，将合理数量的商品送货至各门店，以满足各门店当天的销售需求，不考虑缺货成本；客户门店在验收收货之

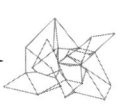

后，按周期与"VM集团"进行财务结算。由于集团和这些客户门店在一定程度上进行合作，因此，对生活用品2的采购价格做出调整，为13元/件；且库存成本降为5元/件。如表6-4所示。

表6-4 简单合作客户门店采购基本情况

采购价格（元/件）	13
价格（元/件）	20
库存成本（元/件）	5

由于采购货品的配送保证了门店当天的销售需求，因此不再出现缺货；各客户门店不再设置安全库存，大大节约了库存成本和缺货成本。

目前生活用品2的市场需求概率分布以离散值及其各自可能性的形式估算，对客户门店的期望利润分析可以主要围绕这些具有代表性的离散销量，假设客户门店的采购量有以下几种可能，如表6-5所示。

表6-5 简单合作客户门店采购量

订货量	70	80	90	100	110	120	130	140

假设客户门店当天的采购量小于当天的市场需求量，则客户门店当天的利润可以按照采购量和销售价格与采购价格之间的差值来计算。假设客户门店当天采购量大于当天市场需求量，则客户门店当天利润按照市场需求量和销售价格与采购价格之间的差值来计算，但同时要考虑剩余货品的库存成本，如图6-7所示。

B10		✕ ✓ f_x	=IF($A10>B$8,($C$3-$C$2)*B$8-($A10-B$8)*($C$4+$C$2),($C$3-$C$2)*$A10)						
▲	A	B	C	D	E	F	G	H	I
1									
2	购入成本（元/件）		13						
3	价格（元/件）		20						
4	库存成本（元/件）		5						
5									
6									
7	概率	0.065	0.095	0.240	0.275	0.180	0.100	0.025	0.020
8	需求量	70	80	90	100	110	120	130	140
9	订货量			益损值					
10	70	490	490	490	490	490	490	490	490
11	80	310	560	560	560	560	560	560	560
12	90	130	380	630	630	630	630	630	630
13	100	−50	200	450	700	700	700	700	700
14	110	−230	20	270	520	770	770	770	770
15	120	−410	−160	90	340	590	840	840	840
16	130	−590	−340	−90	160	410	660	910	910
17	140	−770	−520	−270	−20	230	480	730	980
18									

图6-7 简单合作客户门店的当天利润

图 6-7 中，各可能订货量下，面对不同概率的市场需求，基于不完全信息共享模式的门店的利润损益值被计算出来。但是，目前仓配中心所掌握的销售情况仅是各离散的销售量数据点及其各自的可能性，所以，要对各可能的订货量做利润期望计算（见图 6-8）。

J10			f_x	=SUMPRODUCT($B$7:$I$7,B10:I10)					
	A	B	C	D	E	F	G	H	I	J
7	概率	0.065	0.095	0.240	0.275	0.180	0.100	0.025	0.020	
8	需求量	70	80	90	100	110	120	130	140	
9	订货量				益损值					期望值
10	70	490	490	490	490	490	490	490	490	490.000
11	80	310	560	560	560	560	560	560	560	543.750
12	90	130	380	630	630	630	630	630	630	573.750
13	100	-50	200	450	700	700	700	700	700	543.750
14	110	-230	20	270	520	770	770	770	770	445.000
15	120	-410	-160	90	340	590	840	840	840	301.250
16	130	-590	-340	-90	160	410	660	910	910	132.500
17	140	-770	-520	-270	-20	230	480	730	980	-42.500

图 6-8　简单合作客户门店的利润期望

因此，客户门店采购量依据最大期望利润而确定（见图 6-9）。

D19			f_x	=INDEX(A10:A17,MATCH(MAX(J10:J17),J10:J17,0))					
	A	B	C	D	E	F	G	H	I	J
9	订货量				益损值					期望值
10	70	490	490	490	490	490	490	490	490	490.000
11	80	310	560	560	560	560	560	560	560	543.750
12	90	130	380	630	630	630	630	630	630	573.750
13	100	-50	200	450	700	700	700	700	700	543.750
14	110	-230	20	270	520	770	770	770	770	445.000
15	120	-410	-160	90	340	590	840	840	840	301.250
16	130	-590	-340	-90	160	410	660	910	910	132.500
17	140	-770	-520	-270	-20	230	480	730	980	-42.500
18										573.75
19		最优订货量	90							

图 6-9　简单合作客户门店的合理采购量

在供应链客户关系管理中，"VM 集团"与评分居中的"Se Eleven"客户门店在采购环节采取简单合作、不完全信息共享模式。仓配中心获取客户门店阶段性的历史销售数据，估算市场需求概率分布；并根据对市场的估算，为客户门店制定商品生活用品 2 的采购策略；在各项成本有所消减的情形下，为了最大程度地满足市场需求，提升供应链利润，确定最优采购量为 90 件，且最优期望利润为每天 573.75 元。

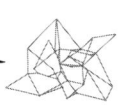

任务三　完全信息共享下的采购策略

对于评分较高的客户门店，"VM集团"与其在采购环节采取战略合作、完全信息共享模式。供应链成员可以随时访问门店库存信息；同时，客户门店将销售信息向合作伙伴开放，仓配中心能够实时掌握这些门店商品市场情况。客户门店近1 000天的商品需求量如表6-6所示。

表6-6　战略合作客户门店市场需求（节选）

天数	1	2	3	4	5	6	7	8	9	10	11	12	13	14	15	16	17
需求量	83	98	104	97	118	95	98	97	92	82	103	116	91	112	80	90	100

一、考虑库存成本的采购策略

仓配中心为这些客户门店制定采购策略，确定合理的采购量；客户每天结束营业后，仓配中心对门店库存进行盘点，并以此为依据确定第二天门店的采购量；对评分居中的客户门店，集团对仓配中心提出更为高效的物流需求，仓配中心在第二天门店营业前，将需采购的商品按时按量送货至门店，保证满足当天的销售需求，不考虑缺货成本；采购策略没有提前期，门店不设有安全库存；客户门店在验收收货之后，按周期与"VM集团"进行财务结算。集团和这些客户门店是战略合作关系，因此，对生活用品2的采购价格继续做出调整，改为12元/件；且库存成本不变。见表6-7。

表6-7　战略合作客户门店采购基本情况

采购价格（元/件）	12
价格（元/件）	20
库存成本（元/件）	5

对于客户门店近1 000天的商品市场需求，假设第一天客户门店的采购量为基本采购量100件；第一天的营业结束后，仓配中心对门店库存进行盘点：若采购量小于当天需求量，库存为0；若采购量大于当天需求量，则出现剩余库存。如图6-10所示。

| G2 | | ▼ | : | × | ✓ | fx | =IF($B$3>E2,($B$3-E2),0) |

	A	B	C	D	E	F	G
1	采购价格=	12				需求	采购量	库存量
2	销售价格=	20		1	98	100	2
3	订购量=	100		2	88	98	12
4	库存成本=	5		3	110	88	0

图 6-10　战略合作客户门店首日采购量

第二天的采购量，以库存量和基本采购量为依据，即假设基本采购量 100 件是满足市场需求期望利润最大化的采购量，第二天的采购量以当天的库存量为依据进行补充，这样减少了因采购量过多而造成的成本累计，如图 6-11 所示。

| F3 | | ▼ | : | × | ✓ | fx | =$B$3-G2 |

	A	B	C	D	E	F	G
1	采购价格=	12				需求	采购量	库存量
2	销售价格=	20		1	98	100	2
3	订购量=	100		2	88	98	12
4	库存成本=	5		3	110	88	0

图 6-11　战略合作客户门店采购量

同时当天的库存成本，如图 6-12 所示。

| H2 | | ▼ | : | × | ✓ | fx | =G2*$B$4 |

	A	B	C	D	E	F	G	H
1	采购价格=	12				需求	采购量	库存量	库存成本
2	销售价格=	20		1	98	100	2	10
3	订购量=	100		2	88	98	12	62
4	库存成本=	5		3	110	88	0	0
5				4	108	100	0	0

图 6-12　战略合作客户门店库存成本

在已确定采购价格、销售价格、库存成本的情形下，如若当天的采购量小于市场需求，则当天利润额以采购量来确定；如若当天的采购量大于市场需求，则利润额以市场需求来确定，同时还要考虑由未销售商品造成的库存成本。如图 6-13 所示。

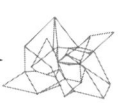

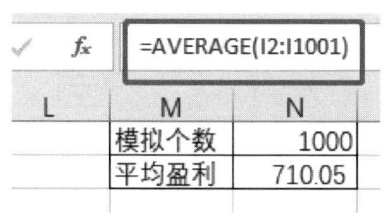

	A	B	C	D	E	F	G	H	I
I2			f_x	=IF($B$3<E2,($B$3*($B$2-$B$1)),(E2*$B$2-$B$1*$B$3-H2))					
1	采购价格=	12			**需求**	**采购量**	**库存量**	**库存成本**	**盈利额**
2	销售价格=	20		1	98	100	2	10	750.00
3	订购量=	100		2	88	98	12	62	489.30
4	库存成本=	5		3	110	88	0	0	800.00

图 6-13　战略合作客户门店的利润额

同样，对于近 1 000 天的历史市场需求，可求出客户门店近 1 000 天来每天的盈利情况，则在假设基本采购量为 100 件的情形下，1 000 天以来客户门店的平均利润如图 6-14 所示。

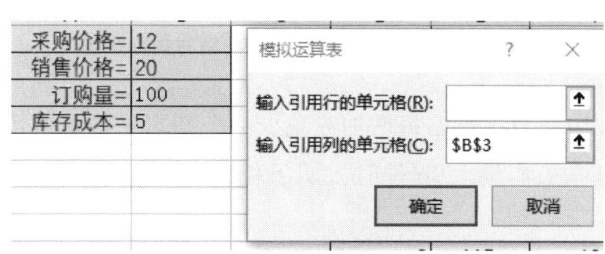

	f_x	=AVERAGE(I2:I1001)	
L	M	N	
	模拟个数	1000	
	平均盈利	710.05	

图 6-14　战略合作客户门店的平均利润

以上是在假设基本采购量不变的情形下，计算出的各市场需求下客户门店的平均利润。现在假设客户门店基本采购量是从 70 至 140、公差为 5 的等差数列，通过 EXCEL 模拟运算的结果见图 6-15。

图 6-15　平均利润模拟运算

可以得出，在不同基本采购量情形下，客户门店的当天期望利润如表 6-8 所示。

表 6-8　战略合作客户门店期望利润

采购量	70	75	80	85	90	95	100	105	110	115	120	125	130	135	140
期望利润	560.00	599.95	638.63	673.97	702.02	717.03	710.05	680.44	626.17	553.21	471.04	385.72	300.49	215.64	130.43

　　绘制期望利润曲线，并为曲线图添加调节微调按钮。由于设置的基本采购量是以 5 为公差递增的，数据精细度不够；但通过微调按钮，可以分析连续基本采购量下客户门店的期望利润。可见，门店期望利润曲线按照开口向下的抛物线分布，存在期望利润最大值，如图 6-16 所示。

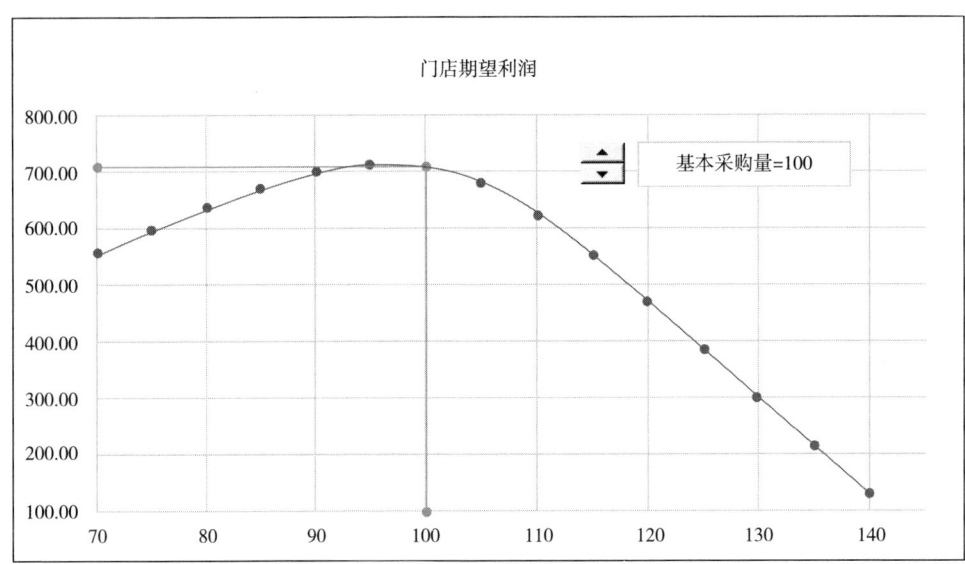

图 6-16　战略合作客户门店期望利润分布图

　　通过微调按钮调节，观察每增加或减少一个基本采购量时期望利润曲线的数值变化。在基本采购量为 96 件时，期望利润曲线到达最大值 717.57 元，见图 6-17。

　　在供应链客户关系管理中，"VM 集团"与评分较高的"Se Eleven"客户门店在采购环节采取战略合作、完全信息共享模式。供应链成员获取客户门店实时市场需求信息，掌握了近 1 000 天以来的商品需求量；对于战略合作伙伴，集团提供了更为优惠的采购价格；根据实际市场需求，仓配中心为客户门店制定生活用品 2 的采购策略；在考虑未销售品造成的库存成本情形下，对门店期望利润进

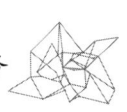

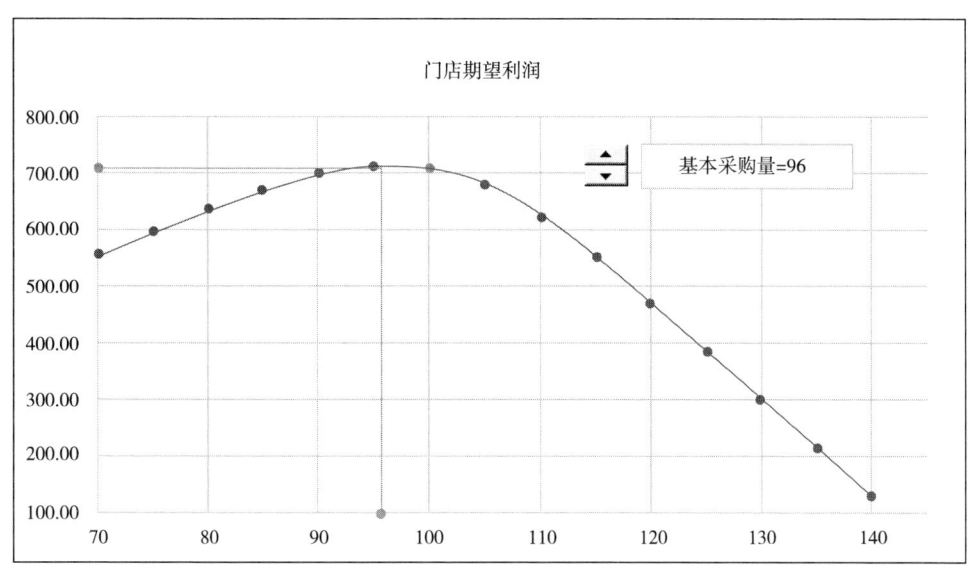

图 6-17 战略合作客户门店最大期望利润

行分析，确定门店每天基本采购量为 96 件；通过访问门店库存信息，每天为客户门店进行盘点，以确定第二天的合理采购量；在完全信息共享模式下，供应链及时准确地掌握了市场需求以及客户库存信息，提升了供应链利润，确定了最优期望利润为每天 717.57 元。

二、考虑回收成本的采购策略

客户门店是供应链各成员企业中最接近末端市场的节点，它们直接面向消费者需求，实时掌握消费市场变化趋势，对于消费市场个性化需求的及时满足有着得天独厚的优势。"VM 集团"为了加大协同供应链市场深化，拓展市场占有率，希望同客户门店形成更加广泛的战略合作，决定推出商品社区团购新零售模式，并将这种模式的推广运营交由评分较高的客户门店完成，同时，"VM 集团"以一定的利润再分配形式为门店客户提供更高的利润空间。

客户门店依据供应链协同目标对新零售模式进行市场下沉，预计销售量将会增加 1.5~2 倍，见表 6-9。

表6-9 协同目标下供应链市场需求（节选）

天数	1	2	3	4	5	6	7	8	9	10	11	12	13	14	15	16	17
需求量	149	152	221	204	202	137	210	220	194	169	187	173	187	202	188	201	225

仓配中心为这些客户门店制定采购策略，确定合理的采购量；不设置采购提前期和安全库存；采购商品由仓配中心每天送货到各门店，以保证各门店满足当天的销售需求，不考虑缺货成本。为了鼓励客户门店积极参与到供应链协助中来，有效参与商品社区团购的推广与运营，"VM集团"提出零库存采购管理策略：对于当天未售出的商品，集团实施回收策略，实现门店零库存管理，进一步减少门店因采购量与需求量不匹配而造成的库存成本。因此对生活用品2采购价格与商品售价不变，回收价格为7元/件。见表6-10。

表6-10 协同目标下供应链采购的基本情况

采购价格（元/件）	12
价格（元/件）	20
回收价格（元/件）	7

根据集团与客户门店的合作模式与采购流程，合理的采购量可以通过"报童模型"来确定。

报童每天清晨从报社购进报纸零售，晚上将没有卖掉的报纸退回。设报纸每份的购进价为 a，零售价为 b，退回价为 c，假设 $b>a>c$。即报童售出一份报纸赚 $b-a$，退回一份赔 $a-c$。报童每天购进报纸太多，卖不完会赔钱；购进太少，不够卖会少挣钱。而市场对报纸的需求量是一个随机变量。试为报童筹划一下每天购进报纸的数量，以获得最大收入。

对于一个商品的采购，报童模型具有以下几个特点：①在一个采购周期内仅采购一次；②采购时不知道准确的需求；③商品会过期。

设置以下参数：

c ——cost per unit，单位采购成本；

p ——sale price，零售价；

s ——salvage value，残值，即未销售品的回收价格；

D ——demand，需求，为随机变量，服从 F 分布，均值和标准差分别记为 u，σ；

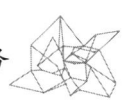

x ——amount purchased，采购量。

若报童采购量小于当天市场需求，则期望利润由采购量决定；若报童采购量大于当天市场需求，则期望利润由市场需求决定。所以整体最大化期望收益为：

$$\pi(x) = p \cdot \mathbb{E}[\min(x, D)] + s \cdot \mathbb{E}[\max(x - D, 0)] - cx$$

不失一般性，我们假设 $p > c > s$，否则问题的最优解是显而易见的。

记 $x^+ = \max(x, 0)$，$x^- = \min(x, 0)$。因此 $x = x^+ + x^-$，$x^- = -(-x)^+$。利用 $\min(x, D) = D - (D - x)^+$，我们可以把 $\pi(x)$ 表示成如下形式：

$$\pi(x) = (p - c)\mu - \alpha(x)$$

其中：

$$\alpha(x) = (c - s)\mathbb{E}[(x - D)^+] + (p - c)\mathbb{E}[(D - x)^+]$$

因此 $\max\pi(x) \Leftrightarrow \min\alpha(x)$。记 $h = c - s$，$b = p - c$。则 h，p 分别代表采购过量（overage）和少量（underage）的单位成本。

令 $f(z) = hz^+ - bz^-$。$\alpha(x)$ 可以被写成

$$\alpha(x) = \mathbb{E}[f(x - D)]$$

由于 $f(z)$ 是凸函数，它的线性变换 $\alpha(x)$ 也是凸函数，当 F 是连续分布时，最优解的一阶导数为 0。我们可以通过交换积分号求导，即：

$$\alpha'(x) = h \cdot \mathbb{E}[\delta(x - D)] - b \cdot \mathbb{E}[\delta(D - x)]$$

式中，如果 $z > 0$，$\delta(z) = 1$；否则 $\delta(z)$ 为 0。

注意 $\mathbb{E}[\delta(x - D)] = Pr(x - D > 0)$，且 $\mathbb{E}[\delta(D - x)] = Pr(D - x > 0)$。我们有

$$\alpha'(x) = h \cdot Pr(D < x) - b \cdot Pr(D > x)$$

利用边际分析法，令 $\alpha'(x) = 0$，得：

$$F(x) = Pr(D \leq x) = \frac{b}{b + h}$$

令

$$\gamma = \frac{b}{b + h}$$

式中，γ ——Critical Fractile，临界分位数。

由于 F 是随机变量 D 的累积分布函数，且单调非递减，因而存在逆函数。设最优解为 x^*，因此

$$x^* = F^{-1}(\gamma)$$

根据报童模型的分析过程，假设客户门店对生活用品 2 的当天采购量 x 为

160，则利润随机变量：

$$\pi(160) = \begin{cases} 1280, & D > 160 \\ 13D - 800, & D \leq 160 \end{cases}$$

对于不同的市场需求，可得客户门店当天的利润，如图 6-18 所示。

E2	▼	:	×	✓	fx	=IF($B$4<D2,($B$4*($B$2-$B$1)),(D2*($B$2-$B$1)+($B$4-D2)*($B$3-$B$1)))

▲	A	B	C	D	E	F	G	H
1	进价a=	12		模拟需求	盈利			
2	售价b=	20		149	1142.40			
3	处理价c=	7		152	1176.81			
4	订购量=	160		221	1280.00			
5				204	1280.00			

图 6-18　协同供应链客户门店利润

根据近 1 000 天的市场需求，估算门店将提高 1.5~2 倍的市场销量。根据报童模型分析，可求出每天的盈利情况，假设订购量为 160 件，则 1 000 天以来客户门店的平均利润如图 6-19 所示。

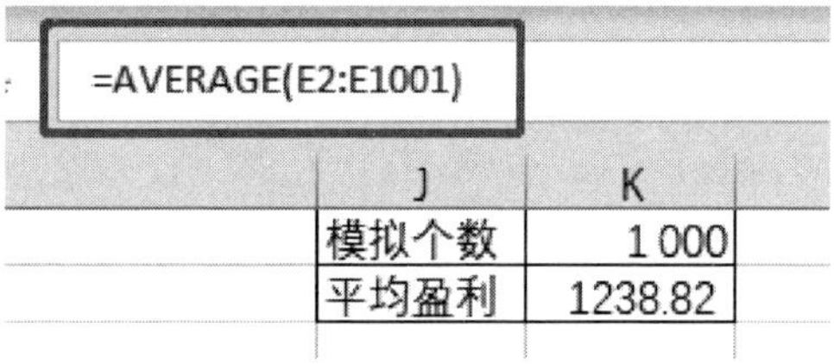

=AVERAGE(E2:E1001)

	J	K
	模拟个数	1 000
	平均盈利	1238.82

图 6-19　协同供应链客户门店平均利润

通过 EXCEL 模拟运算，可以得到客户门店采购量是从 100 至 240、公差为 10 的等差数列，不同采购量情形下，客户门店的当天期望利润见表 6-11。

表 6-11　协同目标下供应链客户门店期望利润

采购量	100	110	120	130	140	150	160	170
期望利润	800.00	880.00	959.95	1 038.83	1 114.37	1 182.89	1 238.82	1 275.66
采购量	180	190	200	210	220	230	240	
期望利润	1 291.69	1 285.40	1 262.15	1 226.02	1 182.79	1 135.53	1 086.23	

绘制期望利润曲线，并为曲线图添加微调按钮。通过微调按钮，分析在连续采购量下客户门店的期望利润，确定期望利润最大时的最优采购量（见图 6-20）。

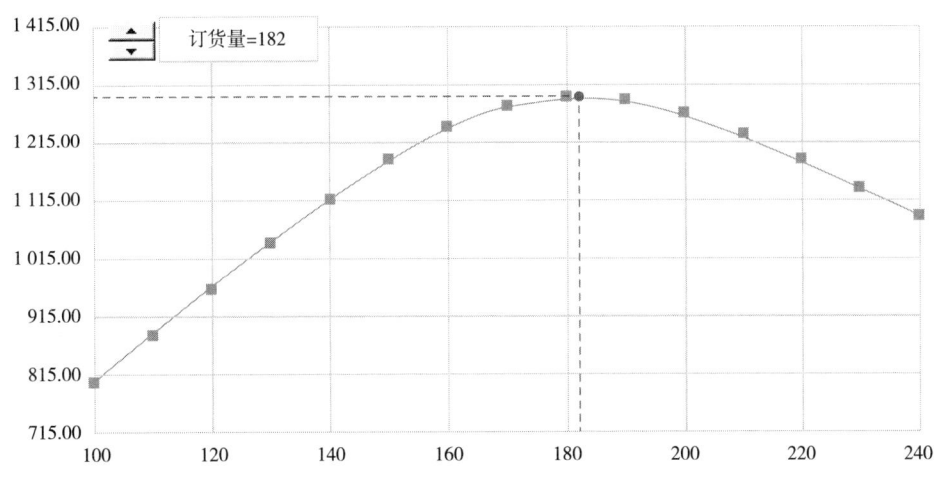

图 6-20　协同供应链客户门店期望利润

在供应链客户关系管理中，"VM 集团"与评分较高的"Se Eleven"客户门店在采购环节采取全面战略合作、完全信息共享模式。"VM 集团"与仓配中心获取客户门店实时市场需求信息，掌握了近 1 000 天以来的商品需求量；为了提高市场占有率，提出商品的市场推广运营交由客户门店来完成；为了鼓励客户门店合作，对于当天未售出的商品，实施回收策略，实现门店零库存管理目标；商品社区团购新零售模式的推广与成本的降低，预估销量将增长 1.5~2 倍；根据市场需求，仓配中心为客户门店制定生活用品 2 的采购策略；在未销售品可回收情形下，分析门店期望利润，确定门店每天的采购量为 182 件；在完全信息共享模式下，供应链成员企业协作共赢，确定最优期望利润为每天 1 292.32 元。

综上所述，在相同市场需求情形下，根据门店与"VM 集团"合作的不同程度和信息共享情况，仓配中心为"Se Eleven"客户门店分别制定了合理的采购策略：

（1）对于无合作、无信息共享的客户门店，其采购价格最高，库存成本最高；由于采购提前，不能及时满足市场需求，产生缺货成本。因而虽然采购量最高，但是门店利润最低。

（2）对于简单合作、部分信息共享的客户门店，其采购价格居中，单位库存成本有所降低；掌握了较多的市场需求信息，不再设置安全库存；由于加强供应链成员间合作，仓配中心提供较为完善的配送服务，不再考虑采购提前期和缺货成本。因而采购量大幅降低，但是门店利润空间相对提升。

（3）对于战略合作、完全信息共享的客户门店，在简单合作模式的采购策略基础上，其采购价格最低；实时了解市场需求，采购量的确定更为科学。因而采购量略微增加，但是门店利润空间再次提升。

（4）对于战略合作伙伴，提出商品社区团购新零售模式，增加商品市场占有率；在原有的采购策略基础上，实施未销售品回收策略，真正实现门店零库存管理，消除库存成本。因而由于销量的提升，采购量相应增加，但是门店利润空间大幅提升。可见，协同合作、信息共享为供应链降低了成本，提升了利润空间。

总之，供应链成员企业"VM"集团和各级别客户，在仓配中心提供的供应链服务下，实现了不同程度的协同合作，赢得了市场利润。

【参考知识】

一、采购管理概述

采购从广义上可以分为两类：贸易商（merchant）采购和工业买家（industrial buyer）。贸易商包括批发商和零售商，其购买目的是为了再销售。一般来说，贸易商大多是批量购买商品，以获得数量多带来的折扣和其他好处，如运输和仓储更经济、更有效。典型的工业买家是制造企业，主要目的是购买原材料，然后转换其形态。在制造领域，采购被视为对企业价值和战略具有重要贡献的因素，因为它可以影响到产品设计、产品质量、商品销售的成本、周期等，最终影响企业的赢利和竞争地位。

（一）采购的战略作用与管理目标

采购和购买两个术语在范围上有所不同。购买（purchasing）是指物流实现所有权转移的具体过程以及该过程中包含的相关活动。采购（procurement）包括购买、运输、仓储、收货等。采购是一个复杂的过程。然而，采购的过程并不是各种活动的机械叠加，它是对一系列跨越组织边界活动的成功的实施。采购是制造商为获取与自身需求相吻合的货物和服务而必须进行的所有活动，包括对这些

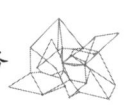

活动的管理。

1. 采购的战略作用

传统上，采购被视为服务于生产的职能，企业管理者对采购的关注程度有限。然而，随着全球竞争的不断深化，管理者认识到大批量的原材料采购和在制品库存对生产成本、质量、新产品开发和运送时间等都有着显著影响。明智的经理们开始从供应链的视角将采购视为关键战略业务流程加以重视，而不仅仅是将其作为辅助支持职能对待。

在供应链环境下，采购的战略作用日益显现。采购使公司把资源解放出来投入销售、营销、分销，以及利润更高的产品上，从而改善公司的资产负债表状况。采购职能一直是影响公司赢利能力的关键因素，并直接影响到供应链的利润水平。采购对公司和供应链利润具有很大的杠杆作用。对很多制造企业而言，外部采购占据了公司费用的最大部分。从这个意义上说，采购管理是降低成本最直接的方法。从整个供应链整体目标最优来看，采购是一种战略性的活动。

采购的战略作用在于以支持企业整体目标的方式，执行与采购相关的活动。采购通过其作为企业跨边界的职能之一的关键作用，对企业的战略成功做出了许多贡献：

（1）帮助企业重新修订战略。采购过程中，通过与供应商的外部接触，可以获得有关新技术、潜在新材料或服务、新的供应货源和市场条件的改变等方面的重要信息。通过传递这些竞争信息，采购能够帮助企业重新修订企业战略，以充分利用市场机会。

（2）支持企业引领或创新市场。采购能够通过识别和开发新的和已存的供应商来帮助支持企业战略的成功。在新产品和服务开发的早期，获得供应商或是变更已有的供应商能够缩短开发时间。这是因为通过采购可发现并获得一些具有独特优势的供应商的支持，将他们的新技术和新思想融入新产品和服务开发中，可以压缩开发时间，提升产品和服务的性价比。将基于这种概念的产品和服务迅速带入市场，有可能使企业成为市场的领导者或创新者。

（3）为其他职能提供价值。采购的作用范围包括从支持作用到战略作用。尤其是一个精明的企业在认识到了采购的重要作用后，在供应链管理的重要决策中会同时考虑采购的影响，从采购方面获得更多的信息并基于这些信息进行前瞻性预测，以支持其他职能部门的需要。采购活动为其他职能领域提供了价值，反过来，这种支持将导致这些职能领域对采购活动价值的更大认可，并积极参与采购决策和支持采购活动。

2. 采购管理的目标

供应链采购管理的主要目标是在总成本最低的前提下，保证原材料的供应不会中断，提高成品生产的质量，保证客户满意度最大化。采购管理的目标可以细化为以下诸多方面：

（1）为企业的运作提供所需的不间断的原材料、物品和服务。

（2）将存货投资和损失降到最低的程度。

（3）保持和提高质量。

（4）寻找或开发具有竞争优势的供应商。

（5）尽可能使采购的产品标准化。

（6）以最低的总成本采购所需的产品和服务。

（7）提高企业的竞争地位。

（8）与企业内其他职能部门取得融洽的、有利于提高估产效率的关系。

（9）以尽可能低的管理成本实现采购的目标。

此外，采购活动中需要关注五个恰当：

• 恰当的数量，实现采购的经济批量，既不积压又不造成短缺；

• 恰当的时间，实现及时化采购，既不能提前，给库存带来压力，也不能滞后，给生产带来停顿；

• 恰当的地点，实现最佳的物流效率，尽可能解决采购成本；

• 恰当的价格，实现采购价格的合理化，价格过高会造成浪费，价格过低则可能造成质量难以保证；

• 恰当的来源，力争实现供需双方的合作与协调，达到双赢。

（二）供应链采购流程管理

供应链采购管理包括三个最基本任务。其一，要保证企业所需的各种物资的供应；其二，从资源市场获取各种信息，为企业物资采购和生产决策提供信息支持；其三，要与资源市场建立友好和有效的关系，为企业营造一个有效的资源环境。这些可以勾勒出采购过程所包含的基本活动和流程，这些活动及流程都跨越了企业内部的功能边界，延伸在企业的供应链上。由此，基于供应链的采购管理模式也展现了新的内涵。

1. 供应链采购的基本流程

在基于相应的采购管理机构和管理机制，以及自制与外包决策既定的基础

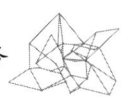

上，供应链环境下采购的基本流程由以下几个方面组成：

（1）采购需求分析。弄清楚企业希望采购一些什么物资，采购数量为多少，什么时候需要什么样的物资等。掌握企业全面的物资需求，为制订科学合理的采购订货计划做准备。

（2）资源市场分析。即根据企业所需的物资品种和采购类型分析资源市场情况，包括资源分布情况、供应商情况、品种质量、价格情况和交通运输情况等。资源市场分析的重点是供应分析和品种分析。通常有关资源市场的信息并不总是清晰的，需要下功夫做一些研究。

（3）制订采购计划。根据企业物资需求种类、采购类型、资源市场状况，制订出切实可行的采购订货计划，包括对供应商的要求、供应品种、具体的订货策略、运输策略和具体的实施进度计划等。

（4）供应商选择。根据采购计划和前几个步骤的分析，决定供应商选择的标准和数量。首先初步筛选符合要求的供应商，然后对初选的供应商进行考察和评估。这个过程主要了解供应商所处的市场类型。供应商可以处于一个完全竞争的市场（有许多供应商），或者寡头市场（有少数几个大的供应商），或者垄断市场（一个供应商）。了解这些信息有助于采购专业人员决定供应商的数量、权力与依赖关系的平衡、哪种采购方式最为有效，如谈判、竞争投标等。最后，在考察评估的基础上，通过与供应商的沟通互动，决定最终要选择的供应商。

（5）采购计划实施。依据具体的采购计划执行实施，包括联系指定的供应商、贸易洽谈、签订购货合同、运输进货、到货验收和支付货款等。

（6）采购过程监控。在整个采购过程中需要进行相应的监控工作，包括采购流程的效率和效能、采购资金的支付情况等。

（7）采购评价。在一次采购完成后应对本次采购进行评价，主要评估采购活动的效果，总结经验教训，寻找问题，提出改进意见等。

以制造企业为例，采购流程主要由四个环节构成，见图6-21。

2. 基于供应链的采购管理模型

采购管理是供应链管理的重要环节，是实施供应链管理的基础。图6-22给出了基于供应链的采购管理模式。

在图6-22的模型中，采购部门负责对整个采购过程进行组织、控制和协调。它是企业与供应商联系的纽带。企业内部的管理信息系统根据订单编制生产计划和物资需求计划。供应商通过信息交流、处理来自企业的信息，来预测企业需求

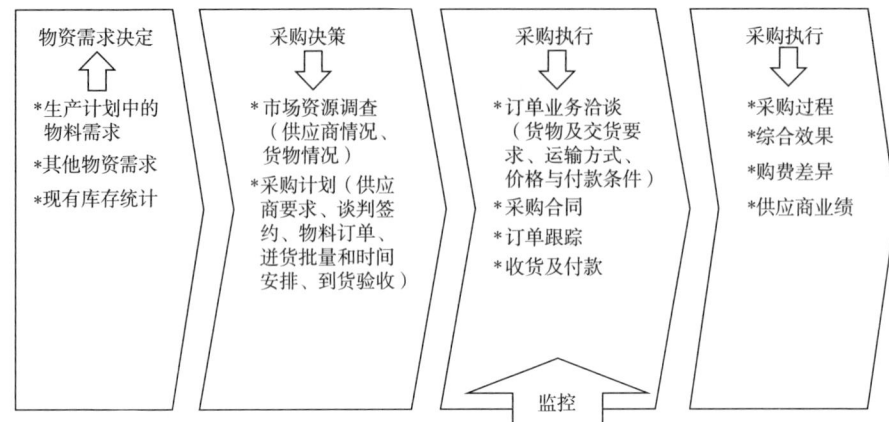

图 6-21　制造企业采购流程

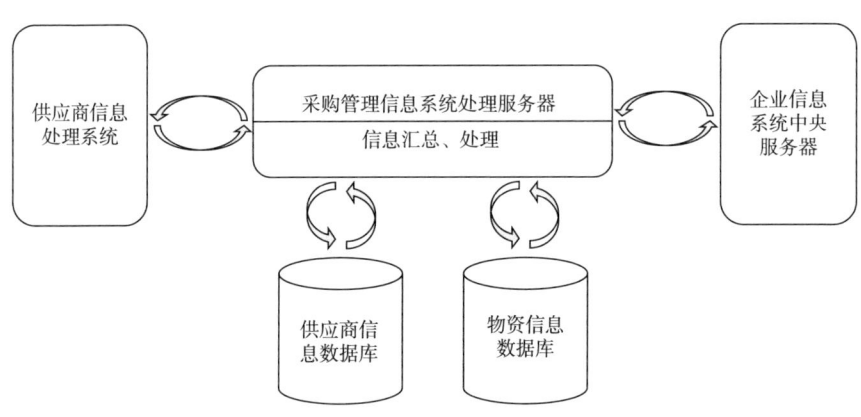

图 6-22　基于供应链的采购管理模式

以便备货，当订单到达时按时发货。这个模式是以信息为支撑的，畅通的信息流是实现该模式的必要条件。

　　该模式中的信息又可分为内部信息交流系统和对外信息传递系统。内部信息交流系统不仅要考虑如何合理应用企业内部资源来提高效率和降低成本，还需要考虑能够很好地支持基于供应链的采购管理，并能很好地与企业其他系统有机集成。对外信息传递系统既要考虑使用能够进行统一规范数据编辑和传递的技术，如 EDI 系统，又要考虑对供应商提供必要的信息技术的支持，因为信息平台的使用是要双方同时进行才可实现的，而且平台的兼容性是不得不考虑的内容。所以，采购管理要为供应商提供良好的信息技术支持，并保证信息畅通和双方便于

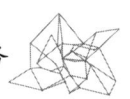

交流，同时也力求整个系统的稳定。

二、供应链合作伙伴关系

理解供应链合作关系是进行有效的协同关系管理的基础。随着经济环境的不断发展和变化，供应链合作关系也经历了一个演变和发展的过程，从而形成了今天协同竞争经济环境下新的合作关系特点。

在供应链管理中，合作伙伴关系和战略合作伙伴关系是经常提及的术语。以下就其概念问题进行讨论，进而结合现实的供应链运作，勾勒合作伙伴关系的类型。

乔尔·D. 维斯纳（Joel D. Wisner）在对供应链管理的研究中引用了一个形象的描述：如果将飞机定义为一架有千百万个零部件组成的飞行器，那么，一家航天公司就可以定义为这家公司，以及几百家与之和谐相处、密切协作的供应商组成的体系。这不仅表明了公司与供应链的生存辩证关系，也揭示了供应链生存与发展的辩证关系，即合作伙伴要和谐相处、紧密协作。同时他还引用了一些观点来进一步阐释这种合作关系：真正的合作伙伴关系是双方以一种正规项目小组或流程的形式，在工程、生产、研发甚至市场和采购方面相互合作，并成为对方制定目标的一部分。

在供应链管理的研究中，合作伙伴关系（partnership）又称供应链合作伙伴关系（supply chain partnership）、供应联盟（supplier alliance）、供应商—制造商关系（supplier‑manufacturer partnership）、卖主/供应商—买主关系（vendor/supplier‑buyer partnership）、供应商关系（supplier partnership）等。到目前为止，对供应链合作关系概念的阐述主要包括合作关系是什么及其概念的延伸。

关于合作关系的界定，美国学者罗伯特（Robert）等人认为：伙伴关系是供应商和买方在一段较长时间内达成的承诺或协议，其内容包括信息公开、分享和分担由于伙伴关系带来的利益和风险等，也即伙伴关系必须建立在合作和信任的基础之上。英国学者约翰（John）等人认为，伙伴关系是指在没有共同所有权情况下达到横向系统集成效果的有效方法，是供应商与买方的一种进行式关系，其中，供需双方就供应商产品的订货和配送的基本策略、目标以及步骤等达成一致。目前普遍认同的一种观点是：合作伙伴关系是合作各方为了近期或远期的共同目标，以信任为基础，以供需为纽带，以双赢（多赢）为目标而结成的战略联盟。这种界定比较有涵盖性，它基于供应链流程的角度，把任意上下游流程间的关系看作供需关系，以此为纽带而发生合作关系，以信任为基础、以双赢为目标，构成了合作伙伴关系。

关于合作关系概念的延伸，美国《采购杂志》通过对读者调查做了这样一段描述：全国范围内各公司的供应、外包和采购的专家都认为，更加紧密的供应商合作伙伴关系对于企业的竞争优势至关重要。企业都认识到与供应商建立双赢的、长期的关系很重要，这种关系之所以重要，是因为通过这种关系，企业的客户和供应商之间建立了紧密的联系，这种关系应该是战略性的而非战术性的，参与方都能够从中受益。与关键供应商建立的合作伙伴关系有利于公司的创新和竞争优势的确立。选择正确的供应商伙伴并管理这样的关系非常重要。美国供应链学院对这个术语的解释是：供应商合作伙伴关系是在一定时间内双方一起工作的承诺，为了双方的利益，分担相关信息、风险和奖励。这样一种关系需要对未来的预期有清晰的理解、开放的交流和信息交换、相互信任和共同的发展方向。好的供应商关系是进行全程供应链整合的必要因素。

此外，在对供应链合作关系的讨论中还涉及"战略合作伙伴关系"这一术语，尽管目前还没有明确的界定，但伙伴关系和战略伙伴关系在概念上和在实际的供应链管理中有明显区别。这里立足于供应链核心企业流程层面来界定这两者的关系，把供应商和分销商都以流程为纽带归并于合作关系方。由此做这样的界定：

（1）供应链合作伙伴关系：供应链参与各方为完成共同的协作业务流程并实现其目标，而结成的基于互惠、互利、互信、共享、责任与风险共同分担的协作联盟。

（2）供应链战略合作伙伴关系：供应链合作者为达成未来战略愿景而形成的相互依赖、更深层次的长期合作联盟。

三、合作伙伴关系的类型及匹配

在现实经济活动中，供应链伙伴合作的动力源于四大驱动要素：期望获取企业单独研发无法实现的新技术，期望获取企业单独投资资本过高的技术，期望获取企业自有、发展和维护成本过高的某种能力，期望通过合作获取与对方共同拥有的核心竞争能力。

合作涉及的面非常广，涉及许多不同类型的合作伙伴，涉及广泛的共同活动，从业务单元之间的信息共享，到复杂的长期产品研发与市场营销项目。所以，开发和管理合作伙伴关系需要结合企业实际识别和理解合作伙伴关系的类型，在关系的发展过程中要注意合作伙伴关系的匹配问题。

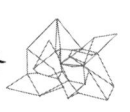

在供应链管理中潜在的合作伙伴可分为三大类：客户、物料供应商和支持供应链运作的服务提供商，如合同制造商、第三方物流提供商等。与不同的伙伴之间建立的合作伙伴关系并非都是相同的，可能会有迥然不同的特征。图6-23给出了不同类型合作伙伴关系的匹配矩阵，其中，横轴以合作伙伴数量表示合作伙伴关系的相对广度，纵轴表示合作的相对深度；整个合作伙伴关系匹配矩阵中定义了四类不同的合作伙伴关系：交易型合作、协作型合作、协调型合作和协同型合作。

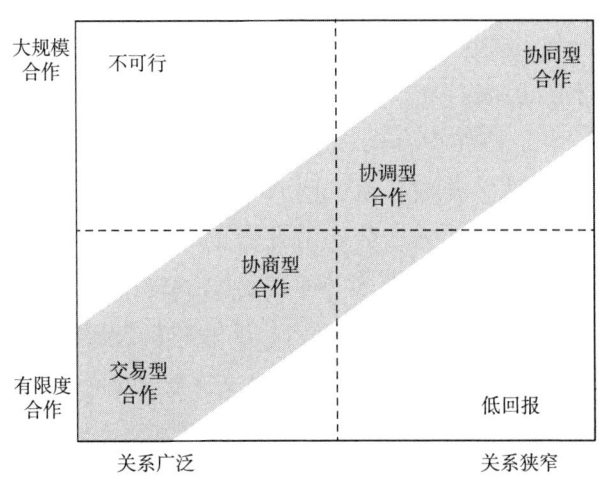

图6-23 供应商合作伙伴关系匹配矩阵

可以注意到，这四类不同程度的合作伙伴关系的边界是模糊的，因为合作伙伴关系是一个连续统一体。同时，单纯的两维变量分类难免有局限性，因此，可以利用不同的组合变量，如投资水平、技术合作依赖度等来描述合作伙伴关系的深广度，还可利用组合变量建立多维模型。合作伙伴关系的称谓并不重要，重要的是能够识别导致不同合作伙伴关系产生差异化的不同特征。首先，选择每个特征对于合作伙伴关系成功的贡献程度，然后拟订达成合作成功的计划。事实上，企业向特定供应商采购物料或将产品销售给特定的客户，两家企业之间就隐含着一种关系，却未必意味着彼此存在合作。所有的关系不尽相同，所有的合作也有差异。企业在开始系统地建立与供应链伙伴之间的合作伙伴关系之前，必须先了解合作伙伴关系的程度与企业特定的需求。通常，如果企业具有广泛伙伴的广度合作伙伴关系，比较适合采用有限度的深度合作伙伴关系。下面将讨论如何决定与各个供应链伙伴的合作程度。

（1）交易型合作。交易型合作是以合作伙伴之间最有效率、最有效益地执行交易为目标。但这并不表示这种合作伙伴关系没有战略价值。然而，交易型合作关系伙伴很少专注于降低供应链管理成本及提高供应链收益，其专注的焦点是提高交易执行的简捷性。如，通过剔除持续不断的重新谈判来降低交易费用。交易型合作通常用于通用物料的采购活动，主要是依据价格，决定与之交易的供应商。在与这种比较不具战略重要性的供应链伙伴合作时，企业一方面应最优化日常交易所耗精力，同时需要留意整个交易过程中合作者的综合素材，发现可以进一步发展关系的合作者，它是合作伙伴关系优化时的重要后备资源。交易型合作伙伴关系是最基本的也是至今应用最广的合作模式。

（2）协作型合作。协作型合作具有较高的信息共享水平。供应链伙伴需要提供自动承诺和确认，并共享相关预测、库存可用性、采购订单、订单与交货状态等数据，以 EDI 等方式传递给合作伙伴（即"推动式沟通"），也可以接收者可获得的方式进行公布（即"拉动式沟通"）。在协作型合作伙伴关系中，所提供数据的类型和格式通常已标准化。随着先进技术的不断发展，EDI 已成为目前基本的沟通方式。即使是不具备 EDI 交换能力的企业，互联网技术和企业间网络（extranet）都可以提供电子文档和产品数据管理的支持，提供工作流管理的功能，包括自动指定文件、表格、特定数据与任务的路径。

（3）协调型合作。协调型合作下的供应链伙伴具有更加密切地合作、更加依赖彼此的能力。这类合作伙伴关系需要令信息在合作伙伴之间双向流动，紧密地协调流程的计划和执行。与协作型合作伙伴关系相比，支持协调型合作伙伴关系信息共享的基础设施与流程更为复杂，因此，这种合作模式较适用于更具战略性的关键供应链伙伴。与交易型和协作型关系不同，协调型合作伙伴关系需要更高水平的谈判与妥协。由于协调型合作伙伴关系更具战略性，信息共享水平更高，需要投入专用系统进行信息交换。因此，这类合作伙伴关系需要伙伴双方的长期承诺，需要双方认真履行。也因为这类合作伙伴关系所需的共享流程和系统工程需要投入大量时间和资金，合作双方都期望能从长期的合作伙伴关系中获益。供应商管理库存（vendor-managed inventory）就是一种常见的协调型合作模式。

（4）协同型合作。供应链伙伴的合作程度最深最广的合作伙伴关系就出现在关系匹配矩阵的右上角——协同型合作。协同型合作伙伴关系中，合作伙伴关系已经超越了供应链运作中的各种关系类型和程度，包含了其他关键业务流程。合作伙伴可以共同投资研发项目、供应商开发以及具有知识产权（intellectual

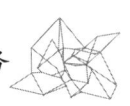

property，IP）的开发项目，从实体资产与知识资产的共享，甚至延伸到了人力资本的共享。协同型合作伙伴关系就是我们常说的战略合作伙伴关系，也称"战略联盟"（strategic alliances）。

在协同型合作伙伴关系中，合作伙伴共同开发信息，而不只是相互传输和交换信息，不仅如此，协同型合作伙伴关系更专注于未来的战略愿景，而不只是专注于短期计划和战术执行。长期商业承诺是协同型合作伙伴关系的一个重要标志。此外，在产品开发战略中，考虑供应链需求的开发项目就是协同型合作伙伴关系的极佳实践。企业将关键物料供应商和合同制造商视为产品开发团队不可或缺的重要成员，就能够使产品设计方案与一流的供应链绩效实施方案匹配。与其他类型的合作伙伴关系只能局限于产品数据的交换不同，协同型合作伙伴关系能够共享产品数据管理系统。总之，在协同型合作伙伴关系层次上，双方共享高水平的集成，每一方把另一方看作是自己公司的一个扩展。通常这种合作伙伴关系并不存在到期日。

当然，协同型合作伙伴关系的形成须经历一个持续的深度开发过程，并且限定在企业的关键业务流程中，控制在适当的数量范围。图6-24描述了这种关系资源开发的层次关联过程。

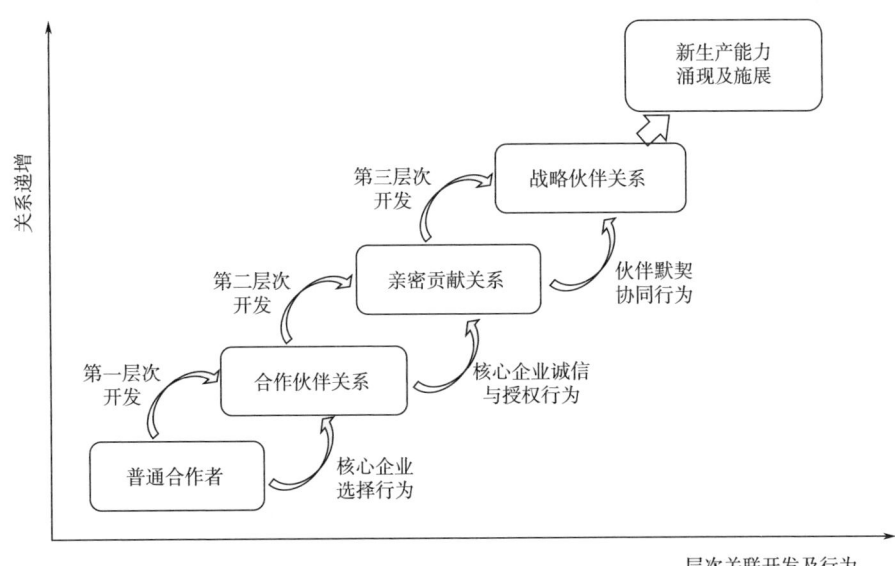

图6-24　战略伙伴关系资源开发的层次关联过程

第七章　供应链库存管理实务

【学习目标】

知识目标：

1. 了解电商平台供应链库存管理策略；

2. 理解供应链市场突变下，销量预测的概念和步骤；

3. 掌握根据销量预测电商平台供应链库存管理策略的制定；

4. 掌握电商平台供应链库存管理方案的实施。

能力目标：

1. 能够合理选择分析方法对市场突变销售数据进行预测；

2. 能够根据销量预测制定电商平台供应链库存管理策略；

3. 能够实施电商平台供应链库存管理方案。

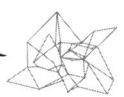

【任务发布】

2022 年 11 月底，战略合作模式下，仓配中心运营部门对"VM 集团"第三方电商平台的健康防护用品"免洗洗手液"和"N95 型口罩"进行销售预测，并根据预测结果选择备货时间，及时按照要求进行备货，以保证未来一周期内的拣货配送订单满足率。

按照第三方电商平台市场营销计划，每月第一周对健康防护用品"免洗洗手液"进行线上促销活动。"免洗洗手液"近一个季度的销售量如表 7-1 所示。

表 7-1　"免洗洗手液"季度销量

周期	第一周	第二周	第三周	第四周	第五周	第六周	第七周	第八周	第九周	第十周	第十一周	第十二周
销售量（件）	380	240	250	260	428	309	322	328	535	427	396	413

同时，在新冠疫情市场环境下，近一年"N95 型口罩"的销售量激增，尤其气温日益降低，冬季即将到来，"VM 集团"积极开展应急备货，以保证线上第三方电商平台订货需求的供应。"N95 型口罩"近三年的销售量如表 7-2 所示。

表 7-2　"口罩"近三年销量

季节	冬	春	夏	秋	冬	春	夏	秋	冬	春	夏	秋
销售量（件）	15 800	14 404	12 925	14 600	16 285	15 009	13 213	15 286	33 350	35 270	34 266	40 138

【任务实施】

任务一　电商平台销量预测

健康防护用品"免洗洗手液"和"N95 型口罩"在第三方电商平台的销售量预测。

销售预测是指对未来特定时间内全部产品或特定产品的销售数量与销售金额

的估计。销售预测是在充分考虑未来各种影响因素的基础上，结合本企业的销售实绩，通过一定的分析方法提出切实可行的销售目标。

"免洗洗手液"和"N95型口罩"的销量数据来自第三方电商平台，根据前面第三章设备选型的结论可知，此两种货品的配送订单皆选择流利式货架存储区和 AGV（automated guided vehicle，自动导引运输车或无人搬运车）存储区进行拣选出库。同时目前所掌握的数据指标少、数据量小，仅覆盖近三年各季度销量和近一个季度的周销量，故不再适用回归预测分析进行销量预测。故选择采用 Excel 图表法、"Forecast"函数法、移动平均法灵活预测"免洗洗手液"和"N95型口罩"的销售量。需要强调的是，销量预测永远都是偏离实际销量的，但是，应用科学的预测方法、切实的动态调整预测参数，合理减少与实际销量的偏离才是销量预测的目的。

一、数据采集

"免洗洗手液"近一个季度的销售量如表7-3所示。

表7-3 "免洗洗手液"的销量

周期	第一周	第二周	第三周	第四周	第五周	第六周	第七周	第八周	第九周	第十周	第十一周	第十二周
编号	1	2	3	4	5	6	7	8	9	10	11	12
销售量（件）	380	240	250	260	428	309	322	328	535	427	396	413

"N95型口罩"近三年的销售量如表7-4所示。

表7-4 "N95型口罩"的销量

季节	冬	春	夏	秋	冬	春	夏	秋	冬	春	夏	秋
编号	1	2	3	4	5	6	7	8	9	10	11	12
销售量（件）	15 800	14 404	12 925	14 600	16 285	15 009	13 213	15 286	33 350	35 270	34 266	40 138

对"免洗洗手液"的市场营销计划是每月第一周开展促销活动，所以对于此货品的预测周期单位为"周"，而对"N95型口罩"的销售计划是针对可能暴发疫情的冬季开展的，所以对于此货品的预测周期为"季"。

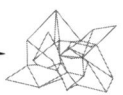

二、数据分析

（一）“免洗洗手液”的销售预测

1. 数据清洗分析

利用 EXCEL 对初始数据绘制离散图，如图 7-1 所示。

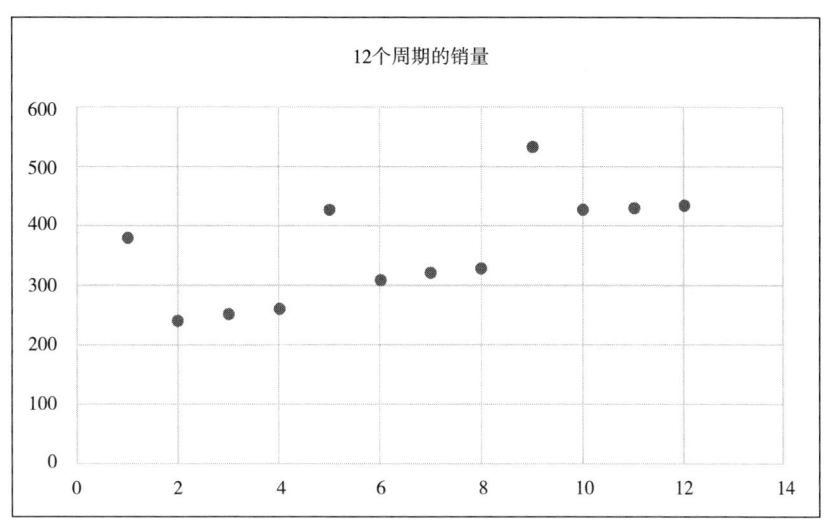

图 7-1　“免洗洗手液”销量离散图

从图 7-1 中可见，销量呈周期性，符合每月第一周促销带动销量增加的情况。清洗突变数据（每月第一周销量），可以观测到销量数据呈线性递增趋势，所以选择线性回归法对第 13 个周期的销量进行预测。线性回归（linear regression）是利用线性回归方程的最小二乘函数对一个或多个自变量和因变量之间的关系进行建模的一种回归分析，如图 7-2 所示。

E5

	A	B
1	1	
2	2	240
3	3	250
4	4	260
5	5	
6	6	309
7	7	322
8	8	328
9	9	
10	10	427
11	11	430
12	12	435

图 7-2　清洗突变数据

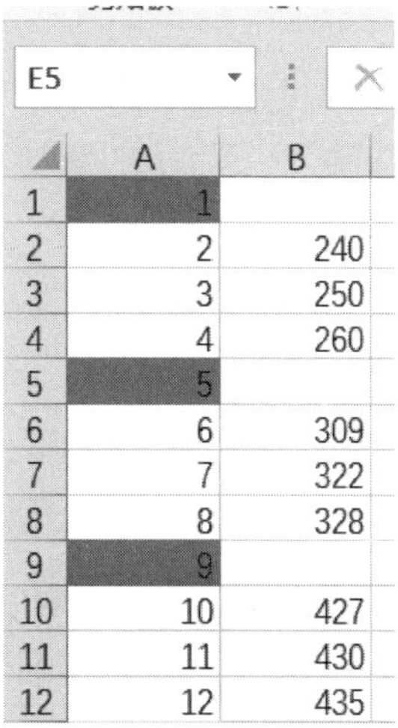

回归分析中，若只包括一个自变量 X 和一个因变量 Y，且二者的关系可用一条直线近似表示，这种回归分析称为一元线性回归分析。线性回归可以对观测数据集和 X 的值拟合出一个预测模型。当完成这样一个模型以后，对于一个新增的

X 值，在没有给定与它相配对的 Y 的情况下，可以用这个拟合过的模型预测出一个 Y 值。一元线性回归公式如下：

$$T_t = b + at$$

式中，T_t ——预测销售量；

　　a，b ——线性变化常量；

　　　t ——周期序号。

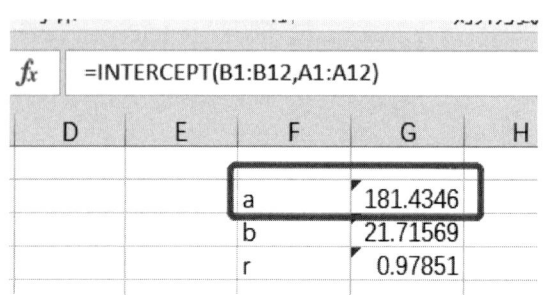

图7-3　系数 a 的计算公式

2. 应用 Excel 的统计函数（如图 7-3 所示）

利用现有的 x 值与 y 值计算直线与 y 轴的截距，如图 7-4 所示。截距为穿过已知的 known_ x's 和 known_ y's 数据点的线性回归线与 y 轴的交点。当自变量为 0（零）时，使用 INTERCEPT 函数可以决定因变量的值。

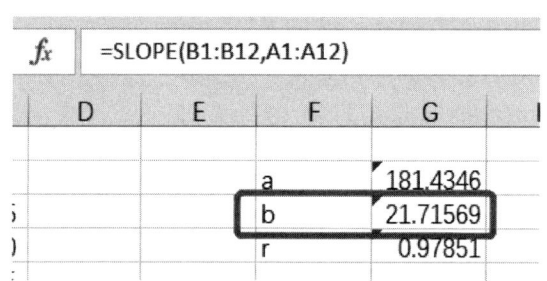

图7-4　系数 b 的计算公式

返回根据 known_ y's 和 known_ x's 中的数据点拟合的线性回归直线的斜率。斜率为直线上任意两点的垂直距离与水平距离的比值，也就是回归直线的变化率。

函数格式：SLOPE（known_ y's，known_ x's）。

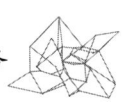

返回 known_ y's 和 known_ x's 之间的相关系数，以确定两种属性之间的关系，如图 7-5 所示。

图 7-5　相关系数 r 的计算公式

函数格式：CRREL（known_ y's，known_ x's）。其中 known_ y's 和 known_ x's 是样本的平均值。

右击散点图数据，添加趋势曲线，为实际销售绘制销售趋势曲线，如图 7-6 所示。

图 7-6　添加销量趋势曲线

趋势线选项选择"线性";设置截距为"180",如图 7-7 所示;勾选"显示公式""显示 R 平方值"。

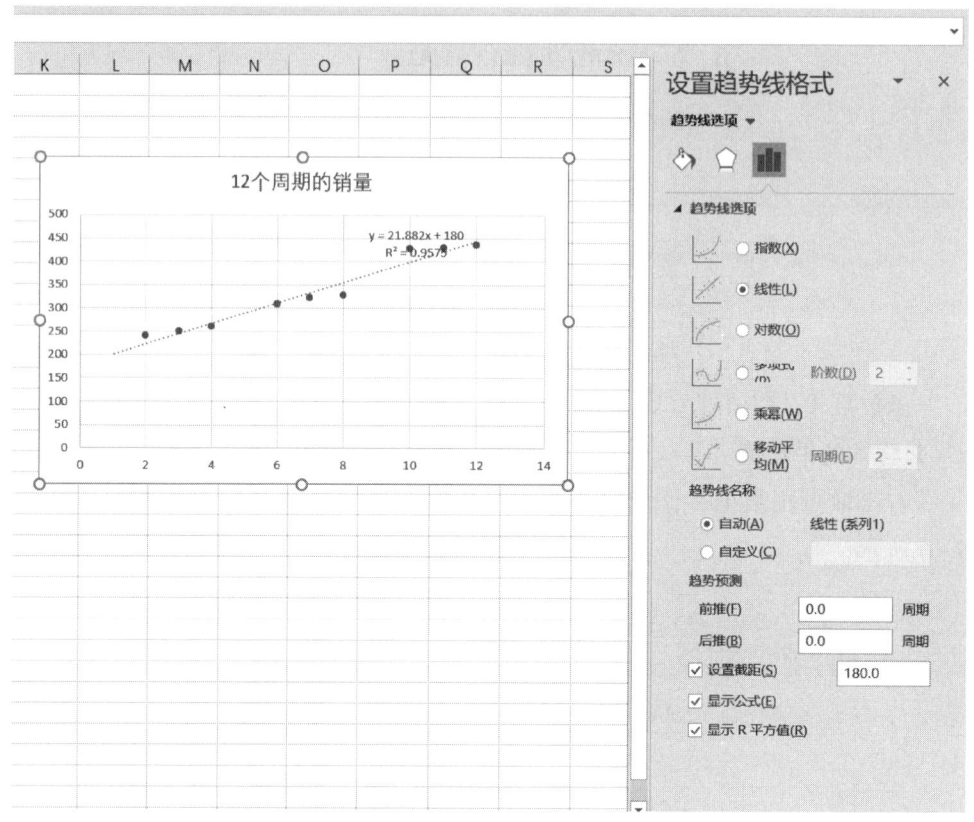

图 7-7　趋势线设置截距

也可利用 LINEST（）函数绘制趋势线:

函数格式:LINEST（known_ y's, known_ x's, const, stats）

known_ y's:关系表达式中的 $y=a+bx$ 中的 y 值集合;known_ x's:关系表达式中的 $y=a+bx$ 中的 x 值集合;Const:逻辑值,用以制定是否将 b 强设为 0;Stats:逻辑值,用以制定是否返回附加回归统计值。只有一个自变量 x 时,也可以直接利用 INDEX（LINEST（known_ y's, known_ x's）, 1）返回回归曲线斜率,利用 INDEX（LINEST（known_ y's, known_ x's）, 2）返回 Y 轴截距。

3. 季节性系数修正

"免洗洗手液"近一个季度的销售量和预测量见表 7-5,据以绘制销售量趋

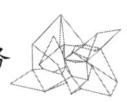

势线如图 7-8 所示。

表 7-5　　　"免洗洗手液"销量预测

周期	1	2	3	4	5	6	7	8	9	10	11	12	13
销售量（件）	380	240	250	260	428	309	322	328	535	427	396	413	
预测销量（件）			222	243	264	285	306	327	348	369	390	411	432

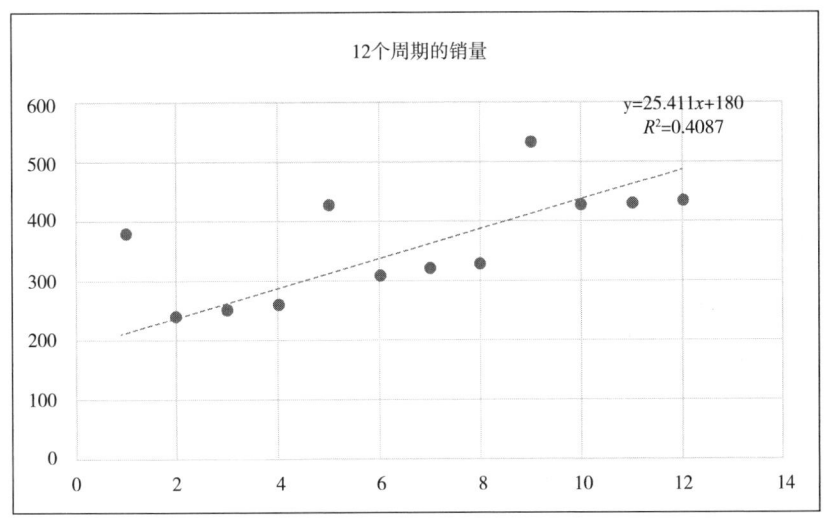

图 7-8　销量趋势曲线

"免洗洗手液"的销量呈周期性递增，为了达到下周（月初第一周促销活动）突变的销售数据预测，降低与实际销量的偏离量，将周期性影响系数应用于需求预测。

选取之前各月第一周的实际销量数据和预测销量数据，和对第 13 个周期影响最大、最靠近第 13 个周期的月初第一周数据（即第 5 周期数据和第 9 周期数据），如图 7-9 所示。

图 7-9　季节性销量数据分析

计算季节性修正系数：

$$SI = \frac{\dfrac{A_5}{T_5} + \dfrac{A_9}{T_9}}{2}$$

得

$$SI = \frac{\dfrac{428}{305} + \dfrac{535}{405}}{2} = 1.48$$

$$T_{13} \times SI = 671（件）$$

所以，第13周的预测销量为671件。

预测第14~16周的销量，可以根据预测模型得到，结果见表7-6。

表7-6　第14~16周的销量预测

周期	14	15	16	总计
销售量（件）	348	360	372	1080

（二）"N95型口罩"的销售预测

1. 数据清洗分析

利用Excel绘制离散图，如图7-10所示。

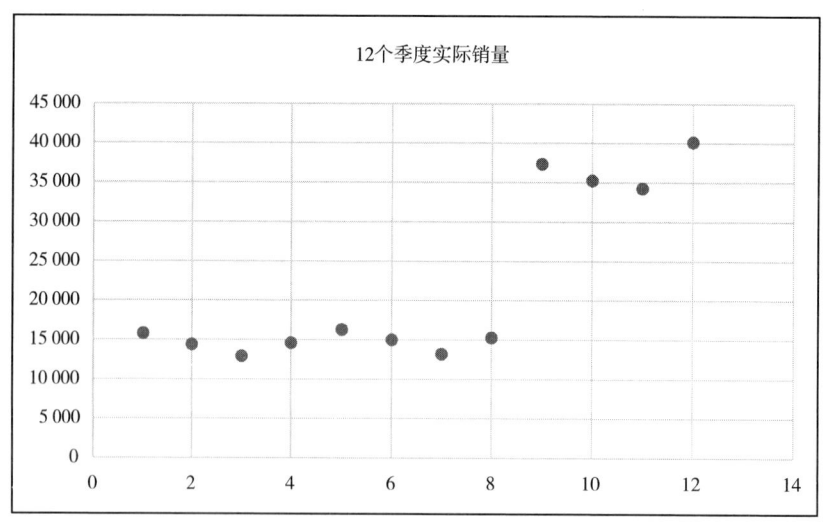

图7-10　"N95型口罩"销量离散图

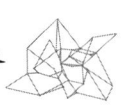

由离散图可以观察到,"N95 型口罩"销量原本呈现连续周期性状态。但由于近年新冠疫情的影响,尤其近一年病毒变株的传染性大幅增强,"N95 型口罩"销量激增,且随着季节的推进,仍保持周期性变化。根据疫情发展态势,预测即将到来的冬季货品销量将呈大幅上升趋势。近一年的突变型数据对于未来一个预测周期的预测结果具有决定性影响,所以不应该将其清洗。数据保持不变。

2. 应用 Excel 的统计分析

由于近一年新冠疫情的爆发,销量数据呈突变性周期递增变化,线性回归分析不再适用下一个预测周期的货品销量预测。

右击散点图数据,添加趋势曲线,为实际销售绘制销售趋势曲线,如图 7-11 所示。

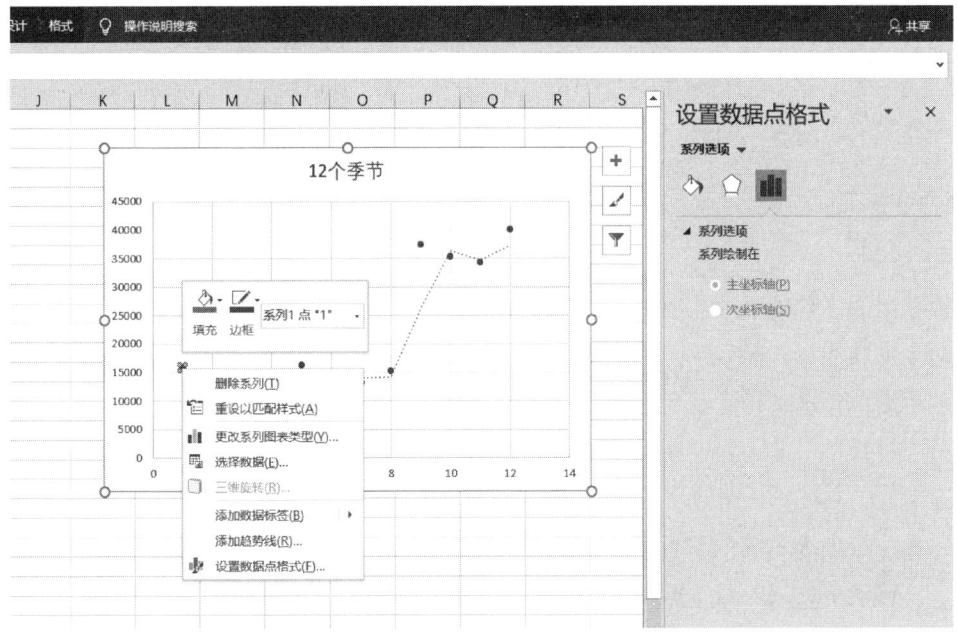

图 7-11 添加"N95 型口罩"销量趋势线

尝试选择"趋势线选项",观测到周期为 2 的"移动平均曲线"更为符合数据变化态势,如图 7-12 所示。

移动平均法是用一组最近的实际数据值来预测未来一期或几期的数值的一种常用方法。移动平均法适用于即期预测。当产品需求既不快速增长也不快速下降,且不存在季节性因素时,移动平均法能有效地消除预测中的随机波动,是非

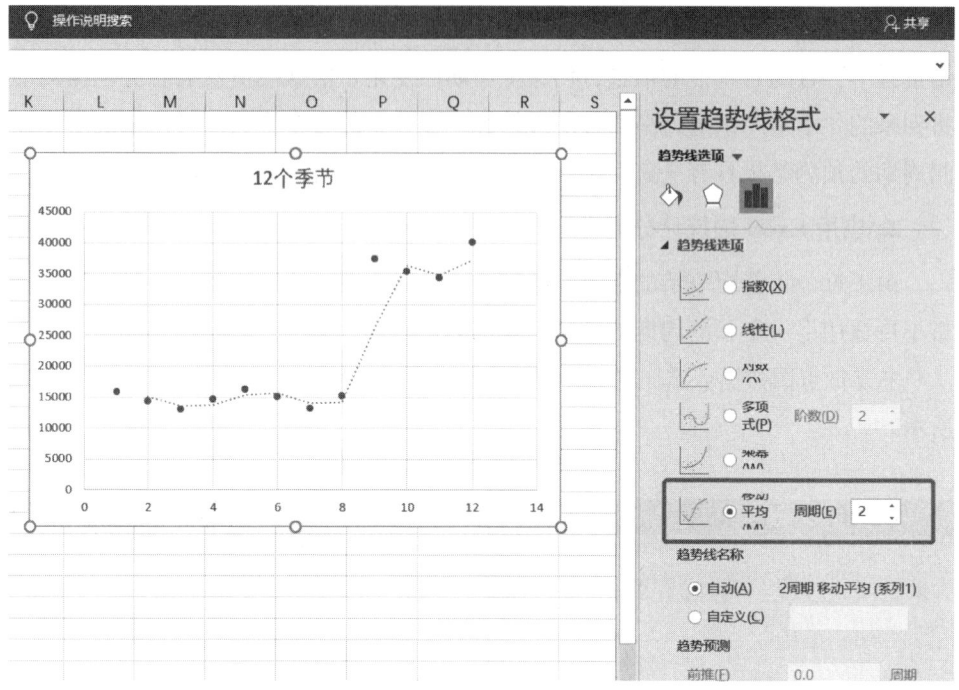

图 7-12　销量移动平均趋势

常有用的。移动平均法根据预测时使用的各元素的权重不同，可以分为：简单移动平均和加权移动平均。

简单移动平均的各元素的权重都相等。简单的移动平均的计算公式如下：

$$T_t = (A_{t-1} + A_{t-2} + \cdots + A_{t-n})/n$$

式中，T_t 为对下一期的预测值；n 为移动平均的时期个数；A_{t-1} 为前期实际值；A_{t-2} 和 A_{t-n} 分别表示前两期直至前 n 期的实际值。

移动平均法的基本原理，是通过移动平均消除时间序列中的不规则变动和其他变动，从而揭示出时间序列的长期趋势。

移动平均法有以下特点：

（1）移动平均对原序列有修匀或平滑的作用，使得原序列的上下波动被削弱了，而且平均的时距项数 N 越大，对数列的修匀作用越强。

（2）移动平均时距项数 N 为奇数时，只需一次移动平均，其移动平均值作为移动平均项数的中间一期的趋势代表值；而当移动平均项数 N 为偶数时，移动平均值代表的是这偶数项的中间位置的水平，无法对正某一时期，则需要再进行

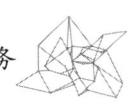

一次相邻两项平均值的移动平均，才能使平均值对正某一时期，这称为移正平均，也成为中心化的移动平均数。

（3）当序列包含季节变动时，移动平均时距项数 N 应与季节变动长度一致，才能消除其季节变动；若序列包含周期变动时，平均时距项数 N 应和周期长度基本一致，才能较好地消除周期波动。

（4）移动平均的项数不宜过大。

本任务也可以利用 Excel 数据分析对"N95 型口罩"的销售数据进行预测：工具（T）→数据分析（D），打开"数据分析"选项框，选中"移动平均"，如图 7-13 所示。

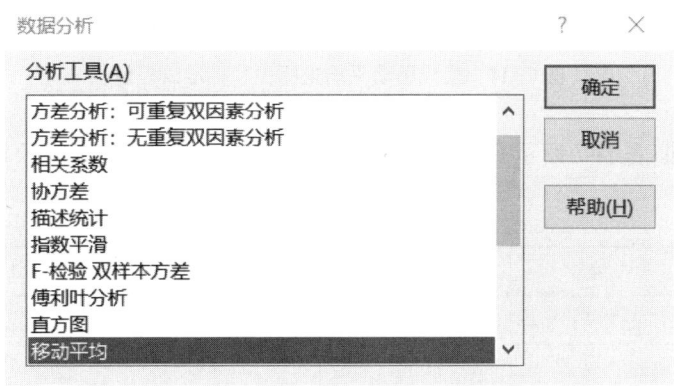

图 7-13　移动平均分析工具

确定以后，弹出移动平均对话框，按如下步骤进行设置：

（1）将光标置入"输入区域"对应的空白栏，然后选择"实际销售量"数据列；

（2）选中"标志位于第一行（L）"

（3）在间隔中键入"2"，表示将时间序列数据每两个周期进行移动平均（即取 $n=2$）；

（4）将光标置入"输出区域"对应的空白栏，选中从 D3 到 D14 的单元格，作为计算结果的输出位置；

（5）选中"图表输出"和"标准误差"，这样会自动生成移动平均坐标图和标准误差值，如图 7-14 所示。

完成上述设置以后，点击确定，即可得到计算结果，包括移动平均结果及其

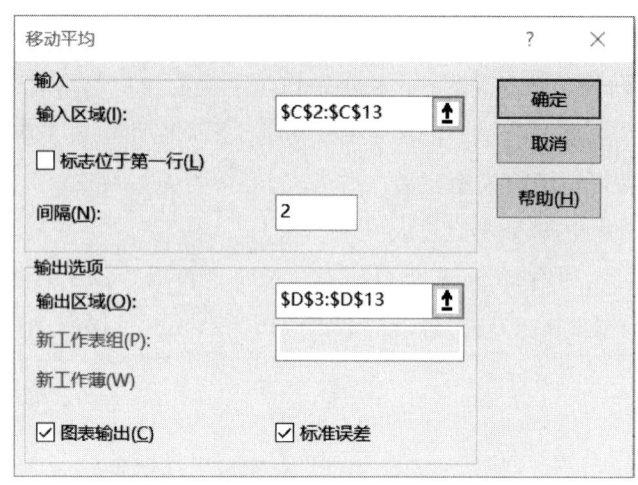

图7-14 生成移动平均坐标图和标准误差值

标准误差（如表7-7所示），以及移动平均曲线图（如图7-15所示）。

表7-7 移动平均预测及误差

季节	编号	实际销量	T=2预测销量	T=2标准差
冬	1	15 800		
春	2	14 404	#N/A	#N/A
夏	3	12 925	15 102	#N/A
秋	4	14 600	13 665	719.049 459 4
冬	5	16 285	13 763	790.021 044
春	6	15 009	15 443	840.003 720 2
夏	7	13 213	15 647	747.278 478 9
秋	8	15 286	14 111	778.924 900 1
冬	9	37 350	14 250	969.725 798 9
春	10	35 270	26 318	7 835.156 548
夏	11	34 266	36 310	7 835.388 44
秋	12	40 138	34 768	816.579 451 1

点击D列数据，可以查看到这里的数据公式为："average（C2：C3）"，即对前两个周期的销售数据取均值并作为本期预测数据，如图7-16所示。

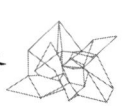

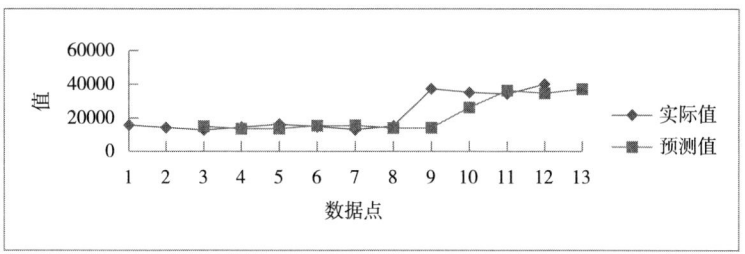

图 7-15 $n=2$ 移动平均

季节	编号	实际销量	T=2预测销量	T=2标准差
冬	1	15800		
春	2	14404	#N/A	#N/A
夏	3	12925	15102	#N/A
秋	4	14600	13665	719.0494594
冬	5	16285	13763	790.021044
春	6	15009	15443	840.0037202
夏	7	13213	15647	747.2784789
秋	8	15286	14111	778.9249001
冬	9	37350	14250	969.7257989
春	10	35270	26318	7835.156548
夏	11	34266	36310	7835.38844

公式栏：=AVERAGE(C2:C3)

图 7-16   本期预测数据

点击 E 列数据，可以查看这里的数据公式为"SQRT（SUMXMY2（C3：C4，D4：D5）/2）"，即对预测数据做标准差计算，如图 7-17 所示。

季节	编号	实际销量	T=2预测销量	T=2标准差	
冬	1	15800			
春	2	14404	#N/A	#N/A	
夏	3	12925	15102	#N/A	
秋	4	14600	13665	C4,D4:D5)/2)	
冬	5	16285	13763	790.021044	
春	6	15009	15443	840.0037202	
夏	7	13213	15647	747.2784789	
秋	8	15286	14111	778.9249001	
冬	9	37350	14250	969.7257989	
春	10	35270	26318	7835.156548	
夏	11	34266	36310	7835.38844	
秋	12	40138	34768	816.5794511	
			37202	2106.193248	

公式栏：=SQRT(SUMXMY2(C3:C4,D4:D5)/2)

图 7-17   预测数据做标准差计算

同样，当 $n=3$ 时，得到的移动平均结果如表 7-8 和图 7-18 所示。

表 7-8　$n=3$ 时，移动平均结果

季节	编号	实际销量	$T=3$ 预测销量	$T=3$ 标准差
冬	1	15 800		
春	2	14 404	#N/A	#N/A
夏	3	12 925	#N/A	#N/A
秋	4	14 600	14 376	#N/A
冬	5	16 285	13 976	#N/A
春	6	15 009	14 603	1 332.082 497
夏	7	13 213	15 298	1 048.885 74
秋	8	15 286	14 836	1 359.481 628
冬	9	37 350	14 503	1 053.593 727
春	10	35 270	21 950	8 952.037 478
夏	11	34 266	29 302	9 546.393 767
秋	12	40 138	35 629	9 568.074 54

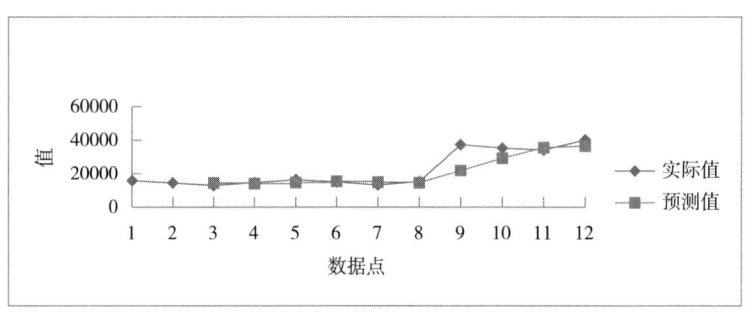

图 7-18　$n=3$ 移动平均

可以观测到，移动周期 $n=2$ 时的标准差低于 $n=3$ 时的标准差，所以选择移动周期为 2 的移动平均，预测即将到来的"N95 型口罩"冬季的销售数据，如表 7-9 所示。

表 7-9　"N95 型口罩"冬季销售数据

季节	编号	销售量（件）	预测销量（件）
冬	1	15 800	
春	2	14 404	#N/A

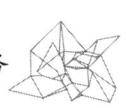

续表

季节	编号	销售量（件）	预测销量（件）
夏	3	12 925	15 102
秋	4	14 600	13 665
冬	5	16 285	13 763
春	6	15 009	15 443
夏	7	13 213	15 647
秋	8	15 286	14 111
冬	9	33 350	14 250
春	10	35 270	26 318
夏	11	34 266	36 310
秋	12	40 138	34 768
冬	13		37 202

3. 预测数据修正

对源数据进行观察分析，可知销量数据呈现一定的季节性，春夏两季销量变化平稳，秋季销售趋势上升，冬季销量在秋季的基础上进一步上扬。由于新冠疫情的影响，近一年"N95 型口罩"销量激增，但销量数据在近一年内仍呈现季节性波动。移动平均预测模型有效地消除了销量数据突变对下一个销售周期销量预测结果的影响，考虑到销量数据呈季节性波动，仍需要对下一个销售周期预测数据做季节修正。

计算季节性修正系数：

$$SI = \frac{\dfrac{A_5}{T_5} + \dfrac{A_9}{T_9}}{2}$$

得，$SI = 1.9$，$T_{13} \times SI = 70\ 684$（件）。

所以，第 13 周期的销量预测为 70 684 件。即预测冬季"N95 型口罩"的销售量为 70 684 件。

任务二　电商平台补货决策

仓配中心运营部门为"VM 集团"的第三方电商平台健康防护用品"免洗洗手液"和"N95 型口罩"进行下一销售周期的销售预测，结果如表 7-10 所示。

表 7-10　　第三方电商平台销量预测

货品名称	销售周期	预测销量（件）	备注
免洗洗手液	月	671	第 13 周
		1 080	第 14~16 周
N95 型口罩	季	70 684	

仓储组登录"RIAMB WMS8.0"系统，查询库存。目前，两种货品的现有库存如表 7-11 所示。

表 7-11　　两种货品现有库存情况

货品名称	库区	储位编号	现有库存（件）	SKU 量（件）
免洗洗手液	流利式货架区	1-2-6-1	35	270
		1-2-7-1	20	270
		1-3-6-1	30	270
合计			85	810
N95 型口罩	流利式货架区	2-1-4-1	3 540	12 000
		2-1-4-1	4 202	12 000
		2-3-4-1	4 300	12 000
		2-1-5-1	3 580	12 000
		2-2-5-1	4 899	12 000
		2-3-5-1	1 800	12 000
合计			22 321	72 000

根据货品的库存数据可知，"免洗洗手液"每个储位的 SKU 都为 270 件，且现有库存不足以满足未来一个销售周期的预测销量；"N95 型口罩"每个储位的

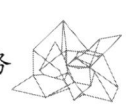

SKU 都为 12 000 件，现有库存也无法满足未来一个销售周期的预测销量。所以，需要将货品从料箱式物流系统下架拆零，补货至流利式物流系统。

安全库存（safety stock，SS）也称安全存储量，又称保险库存，是指为了防止不确定性因素（如大量突发性订货、交货期突然提前、临时用量增加、交货误期等特殊原因）而预计的保险储备量（缓冲库存）。安全库存用于满足提前期需求。在给定安全库存的条件下，平均存货可用订货批量的一半和安全库存来描述。一般仓配中心将安全库存作为补货点，即当库存量低于安全库存，则启动补货任务。同时，安全库存越大，出现缺货的情况就越少；但是，安全库存的增加会导致库存成本的增加。

经过对供应链利润和成本的综合评估，设定"免洗洗手液"的安全库存量为 90 件，"N95 型口罩"的安全库存量为 10 000 件。考虑到仓配中心从料箱式物流系统到流利式物流系统的补货几乎可以实现瞬时到货的要求，明确供应链是否接受缺货成本和安全库存成本、如何确定再补货点和补货量，是本次制定补货决策的最终目的。

一、"免洗洗手液" 的补货策略

（一）第 13 周补货策略

根据往期数据分析，"免洗洗手液"只有在"VM 集团"开展促销活动时才会发生订单量暂时增加的情形。商品促销活动提升了品牌形象和市场认知度，所以仓配中心确认补货决策需保证货品仓储的安全库存，不允许缺货。考虑货品的现有库存，则补货量为：

$$671 + 90 - 85 = 676(件)$$

且考虑到货品批次问题，根据先进先出原则，决定将补货平均分配到三个储位。

（二）第二、三、四周

通过对市场的分析，可知"免洗洗手液"的市场期望服务水平为 95%，日需求标准差为 10 件；通过对仓配中心运营及成本的分析，可知"免洗洗手液"的单位月均持有成本为 1.25 元，每次从料箱式物流系统补货至流利式物流系统的成本为 50 元。

假设：D 为销售周期内货品需求量；S 为每次补货成本；H 为单位货品月均存

储成本；Q^* 为经济订货批量。

根据经济订货批量模型得：

$$Q^* = \sqrt{\frac{2DS}{H}} = \sqrt{\frac{2 \times 1\,080 \times 50}{1.25}} = 294(\text{件})$$

在非促销季，"免洗洗手液"的利润率较低，库存成本较高。因此制定补货策略过程中，这个阶段的补货不再考虑安全库存，且允许一定程度的缺货。市场期望服务水平为95%，则可确定服务水平 Z 为

$$Z = NORMSINV(0.95) = 1.65$$

假设：σ_d 为市场需求标准差；R 为再补货点。则本例再补货点为：

$$R = Z\sigma_d = 16(\text{件})$$

每次补货量为：

$$Q^* - R = 278(\text{件})$$

考虑货品批次问题，根据各储位的情况将补货量随机分配到三个储位。

二、"N95 型口罩"的补货策略

货品 "N95 型口罩" 的补货，主要是针对即将到来的下一个销售期开展的。下一个销售周期是在突发公共事件下的冬季，新冠病毒变异，气温日益降低，传染性更强，消费者对疫情防控有着充分的需求，市场订单量和订单频率即将呈现大幅急速增长。同时，为了应对疫情有可能再次区域性爆发的突发事件，开展应急物流补货是非常有必要的。健康防护用品 "N95 型口罩" 具有一定的市场价值，且市场需求充分，同时现有库存量还未达到再补货点，仓储组仍决定对其开展补货任务，采取以平均库存多周期补全补满策略，以保证疫情防控应急物流需求。

任务三 电商平台库存管理方案

一、补货说明

"VM 集团"的健康防护用品一部分存储于料箱式立库系统，一部分存储于流利式货架拣选系统和 AGV 拣选系统。本任务需要补货的货品 "免洗洗手液" 和 "N95 型口罩"，主要面向各门店第三方电商平台订单，存储拣选设备为流利

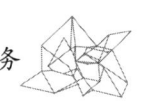

式货架拣选系统。补货采用拆零补货：将相应货品从料箱式立库系统下架出库，按照补货数量及 SKU 存储量进行拆零，并根据要求在流利式货架拣选系统补货上架。应注意及时更新后台系统库存数据。

二、补货准备

补货准备包括：

（1）人员准备：每组中，1 人充当系统操作员，1 人充当入库管理员，1 人充当仓储主管（负责检查下属人员的单证是否填制正确及是否已签字）。

（2）设备准备：料箱式立库系统、流利式货架拣选系统、搬运设备等。

（3）补货时间的安排：货品"免洗洗手液"按补货量和经济订货批量进行补货，第一周根据销量预测和现有库存，考虑安全库存，在促销期开始前进行补货，第二、三、四周，当库存量到达再补货点时，启动补货作业，依据销量预测，按经济订货批量补货；货品"N95 型口罩"以按期补货和按补货点补货相结合，在即将进入下一个销售周期时开展补货，其间库存降低到补货点（安全库存）及时补货，且一次性按最大库存量进行补货。

（4）储位及补货量分配：货品"免洗洗手液"按照销售量的预测，可按平均分配或者随机分配至三个储位：1-2-6-1、1-2-7-1、1-3-6-1，应注意遵循先进先出原则；货品"N95 型口罩"按照抗疫环节需求，将库存全部按照 SKU 存储量补满，储位分配至：2-1-4-1、2-2-4-1、2-3-4-1、2-1-5-1、2-2-5-1、2-3-5-1。

（5）单据准备：仓库管理员需根据补货计划将作业时所需的补货记录单、货卡等各种单据、凭证、报表事先准备好，并预填妥善，以备使用。如表 7-12 所示。

表 7-12 补货策略

	补货策略	补货量	补货储位
"免洗洗手液"	按期补货、补货点补货	按需补货、按经济批量补货	1-2-6-1、1-2-7-1、1-3-6-1
"N95 型口罩"	按期补货、补货点补货相结合	按存储量上限补满	2-1-4-1、2-2-4-1、2-3-4-1、2-1-5-1、2-2-5-1、2-3-5-1

三、补货上架检查

（1）检查商品外包装的标识是否齐全，是否符合规定。

（2）若商品受损（包括外包装破损、商品破损、商品缺件），不允许上架。

（3）若商品有质量问题（过保质期、期内变质、有明显异物），不允许上架。

四、补货作业

（1）补货必须补在系统记录的储位，未经仓储主管批准，不得擅自调整存储位置。

（2）将补充的货品放置在原货品后面，保持货品"前进陈列""整齐陈列"。注意货品上架放置的"先进先出"，防止商品过期、变质、老化而报损。

（3）填制《补货单》，如表7-13所示。

表7-13　补货单

补货单				
单据编号：_____				时间：_____
货品编号			货品名称	
货主				
型号/批次	下架货位	补货货位	数量	补货时间
检验记录				
			检验员：	
仓管员：	操作员：		仓储主管：	

（4）补货作业在系统"分拣管理"中的"分拣区库存插入"模块完成。首先确定待补货的物料及其存储地址；通过创建补货单选择合乎要求的空货位；添加待补货物料的基本信息及补货数量；最后由补货订单确认环节，实现系统与仓储分拣设备的作业对接，更新后台库存数据，从而完成补货任务。

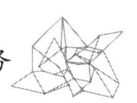

对于供应链其他客户的食品、生活用品及健康防护品商品，可按照同样的方式进行库存管理。

【参考知识】

一、协同式供应链库存管理（CPFR 模式）

（一）协同式供应链库存管理的概念

随着供应链管理思想在实践中得到越来越多的运用以及企业信息化水平的不断提高，有些企业已经不再满足于单纯的库存管理合作联盟模式，而是要求更广泛层次的合作。为了实现对供应链的有效运作和管理，以及对市场变化的科学预测和快速反应，一种比供应商管理库存更为先进的面向供应链的运营策略——协同式供应链库存管理（collaborative planning forecasting and replenishment，CPFR）应运而生，逐渐成为供应链管理中一个热门的研究课题。

CPFR 是一种哲理，它应用一系列的处理技术和模型，提供覆盖整个供应链的合作过程，通过共同管理业务过程和共享信息来改善零售商与供应商的伙伴关系，提高预测的准确度，最终达到提高供应链效率、减少库存和提高消费者满意度的目标。在 CPFR 之前，关于供应链伙伴的合作模式主要有集合预测与补给、联合库存管理和供应商管理库存等。CPFR 建立在联合库存管理和供应商管理库存的基础上，同时摒弃了供应商管理库存的弱点。供应商管理库存从原则上说是一种买方拉动的库存管理模式，虽然从表面上看，供应商承担了管理库存的工作，但是供应商是按照买方的生产计划和销售计划进行库存管理。买方仍然是单独地制订生产计划和销售计划，供应商则根据买方的计划相应地调整自身的计划以配合买方的运营。由于买方是单独地制订计划，在制订计划的过程中应该考虑到供应上的种种可变因素，因此单独制订计划可能不会使企业运营管理达到最优。供应商更接近供应链的上游，比买方更了解原材料市场供给和价格波动的情况，更清楚本身的生产能力和运营情况，这可以使买方在计划过程中得到更准确、更详尽的原材料市场信息和供应商生产运营信息。因此，买方与供应商合作有助于制订更为有效的运营方案。

CPFR 就是这样一种基于双向决策沟通的供应链合作模式，通过合作进行计划、预测和补货，进一步提高供应链的效率和竞争实力。

CPFR 建立在联合库存管理和供应商管理库存的实践基础上，同时抛弃了二者的主要缺点。同传统的供应链运营模式相比，CPFR 在改善供应链合作关系、提高消费者满意度和供应链整体运作效率方面，无疑是一个重大的进步，具有重要的理论和应用价值。但是，它也存在一定的局限：以消费者为中心的思想未能完全实现；CPFR 始于需求预测，终于订单产生，因此合作过程并不十分完善。

（二）CPFR 出现的背景

随着经济环境的变迁、信息技术的进一步发展以及供应链管理逐渐为全球所认同和推广，供应链管理开始更进一步地向无缝连接转化，促使供应链的整合程度进一步提高。

高度供应链整合的项目就是沃尔玛所推动的 CFAR 和 CPFR。这种新型系统不仅是对企业本身或合作企业的经营管理情况给予指导和监控，更是通过信息共享实现联动的经营管理决策。

CFAR 是利用互联网，通过零售企业与生产企业的合作，共同做出商品预测，并在此基础上实行连续补货的系统。CPFR 是在 CPAR 共同预测和补货的基础上，进一步推动共同计划的制订，即不仅合作企业实行共同预测和补货，同时原来属于各企业内部事务的计划工作（如生产计划、库存计划、配送计划、销售规划等）也由供应链各企业共同参与。

（三）CPFR 的特点

具体来讲，CPFR 的本质特点表现为以下方面：

1. 协同

从 CPER 的基本思想看，供应链上下游企业只有确立起共同的目标，才能使双方的绩效都得到提升，取得综合性的效益。CPFR 这种新型的合作关系要求双方长期承诺公开沟通、信息分享，从而确立其协同性的经营战略。尽管这种战略的实施必须建立在信任和承诺的基础上，但是这是买卖双方取得长远发展和良好绩效的唯一途径。正因为如此，协同的第一步就是保密协议的签署、纠纷机制的建立、供应链计分卡的确立以及共同激励目标的形成（例如，不仅包括销量，而且要确立双方的盈利率）。应当注意的是，在确立这种协同性目标时，不仅要建立起双方的效益目标，更要确立协同的盈利驱动性目标，只有这样，才能使协同性体现在流程控制和价值创造的基础之上。

2. 规划

1995 年沃尔玛与 Warner-Lambert 的 CFAR 为消费品行业推动双赢的供应链管理

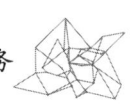

奠定了基础。此后，当 VICS 定义项目公共标准时，认为需要在已有的结构上增加"P"，即合作规划（品类、品牌、分类、关键品种等）以及合作财务（销量、订单满足率、定价、库存、安全库存、毛利等）。此外，为了实现共同的目标，还需要双方协同制订促销计划、库存政策变化计划、产品导入和中止计划以及仓储分类计划。

3. 预测

任何一个企业或双方都能做出预测，但是 CPFR 强调买卖双方必须做出最终的协同预测，像季节因素和趋势管理信息等，无论是对服装或相关品类的供应方还是销售方都十分重要，基于这类信息的共同预测能大大减少整个价值链体系的低效率、死库存，更好地促进产品销售，节约整个供应链的资源。与此同时，最终实现协同促销计划是预测精度提高的关键。CPFR 所推动的协同预测还有一个特点，就是它不仅关注供应链双方共同做出最终预测，同时也强调双方都应参与预测反馈信息的处理及预测模型的制定和修正，特别是如何处理预测数据的波动等问题。只有把数据集成、预测和处理的所有方面都考虑清楚，才有可能真正实现共同的目标，使协同预测落在实处。

4. 补货

销售预测必须利用时间序列预测和需求规划系统转化为订单预测，并且供应方约束条件，如订单处理周期、前置时间、订单最小量、商品单元以及零售方长期形成的购买习惯等都需要供应链双方加以协商解决。根据 VICS 的 CPFR 指导原则，协同运输计划也被认为是补货的主要因素。此外，例外状况的出现也需要转化为存货的百分比、预测精度、安全库存水准、订单实现的比例、前置时间以及订单批准的比例，所有这些都需要在双方公认的计分卡基础上定期协同审核。潜在的分歧，如基本供应量、过度承诺等，双方事先应及时加以解决。

二、CPFR 供应链的实施

（一）CPFR 买卖双方关键角色架构（Key CPFR Scenario Lead Roles）

对于买卖双方，提供四组角色扮演的架构，依供应链成员的权力结构与专长，来选择最适合彼此合作的一套架构，作为彼此权责划分与互动的依据。对于供应链的协同合作与决策，可以分为协同规划、协同预测以及协同补货三个阶段；买卖双方在进行协同合作之前，应先商讨好角色架构，在前述三项决策中决定谁是决策者以及双方所扮演的角色。在表 7-14 和图 7-19 中，销售预测时以买方决策为主导，订单预测时以卖方决策为主导，下单预测则由双方共同进行。

表 7-14　CPFR 关键角色架构

状况	销售预测	订单预测	下单预测
状况 A	买方	买方	买方
状况 B	买方	卖方	卖方
状况 C	买方	买方	卖方
状况 D	卖方	卖方	卖方

综上所述，CPFR 买卖双方关键角色架构的特点为：

（1）基于不同系统的特性，买卖双方应选择不同的 CPFR 架构作为双方供应链决策中定位的参考。

（2）买卖双方皆参与需求规划和预测的过程，但应注意决策权的单一化，以及预测时参与成员们使用资料的唯一性。

（二）协同规划预测补货的九大步骤（nine-step process model）

CPFR 九大步骤的特点为辅助上下游成员协同规划销售、订单预测以及例外（异常）预测状况的处理。如前所述，其内容可分成协同规划、协同预测以及协同补货三个阶段，九大步骤中步骤 1 与步骤 2 属于协同规划，步骤 3 至步骤 8 属于协同预测，步骤 9 则为协同补货，各阶段的内容概述如下。

1. 协同规划

协同规划的目的是让供应链成员间的规划活动能取得一致的基本假设，以利于后续各项合作活动的进行。共同的基本假设包括：确定协同商务关系的基本参数，如协同合作的商品项目、共享的资料、异常状况的定义，以及确定协同的商业流程范围，如合作的目标、冻结执行订单的时窗等。

步骤 1：建立合作的关系（establish collaborative relationship）。

首先，买卖双方应共同建立合作的正式商业协议（confidentiality arrangements），此协议仅在协同活动之初一次拟定，其内容应为：

（1）明确定义的合作目标与相关绩效的衡量指标。

（2）协同合作的范围。

（3）共享的资料，合作计划可动用的资源，包括人员、资信系统、专业能力。

（4）例外状况判定的法则，如何解决分歧。

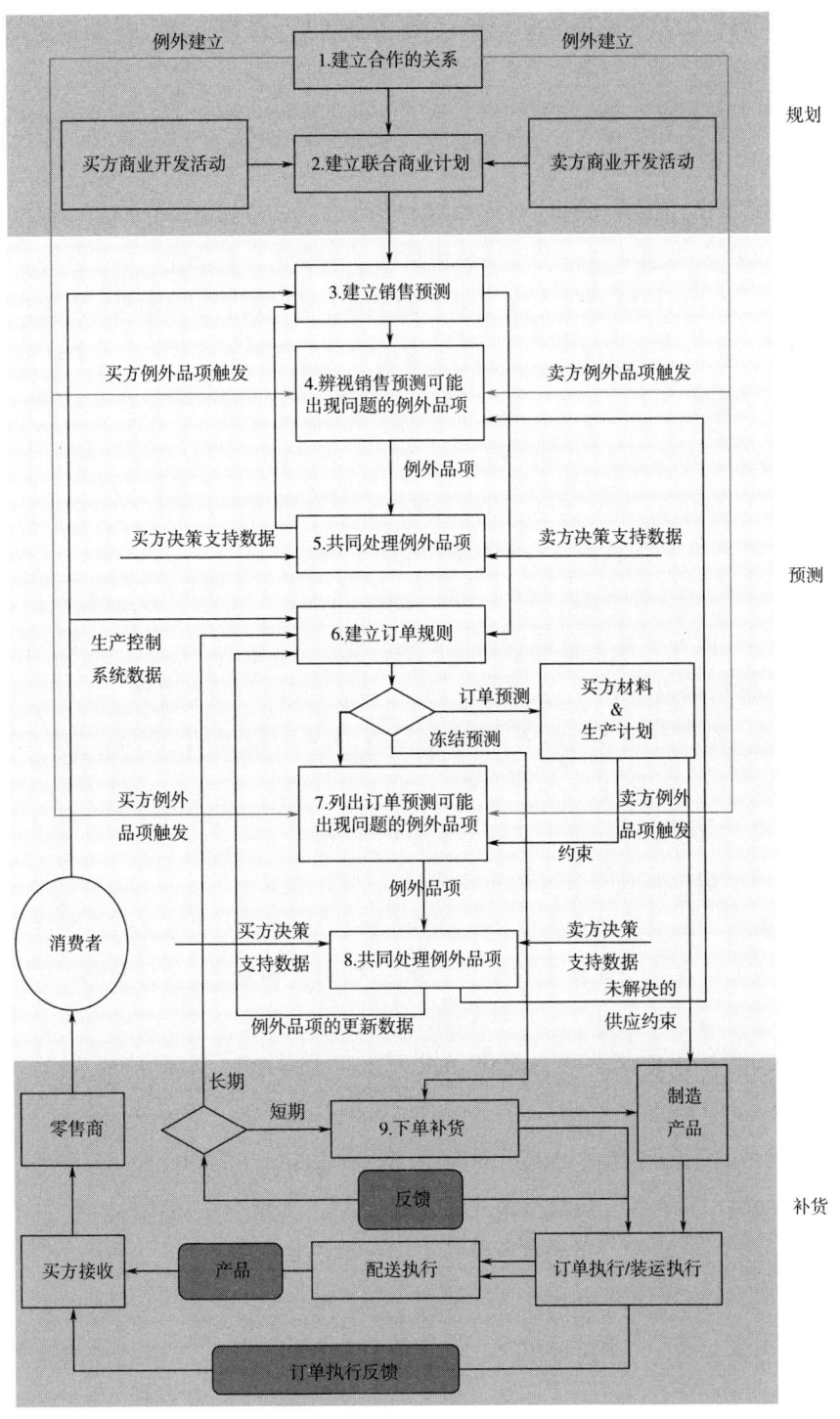

图 7-19 CPFR 的九大步骤

（5）CPFR 的推动蓝图，如商业流程、互动的方式与技术、终极检验的时程与机制。

步骤2：建立联合商业计划（create joint business plan）。应纳入合作的产品项，分别制定清晰的合作策略，包括：

（1）买卖双方交流营运计划及发展出合作产品的营运计划。

（2）共同定义品项角色、品项销售目标、达成目标的战术。

（3）拟定品项订单的最小值（出货的最小订单量）、品项出货的前置时间、订单的冻结期间、安全存量。

2. 协同预测

协同预测可细分成销售预测与订单预测两个阶段，前者单纯考虑市场需求，后者则以销售预测的结果考虑产能现实状况，预测可能的订单。

步骤3：建立销售预测（create sales forecast）。

使用最终消费者的消费资料（consumption data），预测品项特定期间的销售，消费资料包括 POS 资料，仓储的出货资料、制造商的消费资料、因果资讯分析（销售相关影响因素分析），及季节、天气、计划性事件（包括：广告、促销、新品、改型、新店开张等资料来分析产品在未来各时段下的销售）。本阶段的细部事项包括：

（1）拟定预测的时间范围，如第 9~11 周。

（2）拟定预测的时间单位，如月、周、日。

（3）拟定预测品质的单位基础，如单店的销售量、区域物流中心的总量。

（4）在方法上，使用历史资料配合相关回归分析模式、时间序列分析来进行预测。

（5）预测结果应区分为基本的需求（Base Demand）与促销的需求（Promotion Demand）两类。

步骤4：辨别销售预测可能出现问题的例外品项（identify exceptions for sales forecast）列出销售预测可能出现问题的例外品项，如爆仓销售产品。对于异常的销售情形，要时时监控，以调整策略。

步骤5：共同处理例外品项（resolve/ collaborate on exception items）。

当异常发生时，上下游应设定一些做法来增加或减少销售，以降低对库存的冲击。

步骤6：建立订单预测（create order forecast）。

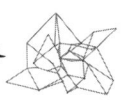

订单预测一般由供应商物流中心主导，基于销售预测或实际销售的结果，考虑制造、仓储、运输产能等制约因素，拟定未来各时程的订单，其作业内容包括：

（1）结合销售预测、因果资讯与存货政策，产生未来特定时间、特定地点品项的订单预测。

（2）基于订单预测的结果，供应商可进行产能需求规划。

步骤7：列出订单预测可能出现问题的例外品项（identity exceptions for order forecast）。

此步骤类似于步骤4的过程，特别要注意产品的销售/订单百分比，若比值高于1，代表将会有库存发生，比值越高意味着库存越多，比值高低与其合理性视各品项而定，借由比值的监视与控制可以掌握订单异常状况的处理。

步骤8：共同处理例外品项（resolve/ collaborate on exception items）。

此步骤类似于步骤5。

3. 协同补货

步骤9：下单补货（generate order）。

经过协同规划、预测阶段后，协同补货决策的困难度将大幅降低。根据事先议定的冻结期间订单的预测结果产生订单，冻结期间的长短通常与制造、配送的前置时间相关。对供应商而言，冻结期间的数量将视为已确认的需求量，零售商交易的订单传来后，供应商应去除此部分产能。另外，供应商也可能采取供应商管理库存方式自动补充零售商的存货，并以冻结阶段总量作为补货的规范。

第八章　供应链配送管理实务

【学习目标】

知识目标：

1. 了解 EIQ 分析对订单处理的作用；

2. 理解订单处理的概念、作业流程和基本原则，理解 EIQ 分析的基本内容、EIQ 图表分析；

3. 掌握 EIQ 订单处理的方法及基本步骤，掌握 EIQ 订单变动趋势分析；

4. 掌握解决指派问题的匈牙利算法；

5. 掌握供应链协同下配送路径的优化。

能力目标：

1. 能够对出库任务单进行订单有效性分析，按优先策略对客户订单进行排序；

2. 能够通过 EIQ 分析方法对订单进行处理，确定合理的拆单与合单策略；

3. 能够根据 EIQ 订单处理结果，选择合适的拣货方式、合理的拣货区域，保证订单完成率；

4. 能够根据配送成本完成配送订单指派；

5. 能够优化供应链协同下的配送路径。

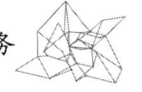

【任务发布】

2022 年 11 月 30 日，"VM 集团"按照采购策略，向仓配中心发送面向客户各门店的配送指令，信息组根据门店名称、订单性质、订单金额、出库时间、货品名称和数量等信息，生成相应的仓配作业任务，发送至运营中心。运营中心根据业务类型，将作业任务向下按组分发。

出库任务中上个月入库的"生活用品 1"和"食品 1"，作业单位皆为"箱"，主要面向"左安社区配送点"和"右安社区配送点"；各种"健康防护品"主要面向客户各门店，作业单位为"件"或"箱"；其余出库任务面向第三方电商平台客户，客户名称为其 ID 号，作业单位为"件"；同时，订单性质为"正常"或"紧急"。

以下是出库存通知单 1 至 10（表 8-1 至表 8-10）。

表 8-1　出库通知单 1

仓库名称：分拣仓库　　　　　　　　　　　　　　　　　　　　2022 年 11 月 30 日

订单号	202211300601		
客户指令号	202202010608	客户名称	门店 8
出库方式	派货	订单性质	正常
出库时间	2022 年 11 月 30 日		
序号	货品条码	名称	数量	单位	金额（元/单位）
1	6932010061822	健康防护品 16	3	件	15.60
2	6932010061853	健康防护品 4	2	件	60.00
3	6920907800171	健康防护品 8	5	件	220.00
4	6932425987656	健康防护品 26	3	件	120.00
5	6920855052068	健康防护品 14	1	件	20.00
6	6921317958690	健康防护品 7	2	件	160.00
7	6942423987624	健康防护品 24	4	件	200.00
合　计				件	
备注：					

表 8-2　出库通知单 2

仓库名称：分拣仓库　　　　　　　　　　　　　　　　　　　　2022 年 11 月 30 日

订单号		202211300602			
客户指令号		202202010604	客户名称		门店 4
出库方式		派货	订单性质		正常
出库时间		2022 年 11 月 30 日			
序号	货品条码	名称	数量	单位	金额（元/单位）
1	6944848456015	健康防护品 28	2	件	200.00
2	6918010061360	健康防护品 19	2	件	6.00
3	6918010061360	健康防护品 19	2	箱	60.00
合　　计					
备注：					

表 8-3　出库通知单 3

仓库名称：分拣仓库　　　　　　　　　　　　　　　　　　　　2022 年 11 月 30 日

订单号		202211300603			
客户指令号		202202010603	客户名称		门店 3
出库方式		派货	订单性质		正常
出库时间		2022 年 11 月 30 日			
序号	货品条码	名称	数量	单位	金额（元/单位）
1	6932010061822	健康防护品 16	3	件	15.60
2	6942423987624	健康防护品 24	4	件	200.00
3	6958786200067	健康防护品 15	1	件	59.90
4	6934848456092	健康防护品 17	3	件	10.00
5	6932010061808	健康防护品 2	1	件	19.90
6	6932010061890	健康防护品 18	2	件	16.90
7	6982010061891	健康防护品 10	2	件	12.00

续表

8	6932010061780	健康防护品 21	2	件	210.00
合　计				件	
备注：					

表 8-4　出库通知单 4

仓库名称：分拣仓库 　　　　　　　　　　　　　　　　　　　　2022 年 11 月 30 日

订单号		202211300604		
客户指令号		202202010610	客户名称	门店 10
出库方式		派货	订单性质	正常
出库时间		2022 年 11 月 30 日		
序号	货品条码	名称	数量	单位	金额（元/单位）
1	6932010061822	健康防护品 16	2	件	15.60
2	6942423987624	健康防护品 24	2	件	200.00
3	6958786200067	健康防护品 15	4	件	59.90
4	6932010061853	健康防护品 4	3	件	60.00
5	6942425987629	健康防护品 5	3	件	6.80
6	6932010061877	健康防护品 22	4	件	18.90
7	6942425987624	健康防护品 9	2	件	21.90
8	6932010061884	健康防护品 25	2	件	5.60
9	6932010061780	健康防护品 21	1	件	210.00
10	6918010061360	健康防护品 19	8	箱	60.00
合　计					
备注：					

表 8-5　出库通知单 5

仓库名称：分拣仓库　　　　　　　　　　　　　　　　　　　2022 年 11 月 30 日

订单号		202211300605			
客户指令号		202202010601	客户名称		ID952339
出库方式		派货	订单性质		正常
出库时间		2022 年 11 月 30 日			
序号	货品条码	名称	数量	单位	金额（元/单位）
1	6932010061780	健康防护品 21	2	件	210.00
2	6918163010887	健康防护品 30	1	件	7.80
3	6932010061822	健康防护品 16	1	件	15.60
4	6958786200067	健康防护品 15	1	件	59.90
合　计				件	
备注：					

表 8-6　出库通知单 6

仓库名称：分拣仓库　　　　　　　　　　　　　　　　　　　2022 年 11 月 30 日

订单号		202211300606			
客户指令号		202202010605	客户名称		门店 5
出库方式		派货	订单性质		正常
出库时间		2022 年 11 月 30 日			
序号	货品条码	名称	数量	单位	金额（元/单位）
1	6932010061822	健康防护品 16	3	件	15.60
2	6932010061853	健康防护品 4	2	件	60.00
3	6920907800171	健康防护品 8	5	件	220.00
4	6932425987656	健康防护品 26	3	件	120.00
5	6920855052068	健康防护品 14	1	件	20.00
6	6921317958690	健康防护品 7	2	件	160.00

续表

7	6942423987624	健康防护品 24	4	件	200.00
8	6918010061360	健康防护品 19	2	件	6.00
合 计				件	
备注：					

表 8-7　出库通知单 7

仓库名称：分拣仓库　　　　　　　　　　　　　　　　　　　　2022 年 11 月 30 日

订单号		202211300607		
客户指令号		202202010607	客户名称	门店 7
出库方式		派货	订单性质	紧急
出库时间		2022 年 11 月 30 日		
序号	货品条码	名称	数量	单位	金额（元/单位）
1	6944848456015	健康防护品 8	2	件	220.00
2	6918010061360	健康防护品 19	2	件	6.00
合 计					
备注：					

表 8-8　出库通知单 8

仓库名称：分拣仓库　　　　　　　　　　　　　　　　　　　　2022 年 11 月 30 日

订单号		202201240308		
客户指令号		2022952347	客户名称	ID952347
出库方式		派货	订单性质	正常
出库时间		2022 年 11 月 30 日		

右上角：续表

序号	货品条码	名称	数量	单位	金额（元/单位）
1	20205002	生活用品3	4	件	220.00
2	20205001	食品2	3	件	50.00
3	6932010061822	健康防护品16	2	件	15.60
4	6958786200067	健康防护品15	1	件	59.90
合　计					
备注：					

表8-9　出库通知单9

仓库名称：分拣仓库　　　　　　　　　　　　　　　　　　　2022年11月30日

订单号		202201240308		
客户指令号	2022012413		客户名称	右安社区
出库方式	自提		订单性质	正常
出库时间	2022年11月30日			
序号	货品条码	名称	数量	单位	金额（元/单位）
1	20205002	生活用品1	40	箱	220.00
2	20205001	食品1	100	箱	50.00
合　计					
备注：					

表8-10　出库通知单10

仓库名称：分拣仓库　　　　　　　　　　　　　　　　　　　2022年11月30日

订单号		202201240309		
客户指令号	2022012413		客户名称	左安社区
出库方式	自提		订单性质	正常

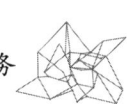

续表

出库时间		2022 年 11 月 30 日			
序号	货品条码	名称	数量	单位	金额（元/单位）
1	20205001	食品 1	40	箱	50.00
合　计					
备注：					

【任务实施】

任务一　客户出库订单处理

出库任务中，出库货品单位为"件"的，一部分来自"VM 集团"指定发货给客户各门店的订单，主要是健康防护类货品；另一部分来自第三方电商平台客户的订单，包括食品、生活用品和健康防护类货品，这些货品存储在仓配中心的流利式货架拣选系统和 AGV 拣选系统。出库货品单位为"箱"的，健康防护类货品存储在料箱式立库系统，食品类货物存储在托盘立库系统，生活用品类货物存储在多穿立库系统。

一、订单有效性分析

按优先策略对客户订单进行排序。

（1）查询"RIAMB WMS8.0"后台系统，面向各客户门店的七张出库通知单的所有货品都库存充足。按客户关系管理原则，这七家客户的排序如表 8-11 所示。

表 8-11　门店客户排序

排序	1	2	3	4	5	6	7	8	9	10
客户名称	门店 7	门店 3	门店 8	门店 4	门店 10	门店 9	门店 1	门店 2	门店 6	门店 5

（2）订单有效性分析：

若

$$\frac{订单金额 + 应收账款}{信用额度} \times 100\% \geqslant 100\%$$

则视为无效订单。

根据《客户档案》，对各客户的订单有效性进行分析，如表8-12所示。

表 8-12　订单有效性分析　　　　　单位：万元

客户名称	信用额度	订单金额	应收账款	累计应收账款	比值
门店 8	15	0. 276 68	13	13. 276 68	88.51%
门店 4	152	0. 053 2	132.3	132. 353 2	87.07%
门店 3	200	0. 143 44	196.8	196. 943 44	98.47%
门店 10	88	0. 169 18	67.8	67. 969 18	77.24%
门店 5	10	0. 277 88	9.9	10. 177 88	101.78%
门店 7	158	0. 045 2	142.5	142. 545 2	90.22%

所以，将来自门店5的出库任务6视为无效订单。

（3）按优先策略对客户订单进行排序，如表8-13所示。

表 8-13　客户订单排序

客户名称	任务单	订单金额
门店 8	任务单 1	0. 276 68
门店 10	任务单 4	0. 169 18
门店 3	任务单 3	0. 143 44
门店 4	任务单 2	0. 053 2
门店 7	任务单 7	0. 045 2

结合如下出库通知单7的具体情况，如表8-14所示。

表 8-14　出库通知单 7

仓库名称：分拣仓库　　　　　　　　　　　　　　2022 年 11 月 30 日

订单号	202211300607		
客户指令号	202202010607	客户名称	门店 7

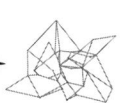

续表

出库方式		派货		订单性质	紧急
出库时间		2022 年 11 月 30 日			
序号	货品条码	名称	数量	单位	金额（元/单位）
1	6944848456015	健康防护品 8	2	件	220.00
2	6918010061360	健康防护品 19	2	件	6.00
合　计					
备注：					

虽然出库通知单 7 的订单金额最低，但是其客户门店 7 的综合评分最高，且订单紧急性高，所以将出库通知单 7 安排为最先拣货出库。拣货单填制如表 8-15 所示。

表 8-15　紧急订单的拣货单

拣货单								
拣选单号：_____								
仓库名称：		分拣仓库	库区			制单日期：		
序号	商品编号	货品名称	储位	单位	应拣数量	实拣数量	备注	
1	6944848456015	健康防护品 8		件	2			
2	6918010061360	健康防护品 19		件	2			
制单人：			拣货人：			日期		

二、选择合适的拣货方式

合理选择订单处理方法，进行有效的拆单与合单，选择合适的拣货方式。

拣货工作在仓库日常作业中是非常重要的一项工作。据不完全统计，在仓库整体搬运的过程中，拣货作业成本约占 83%，足见利用科学的订单处理方法，提升拣货效率的重要性。

EIQ 分析就是利用 "E" "I" "Q" 这三个物流关键要素，来研究配送中心的需求特性，为配送中心提供规划依据。其中，E 是指 "Entry"，I 是指 "Item"，Q 是指 "Quantity"。即从客户订单的品项、数量、订货次数等方面出发，进行配送特性和出货特性的分析。EIQ 分析的分析项目主要有 EN（每张订单的订货品项数量分析）、EQ（每张订单的订货数量分析）、IQ（每个单品的订货数量分析）、IK（每个单品的订货次数分析）。

仅对订单货件数 E 和数量 Q 的 EQ 及种类 I 和数量 Q 的 IQ 进行分析，一般来说不够充分，还要对每次订货件数 E 的种类 I 和订货量 Q 即 EIQ 进行分析。

假设如表 8-16 和表 8-17 所示。

表 8-16　EIQ-I 定义

I1	健康防护品 16	I9	健康防护品 19	I17	健康防护品 22
I2	健康防护品 4	I10	健康防护品 15	I18	健康防护品 9
I3	健康防护品 8	I11	健康防护品 17	I19	健康防护品 25
I4	健康防护品 26	I12	健康防护品 2	I20	健康防护品 30
I5	健康防护品 14	I13	健康防护品 18	I21	生活用品 3
I6	健康防护品 7	I14	健康防护品 10	I22	食品 2
I7	健康防护品 24	I15	健康防护品 21		
I8	健康防护品 28	I16	健康防护品 5		

表 8-17　EIQ-Q 定义

E1	E2	E3	E4	E5	E8
出库订单 1	出库订单 2	出库订单 3	出库订单 4	出库订单 5	出库订单 8

对这五个出库任务订单进行 *EIQ* 分析，结果如表 8-18 所示。

表 8-18　订单 EIQ 分析

	I1	I2	I3	I4	I5	I6	I7	I8	I9	I10	I11	I12	…	I22	EQ	EN
E1	3	2	5	3		2	4						…		20	7
E2								2	2				…		4	2

续表

	I1	I2	I3	I4	I5	I6	I7	I8	I9	I10	I11	I12	...	I22	EQ	EN
E3	3				2		4			1	3	1	...		18	8
E4	2	3			1		2			4			...		23	9
E5	1				2					1			...		5	4
E8	2									1			...	3	10	4
IQ	11	5	5	3	5	2	10	2	2	7	3		...	1		
IK	5	2	1	1	3	1	3	1	1	4	1		...	1		

也可以利用 EXCEL 的透视表功能，对订单进行 EIQ 分析。

（1）勾选"I""Q""K"数据透视表字段，如图 8-1 所示。

行标签	求和项:Q	求和项:K
健康防护品10	2	1
健康防护品14	1	1
健康防护品15	7	4
健康防护品16	11	5
健康防护品17	3	1
健康防护品18	2	1
健康防护品19	2	1
健康防护品2	1	1
健康防护品21	5	3
健康防护品22	4	1
健康防护品24	10	3
健康防护品25	2	1
健康防护品26	3	1
健康防护品28	2	1
健康防护品30	1	1
健康防护品4	5	2
健康防护品5	3	1
健康防护品7	2	1
健康防护品8	5	1
健康防护品9	2	1
生活用品3	4	1
食品2	3	1
总计	80	34

图 8-1　EXCEL 透视表 EIQ 分析

（2）筛选 IK 不为 1 的货品列表，查看行标签，如图 8-2 所示。

行标签 ▼	求和项 ▼	求和项 ▼
健康防护品16	11	5
健康防护品15	7	4
健康防护品21	5	3
健康防护品24	10	3
健康防护品4	5	2
总计	76	33

行标签 ▼	求和项:Q	求和项:K
⊟健康防护品16	11	5
E1	3	1
E3	3	1
E4	2	1
E5	1	1
E8	2	1
⊟健康防护品15	7	4
E3	1	1
E4	4	1
E5	1	1
E8	1	1
⊟健康防护品21	5	3
E3	2	1
E4	1	1
E5	2	1
⊟健康防护品24	10	3
E1	4	1
E3	4	1
E4	2	1
⊟健康防护品4	5	2
E1	2	1
E4	3	1

图 8-2 IK 不为 1 的货品列表

对这些来自不同出库订单的货品，可以考虑把多份订单（多个客户的要货需求）集合成一批，先把其中每种商品的数量分别汇总，再逐个品种对所有客户进行分货，形似播种，每次处理多份订单或多个客户，即"播种式"拣货出库。

同时，结合流利式货架拣选系统人到货的拣选形式，和 AGV 拣选系统货到人的拣选形式，安排播种式拣货作业在 AGV 拣选系统区域完成配送拣货。拣货单填制如表 8-19 所示。

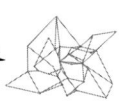

表 8-19　AGV 拣货区的拣货单

拣货单							
拣选单号：_____							
仓库名称：	分拣仓库	库区	AGV 拣选系统	制单日期			
序号	商品编号	货品名称	储位	单位	应拣数量	实拣数量	备注
1	6932010061822	健康防护品 16	AGV	件	7		
2	6958786200067	健康防护品 15	AGV	件	11		
3	6942423987624	健康防护品 24	AGV	件	5		
4	6932010061780	健康防护品 21	AGV	件	10		
5	6932010061853	健康防护品 4	AGV	件	5		
制单人：			拣货人：			日期	

（3）筛选 IK 为 1 的货品列表，如图 8-3 所示。

行标签	求和项	求和项
健康防护品10	2	1
健康防护品14	1	1
健康防护品17	3	1
健康防护品18	2	1
健康防护品19	2	1
健康防护品2	1	1
健康防护品22	4	1
健康防护品25	2	1
健康防护品26	3	1
健康防护品28	2	1
健康防护品30	1	1
健康防护品5	3	1
健康防护品7	2	1
健康防护品8	5	1
健康防护品9	2	1
生活用品3	4	1
食品2	3	1

图 8-3　IK 为 1 的货品列表

这些货品分别在每个任务单的需求品项为 1，即每单对此货物的出库任务仅为单一品项出库。可以考虑针对每一份订单（即每个客户）进行拣选，拣货人员或设备巡回于各个货物储位，将所需的货物取出，形似摘果，每人每次只处理一份订单或一个客户，即"摘果式"拣货出库。

同时，结合流利式货架拣选系统人到货的拣选形式，和 AGV 拣选系统货到人的拣选形式，安排摘果式拣货作业在流利式货架拣选系统区域完成配送拣货。拣货单填制如表 8-20 所示。

表 8-20　流利式电选拣货区的拣货单

拣货单							
拣选单号：_____							
仓库名称：		分拣仓库	库区	电子拣选区	制单日期		
序号	商品编号	货品名称	储位	单位	应拣数量	实拣数量	备注
1	6982010061891	健康防护品 10	电选区	件	2		
2	6920855052068	健康防护品 14	电选区	件	1		
3	6934848456092	健康防护品 17	电选区	件	3		
4	6932010061890	健康防护品 18	电选区	件	2		
5	6918010061360	健康防护品 19	电选区	件	2		
6	6932010061808	健康防护品 2	电选区	件	1		
7	6932010061877	健康防护品 22	电选区	件	4		
8	6932010061884	健康防护品 25	电选区	件	2		
9	6932425987656	健康防护品 26	电选区	件	3		
10	6944848456015	健康防护品 28	电选区	件	2		
11	6918163010887	健康防护品 30	电选区	件	1		
12	6942425987629	健康防护品 5	电选区	件	3		
13	6921317958690	健康防护品 7	电选区	件	2		
14	6920907800171	健康防护品 8	电选区	件	5		
15	6942425987624	健康防护品 9	电选区	件	2		
16	20205001	食品 2	电选区	件	3		
17	20205002	生活用品 3	电选区	件	4		
制单人：			拣货人			日期	

以上拣选配送的货物在下架之后，将会在出库理货区按照订单客户逐个品项

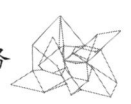

进行分货，进而完成小件货物的配送出库。

三、大件货物的订单处理

查询"RIAMB WMS8.0"系统后台数据，可以看到，待拣货配送的大件货品
（单位为"箱"）库存充足，如表8-21所示。

表8-21　待出库货品库存情况

	库区	储位	批次	SKU量	库存
健康防护品19	料箱式立库系统	1-5-3-2	20220916	10	10
食品1	托盘式立库系统	1-2-1-1	20221029	100	100
食品1	托盘式立库系统	1-2-1-2	20221029	100	40
生活用品1	多穿式立库系统	1-1-1-2	20221030	80	80
生活用品1	多穿式立库系统	1-1-1-1	20221111	80	40

面向客户门店4和门店10的出库订单，货品"健康防护品19"待出库量分
别为2箱和8箱。根据现有库存状况，选择"播种式"拣选方式，对两个出库任
务进行合单，将储位1-5-3-2的货物全部出库，并在货物下架后，于出库理货
区根据订单客户按数量要求对货物分货。拣货单填制如表8-22所示。

表8-22　料箱拣货区的拣货单

拣货单							
拣选单号：_____							
仓库名称：	分拣仓库		库区	料箱式拣选系统	制单日期		
序号	商品编号	货品名称	储位	单位	应拣数量	实拣数量	备注
2	6918010061360	健康防护品19	1-5-3-2	箱	10		
制单人：			拣货人：			日期	

面向左安社区和右安社区的出库订单货品"食品1"，待出库量分别为100
箱和40箱，刚好与现有库存的存储分布相同。选择"摘果式"拣选方式对货物进
行出库操作，将储位1-2-1-1存储的100箱货物下架分配给右安社区订单；将储位
1-2-1-2存储的40箱货物下架分配给左安社区订单，拣选单如表8-23所示。

表 8-23 托盘式拣货区的拣货单

拣货单								
拣选单号：_____								
仓库名称：		分拣仓库	库区	托盘式拣选系统	制单日期			
序号	商品编号	货品名称	储位	单位	应拣数量	实拣数量	备注	
1	20225001	食品 1	1-2-1-1	箱	100			
2	20225001	食品 1	1-2-1-2	箱	40			
制单人：			拣货人：		日期			

　　面向右安社区的出库订单货品"生活用品 1"的出库任务，有两个储位的货物可供选择：1-1-1-2、1-1-1-1。但是库存系统显示，两个储位的货物批次不同：20221030、20221111。所以根据"先入先出"原则，即使储位 1-1-1-1 的库存量刚好同于客户出库任务要求，仍需选择库存量为 80 的、1-1-1-2 储位的货物进行出库配送，并对剩余货物进行返库操作。拣货单填制如表 8-24 所示。

表 8-24 多穿式拣货区的拣货单

拣货单								
拣选单号：_____								
仓库名称：		分拣仓库	库区	多层穿梭拣选系统	制单日期			
序号	商品编号	货品名称	储位	单位	应拣数量	实拣数量	备注	
1	20225002	生活用品 1	1-1-1-2	箱	40			
制单人：			拣货人：		日期			

任务二　配送任务指派

　　仓配中心在完成分拣任务后，根据订单要求对货物按照收货人进行分单和打包。同时信息组根据出库任务缮制配送任务单，发送至配送组，配送任务交由配

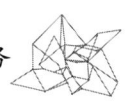

送组完成。

配送任务 1 至 4 分列如下（见表 8-25 至表 8-28）：

表 8-25　配送任务 1

订货单编号：202211300601　　　　　　　　　　　　订货日期：2022 年 11 月 30 日

发货人名称	VM 商超经销集团		
发货联系人	××	发货人联系方式	010-234677××
收货人名称	门店 8		
收货人地址	大栅栏西街××号		
收货联系人	××	收货人联系方式	010-282867××
交货日期	2022 年 11 月 30 日	付款条件	月结
配送货物信息			
序号	货品条码	名称	数量	单位
1	6932010061822	健康防护品 16	3	件
2	6932010061853	健康防护品 4	2	件
3	6920907800171	健康防护品 8	5	件
4	6932425987656	健康防护品 26	3	件
5	6920855052068	健康防护品 14	1	件
6	6921317958690	健康防护品 7	2	件
7	6942423987624	健康防护品 24	4	件

填写人员：　　　　　　　　　　　　　　　　审核人员：

表 8-26　配送任务 2

订货单编号：202211300602　　　　　　　　　　　　订货日期：2022 年 11 月 30 日

发货人名称	VM 商超经销集团		
发货联系人	××	发货人联系方式	010-234677××
收货人名称	门店 4		
收货人地址	北京东城区××家园 5-2-5021		
收货联系人	××	收货人联系方式	010-286548××
交货日期	2022 年 11 月 30 日	付款条件	月结

续表

发货人名称	VM 商超经销集团			
配送货物信息				
序号	货品条码	名称	数量	单位
1	6944848456015	健康防护品 28	2	件
2	6918010061360	健康防护品 19	2	件
3	6918010061360	健康防护品 19	2	箱

填写人员：　　　　　　　　　　　　　　　　审核人员：

表 8-27　配送任务 3

订货单编号：202211300603　　　　　　　　订货日期：2022 年 11 月 30 日

发货人名称	VM 商超经销集团			
发货联系人	××	发货人联系方式	010-234677××	
收货人名称	门店 3			
收货人地址	北京市东城区××××			
收货联系人	×××	收货人联系方式	010-232876××	
交货日期	2022 年 11 月 30 日	付款条件	月结	
配送货物信息				
序号	货品条码	名称	数量	单位
1	6932010061822	健康防护品 16	3	件
2	6942423987624	健康防护品 24	4	件
3	6958786200067	健康防护品 15	1	件
4	6934848456092	健康防护品 17	3	件
5	6932010061808	健康防护品 2	1	件
6	6932010061890	健康防护品 18	2	件
7	6982010061891	健康防护品 10	2	件
8	6932010061780	健康防护品 21	2	件

填写人员：　　　　　　　　　　　　　　　　审核人员：

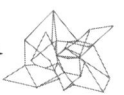

表 8-28　配送任务 4

订货单编号：202211300604　　　　　　　　　　　　　　　　订货日期：2022 年 11 月 30 日

发货人名称	VM 商超经销集团			
发货联系人	××	发货人联系方式	010-234677××	
收货人名称	门店 10			
收货人地址	北京市西城区××路 36 号			
收货联系人	××	收货人联系方式	010-28749××	
交货日期	2022 年 11 月 30 日	付款条件		
配送货物信息				
序号	货品条码	名称	数量	单位
1	6932010061822	健康防护品 16	2	件
2	6942423987624	健康防护品 24	2	件
3	6958786200067	健康防护品 15	4	件
4	6932010061853	健康防护品 4	3	件
5	6942425987629	健康防护品 5	3	件
6	6932010061877	健康防护品 22	4	件
7	6942425987624	健康防护品 9	2	件
8	6932010061884	健康防护品 25	2	件
9	6932010061780	健康防护品 21	1	件
10	6918010061360	健康防护品 19	8	箱

填写人员：　　　　　　　　　　　　　　　　审核人员：

　　配送组分为 A、B、C、D 四个班组。对于各客户门店配送任务，考虑到使用的配送设备、人员、已调配的订单、路线等因素，各班组的配送成本如表 8-29所示。

表 8-29　各配送班组配送成本表

待指派配送班组 ＼ 待配送订单	E1	E2	E3	E4
A	6	7	11	2

待指派配送班组＼待配送订单	E1	E2	E3	E4
B	4	5	9	8
C	3	1	10	4
D	5	9	8	2

采用枚举法，对于配送班组 A，暂不考虑其他班组，选择对其最少配送成本的配送订单，将 E4 指派给班组 A 完成配送任务，在表中划除 E4 配送订单；继续分析配送班组 B，暂不考虑 C、D 班组，将配送成本最少的 E1 指派给班组 B 完成配送任务，在表中划除 E1 配送订单；同理，将 E2 指派给配送班组 C 完成分拣任务；此时，对于配送班组 D，最少配送成本的任务应该为 E4，与配送班组 A 产生了冲突。

为了确定最优指派方案，选择根据匈牙利算法求得本任务指派问题的最优解。

匈牙利解法是求解指派问题的一种新颖而又简便的解法，它是美国数学家库恩（Kuhn）于 1955 年提出的。库恩引用了匈牙利数学家康尼格（Konig）的一个关于矩阵中 0 元素的定理：系数矩阵中独立 0 元素的最多个数等于能覆盖所有 0 元素的最小直线数。这种解法称为匈牙利法。指派问题的最优解有这样一个性质：若系数矩阵一行（列）中各元素分别减去该行（列）的最小元素，得到新矩阵，那么以新矩阵为系数矩阵求得的最优解和用原矩阵求得的最优解相同。利用这个性质，可使原系数矩阵变换为含有很多 0 元素的新矩阵，而最优解保持不变。

具体步骤如下：

第一步：使指派问题的系数矩阵经变换，在各行各列中都出现 0 元素。

（1）从系数矩阵的每行元素减去该行的最小元素；

（2）再从所得系数矩阵的每列元素中减去该列的最小元素。

第二步：进行试指派。若此时得到的 $m<n$，应回到第一步，重新对系数矩阵进行变换。但要把第一步的过程改为：

（1）从系数矩阵的每列元素减去该列的最小元素；

（2）再从所得系数矩阵的每行元素中减去该行的最小元素。这样做就使得

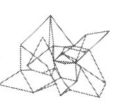

新矩阵的 0 元素比较多些，再进入第二步进行试指派就可以得到最优解。利用前面的性质可以证明这个最优解就是我们所要求的原问题的最优解，从而使得求解变得更为简捷。

各配送班组完成 4 个配送任务的配送成本矩阵如下：

$$C = \begin{pmatrix} 6 & 7 & 11 & 2 \\ 4 & 5 & 9 & 8 \\ 3 & 1 & 10 & 4 \\ 5 & 9 & 8 & 2 \end{pmatrix}$$

将这系数矩阵进行变换，使各行各列都出现 0 元素。从系数矩阵的每行元素减去该行的最小元素，得如下系数矩阵：

$$\begin{pmatrix} 4 & 5 & 9 & 0 \\ 0 & 1 & 5 & 4 \\ 2 & 0 & 9 & 3 \\ 3 & 7 & 6 & 0 \end{pmatrix}$$

将此矩阵每列元素减去该列最小元素，得到各行各列都有 0 元素的系数矩阵如下：

$$\begin{pmatrix} 4 & 5 & 4 & 0 \\ 0 & 1 & 0 & 4 \\ 2 & 0 & 4 & 3 \\ 3 & 7 & 1 & 0 \end{pmatrix}$$

进行试指派，找出独立的 0 元素。独立 0 元素用 Θ 表示，其他 0 元素用 Φ 表示，得到如下矩阵：

$$\begin{pmatrix} 4 & 5 & 4 & \Theta \\ \Theta & 1 & \Phi & 4 \\ 2 & \Theta & 4 & 3 \\ 3 & 7 & 1 & \Phi \end{pmatrix}$$

这里的 Θ 个数为 3，小于 4，所以问题没有得到解决，继续求解。

画最少的直线覆盖所有的 0 元素，以确定该系数矩阵中能找到最多的独立元素数。为此，按以下步骤进行：

（1）对没有 Θ 的行打 $\sqrt{}$ 号；

（2）对已打 $\sqrt{}$ 号的行中所含 Φ 元素的列打 $\sqrt{}$ 号；

（3）再对所有打 $\sqrt{}$ 号的列中的含有 Θ 元素的行打 $\sqrt{}$ 号；

（4）重复（2）（3）直到得不出新的打√号的行列为止；

（5）对没有打√号的行画一横线，有打√号的列画一纵线，这就得到覆盖所有0元素的最少直线数。

令直线数为L。若L<4，说明必须再变换当前的系数矩阵，才能找到4个独立的0元素，为此转换步骤4；若L=4，而独立0元素的个数小于4，应回到步骤2，继续试探。在此例中，对以上矩阵按以下次序进行：

先在第四行旁打√，接着可判断应在第四列上打√，然后在第一行旁打√；经检查，此时没有符合要求的行或列继续再打√；对没有打√行画一直线以覆盖0元素，对打√的列画一直线以覆盖0元素，得：

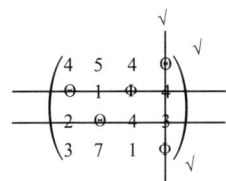

此矩阵直线数为3，需要对矩阵继续进行变换，以达到增加0元素的目的。

在没有被直线覆盖的部分中找出最小元素，然后在打√行各元素中都减去这个最小元素，而在打√列的各元素上都加上这个最小元素，以保证原来0元素不变。这样得到新系数矩阵（它的最优解和原问题相同）。若得到 n 个独立的0元素，则已得最优解，否则回到上一步骤重复进行。

在以上矩阵中，在第1、第4行（没有被直线覆盖部分）找到最小元素为1，然后第2、第3行各元素分别减去1。给第4列各元素加1，得到新矩阵：

$$\begin{pmatrix} 3 & 4 & 3 & 0 \\ 0 & 1 & 0 & 5 \\ 2 & 0 & 4 & 4 \\ 2 & 6 & 0 & 0 \end{pmatrix}$$

进行试指派，找出独立的0元素：

$$\begin{pmatrix} 3 & 4 & 3 & \Theta \\ \Theta & 1 & \Phi & 5 \\ 2 & \Theta & 4 & 4 \\ 2 & 6 & \Theta & \Phi \end{pmatrix}$$

矩阵有4个独立0元素，到此得到了最优解，相应矩阵如下：

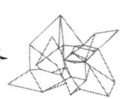

$$\begin{pmatrix} 0 & 0 & 0 & 1 \\ 1 & 0 & 0 & 0 \\ 0 & 1 & 0 & 0 \\ 0 & 0 & 1 & 0 \end{pmatrix}$$

则在保证配送效率的目的下，四个待配送任务指派给四个配送班组的合理方案如表8-30所示。

表 8-30　配送任务分配

配送任务	E_1	E_2	E_3	E_4
配送班组	B	C	D	A

总配送成本为：4+1+8+2＝15。

任务三　配送路径规划

为了实现供应链协同目标，保证市场需求的及时响应，减少库存成本，加快库存周转率，仓配中心在与"VM集团"供应链的协议框架下，决定成立"VM集团"供应链配送专组，独立满足协同供应链配送需求，以有效解决"最后一公里"问题。对已分拣出库的订单，社区团购订单按照客户要求采取"自提"形式交货，其余订单需由供应链配送专组完成配送任务。

配送任务收货地址为门店8、门店4、门店3和门店10，同时两个电商订单地址为小区A和小区B。城市末端配送点在门店8附近，因此将门店8视为配送出发点。各配送收货地址之间的距离估算，如表8-31所示。

表 8-31　各配送收货地址之间的距离估算

距离估算		出发点					
		门店 8	门店 4	门店 3	门店 10	小区 A	小区 B
抵达点	门店 8	\	18	8	13	15	8
	门店 4	18	\	18	6	15	19
	门店 3	8	18	\	9	14	5
	门店 10	13	6	9	\	16	14
	小区 A	15	15	14	16	\	9
	小区 B	8	19	5	14	9	\

快递员从配送出发点送货至 6 个收货点，同时，为了避免空驶，从各收货点收集快件再送回末端配送点。收货点之间为双向路径，且往返距离相等。为了节约成本，快递员需合理规划配送路线，在满足客户需求的前提下以最短配送路径，避免迂回运输、重复运输等不合理现象。

旅行商问题又译为旅行推销员问题，简称为 TSP 问题。该问题是在寻求单一旅行者由起点出发，通过所有给定的需求点之后，最后再回到原点的最小路径成本，是最基本的路线问题。路线需要经过网络中的所有节点，并且最终形成回路。对于每个节点来说，都要被访问到而且只访问一次。同时对于某个节点，旅行商的出发点是唯一的。

收货点自身之间不存在配送路径规划，所以将收货点之间的距离设为 999，以表示路径过长，不做规划考虑因素，如表 8-32 所示。

表 8-32 不考虑门收货点自身的距离估算

距离估算		出发点					
		门店 8	门店 4	门店 3	门店 10	小区 A	小区 B
抵达点	门店 8	999	18	8	13	15	8
	门店 4	18	99	18	6	15	19
	门店 3	8	18	999	9	14	5
	门店 10	13	6	9	999	16	14
	小区 A	15	15	14	16	999	9
	小区 B	8	19	5	14	9	999

根据要求，建立规划求解模型，如表 8-33 所示。

表 8-33 路径规划求解模型

路线规划		出发点						抵达点唯一	路径距离
		门店 8	门店 4	门店 3	门店 10	小区 A	小区 B		
抵达点	门店 8							0	0
	门店 4							0	0
	门店 3							0	0
	门店 10							0	0
	小区 A							0	0
	小区 B							0	0
	出发点唯一	0	0	0	0	0	0	合计路径	0

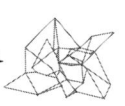

设置模型优化目标，配送路线为一个独立的封闭回路，即从门店8出发能够途径其他5个收货点，且最后再返回门店8，同时总路径最短。模型中送货点之间的路径，若每次被送货员选中，设标识值为1，否则设为0；为了避免迁回线路，每个抵达点的出发点唯一，且每个出发点的抵达点唯一；各出发点途径各抵达点的标识值总和为1，且各出发点至抵达点的标识值总和同样为1；各标识值与门店间距离乘积加和确定路径距离。

经过规划求解，结果如表8-34所示。

表8-34 第一次路径规划求解

路线规划		出发点						抵达点唯一	路径距离
		门店8	门店4	门店3	门店10	小区A	小区B		
抵达点	门店8	0	0	1	0	0	0	1	8
	门店4	0	0	0	1	0	0	1	6
	门店3	1	0	0	0	0	0	1	8
	门店10	0	1	0	0	0	0	1	6
	小区A	0	0	0	0	0	1	1	9
	小区B	0	0	0	0	1	0	1	9
	出发点唯一	1	1	1	1	1	1	合计路径	46

根据求解结果，路线规划为三条路线：门店8→门店3→门店8；门店4→门店10→门店4；小区A→小区B→小区A。显然这不符合模型一个独立封闭回路的要求，继续对模型进行优化。

小区A和小区B之间的路径距离最长，假设不允许小区B和小区A之间存在通路，分别假设从小区B出发到达小区A的路径标识取0，以及从小区A出发到达小区B的路径标识取0。先选择第一种情况做规划求解，得到如表8-35所示结果。

表 8-35　第二次规划求解

路线规划		出发点						抵达点唯一	路径距离
		门店 8	门店 4	门店 3	门店 10	小区 A	小区 B		
抵达点	门店 8	0	0	1	0	0	0	1	8
	门店 4	0	0	0	1	0	0	1	6
	门店 3	0	0	0	0	0	1	1	5
	门店 10	0	1	0	0	0	0	1	6
	小区 A	1	0	0	0	0	0	1	15
	小区 B	0	0	0	0	1	0	1	9
出发点唯一		1	1	1	1	1	1	合计路径	49

根据求解结果，路线规划为两条路线：门店 8→小区 A→小区 B→门店 3→门店 8；门店 4→门店 10→门店 4。结果仍然不符合模型优化目标，继续对模型进行优化。

选择相对较短回路门店 4→门店 10→门店 4，假设不允许门店 4 和门店 10 之间存在通路，有两种情况：

（1）先假设从门店 10 出发到达门店 4 的路径标识取 0，做规划求解，得到如表 8-36 所示结果。

表 8-36　第三次规划求解

路线规划		出发点						抵达点唯一	路径距离
		门店 8	门店 4	门店 3	门店 10	小区 A	小区 B		
抵达点	门店 8	0	0	1	0	0	0	1	8
	门店 4	0	0	0	0	1	0	1	15
	门店 3	0	0	0	0	0	1	1	5
	门店 10	0	1	0	0	0	0	1	6
	小区 A	0	0	0	1	0	0	1	16
	小区 B	1	0	0	0	0	0	1	8
出发点唯一		1	1	1	1	1	1	合计路径	58

根据求解结果，路线规划为两条路线：门店 8→小区 B→门店 3→门店 8；门店 4→门店 10→门店 10→小区 A→门店 4。假设从门店 10 出发到达小区 A 的路径

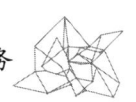

标识取 0，做规划求解，得到如表 8-37 所示结果。

表 8-37　第四次规划求解

路线规划		出发点						抵达点唯一	路径距离
		门店 8	门店 4	门店 3	门店 10	小区 A	小区 B		
抵达点	门店 8	0	0	0	0	0	1	1	8
	门店 4	0	0	0	0	1	0	1	15
	门店 3	0	0	0	1	0	0	1	9
	门店 10	0	1	0	0	0	0	1	6
	小区 A	1	0	0	0	0	0	1	15
	小区 B	0	0	1	0	0	0	1	5
	出发点唯一	1	1	1	1	1	1	合计路径	58

根据求解结果，路线规划为一条独立封闭路线：门店 8→小区 A→门店 4→门店 10→门店 3→小区 B→门店 8，总配送路径距离为 58。

（2）再假设从门店 4 出发到达门店 10 的路径标识取 0，做规划求解，得到如表 8-38 所示的结果。

表 8-38　第五次规划求解

路线规划		出发点						抵达点唯一	路径距离
		门店 8	门店 4	门店 3	门店 10	小区 A	小区 B		
抵达点	门店 8	0	0	0	0	0	1	1	8
	门店 4	0	0	0	1	0	0	1	6
	门店 3	1	0	0	0	0	0	1	8
	门店 10	0	0	1	0	0	0	1	9
	小区 A	0	1	0	0	0	0	1	15
	小区 B	0	0	0	0	1	0	1	9
	出发点唯一	1	1	1	1	1	1	合计路径	55

根据求解结果，路线规划为一条独立封闭路线：门店 8→门店 3→门店 10→门店 4→小区 A→小区 B→门店 8，总配送路径距离为 55。

对于假设从小区 A 出发到达小区 B 的路径标识取 0 的规划，求解方法同上。

通过对规划求解模型不断优化，确定配送员从配送点出发，对客户订单进行配送，最优路径为门店8→门店3→门店10→门店4→小区A→小区B→门店8，距离为55。

综上所述，配送员从配送点出发，对客户订单进行配送，路径优化模型为：

$$\min Z = \sum_{i=1}^{6} \sum_{j=1}^{6} x_{ij} a_{ij}$$

$$\text{s. t.} \begin{cases} \sum_{i=1}^{6} x_{ij} = 1, j = 1, \cdots, 6 \\ \sum_{j=1}^{6} x_{ij} = 1, i = 1, \cdots, 6 \\ x_{ij} \in \{1, 0\}, i, j = 1, \cdots, 6; \text{且} x_{56} = 0 \end{cases}$$

式中，i——各出发点；

j——各抵达点；

a_{ij}——配送收货地址之间的距离估算；

x_{ij}——配送收货地址之间的路径标识值，取1代表选择该段路径，取0代表不选择；

Z——配送路线总距离。

"VM集团"同供应链成员企业战略合作构建协同供应链，第三方物流为它提供供应链服务支持，通过市场需求预测对仓配中心进行规划设计，实施仓储管理，分析供应链客户关系，为供应链客户制定采购管理策略和库存管理策略，并根据采购与库存管理策略、相应客户需求实施物资配送，保障了"VM集团"协同供应链的有效运营。

【参考知识】

一、订单准备

（一）订货周期的组成

1. 备货时间

在供应链物流管理中，当我们谈到货物由厂家运输到客户手中时，通常使用订货周期这个术语。在谈到获得补充存货时，则使用补给周期这个术语。从本质上说，一个公司的订货周期就是另一公司的补给周期。为简单起见，以下的讨论中我们只使用订货周期术语。构成备货时间的活动，即订货周期的四种主要活动

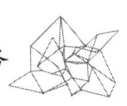

是安排订单、处理订单、按订单备货和按订单发运。图8-4用箭头表示出了这些活动中信息流和产品流的主要方向。

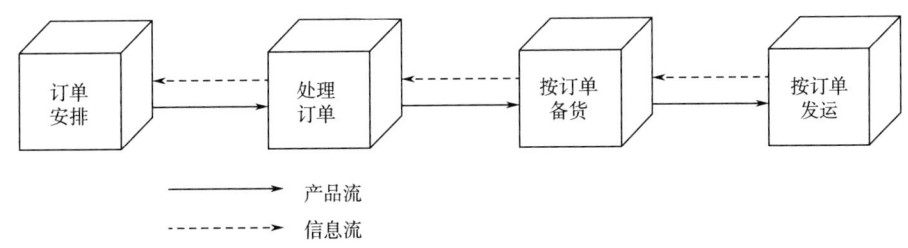

图8-4 组成订货周期的主要部分

传统情况下，订货周期只包括从确定订单到客户收到货物为止发生的业务活动。特殊的活动，如延期交货与紧急订货等业务活动，也会影响到整个订货周期的长短。接下来，客户的一些活动如退货、索赔、处理运费收据等，从技术上说，不属于订货周期的一部分。

2. 备货时间的组成

（1）订单下达。订单下达可以是通过邮寄的方式花几天时间，或通过电话、传真方式只花几分钟时间，也可以通过网络或EDI在瞬间完成。对订单下达和处理系统进行改进，可以大大减少整个订货周期所花的时间和不确定性。

使用现代信息与通信方法下达订单还有很大的余地。许多行业使用因特网的比例还很低，还不能很好地与自动补货系统交换数据。

（2）订单处理。订单处理功能通常包括检查客户信用、将信息输入销售记录、将订单传给存货部门和准备运输单证。通过有效地使用电子数据处理设备，这些功能中的许多部分可以同时进行。对计算机和信息系统技术的改进，大大地减少了完成这些活动必须花费的时间。

（3）准备订单。准备订单的过程可以是简单地用手工操作，也可以使用复杂和高度自动化的方式，这取决于所面对的商品性质等因素。有时，为发运货物而准备订单所需的时间是整个订货周期中的主要瓶颈，因此，有必要对订单的准备过程及其战略有个全面的了解。

（4）订单发运。从将客户所订购的货放到运输工具上，到客户收到货物并在客户目的地卸下货物为止的这一段时间，称作订单发运时间。在使用外部运输服务时，计算和控制订单发运时间可能非常困难，这取决于承运人运输能力的大小。收货方提高运输准时性的方法之一是要求供货公司提前给出发货通知（advance shipment notification，ASN）。另外，货主更想收到承运人给出的发货证明文件，即指明了发运的确切时间和地点的发运单证。为了改进对客户的服务水平，许多运输公司利用信息技术来提供这些服务。此外，承运人已经可以让客户很容易地跟踪运输过程，还可以向这些客户提供有关发货时间的报告、服务水平等信息。

近年来，我国已经出现了一些有能力的第三方物流服务提供者，物流领域中的各种运输方式也有了改善，从而有可能进一步加强提供给顾客的增值服务。此外，越来越多的第三方物流服务公司也将实时信息技术的使用作为优先发展的能力。

（二）订货周期的长度和可变性

以前人们把注意力大多集中在订货或补货周期的长短上，而现在则越来越重视该周期的可变性与一致性。为满足顾客要求，人们把确保按顾客指定的时间和地点运送货物置于优先地位。

在某项对客户服务的研究中，对完成订货周期所需的时间，以及订货周期中各环节所需要的时间进行了研究，结果发现订货周期中的大部分时间发生在厂家收到订单之前及货物发出之后。也就是说，厂家控制范围之外的一些活动占去了整个订货周期一半以上的时间。因此，订货周期中的一个或多个步骤中耗时的减少将使厂家计划时间更加充裕，也可缩短客户的订货周期。如果厂家可以减少订货周期中的一个或多个步骤所用的时间，它可以将多出来的时间留给自己（可作为额外的计划时间），也可以因此缩短客户订货时间而使客户受益。在激烈的竞争市场中，为客户节约时间对厂家来说是很重要的。

订货周期长短的变化也影响公司买家的安全存货水平，特别是当订单周期变化加大时，要求的安全存货水平也会提高；反过来，如果公司保持订单周期的稳定，那么客户就会选择较小的安全存货水平。不管在哪种情形下，订单周期的变动都会影响客户必须保有的安全存货水平。理想的情况是，在降低订单周期的同时，提高订单周期的一致性与可靠性。

二、订单管理

高效的订单管理是整个系统高效运作和使顾客感到满意的关键所在。订单管

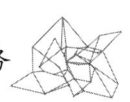

理的功能包括订单输入、信用检查、电子订单输入、可得存货检查、手工订单输入、订单认可、订单编辑、订单修改、订单状态查询、价格和折扣计账、退货处理等。公司及时、准确和周密地进行所有与订单管理相关的活动后，其他部门的活动就可以很好地协调了。此外，当前的和潜在的客户将会更加重视订单周期的一致性和可预测性，及可接受的订单回复时间。如果在开始运作时就了解客户的需求，就能制定出优于竞争对手的订单管理系统，订单管理能力就将使其更具竞争优势。

物流部门需要获得与各客户订单有关的及时与准确的信息。因此，越来越多的公司将订单处理职能划归物流部门。不管是从物流发展的前景看，还是从整个机构组织上看，把订单处理职能划入物流部门是有利的。

订单处理过程主要得益于计算机和信息系统的发展。在许多公司中，订单处理部门成了开发新技术优势的变革者。以下是主要的订单处理功能：

- 产生补货订单（create backorder）；
- 开具发票（generate invoice）；
- 分拣单的准备（generating picking document）；
- 保留存货（reserve inventory）；
- 处理补货订单（process backorder）；
- 重新分配订单（reassign order source）；
- 发放保留存货（release reserved inventory）；
- 发出一揽子订单（release blanket order）；
- 核实发运（verify shipment）。

三、配送合理化

配送环节存在着大量的浪费和低效的物流配送活动，鉴于此，要提高配送活动的经济效益和社会效益，就必领对现有配送方式进行科学的分析，从而提出切实可行的配送方案，提高配送效率。

（一）不合理配送的表现形式

对于配送合理与否不能简单判定，也很难有一个绝对的标准。例如，企业效益是配送的重要衡量标志，但是在决策时常常考虑各个因素，有时要做赔本买卖。所以配送的决策是全面、综合的决策，在决策时要避免不合理配送所造成的损失，但有时某些不合理现象是伴生的，要追求大的合理，就可能派生小的不合理，所以，这里只单独讨论不合理配送的表现形式，但要防止将其绝对化。

1. 库存决策不合理

配送应该利用集中库存总量低于用户分散库存总量的关系，大大节约社会财富，同时节约用户的库存负担。如果只是把配送当作库存的转移，不能科学决策，造成库存过多或不足，就起不到配送应有的作用。

2. 价格不合理

配送价格应该低于用户自己单独购买、运输所形成的费用，这样才对双方都有利。如果价格过高或过低，则会损害用户利益或使配送企业处于亏损状态。

3. 资源筹措不合理

配送可以通过规模效益来降低资源筹措成本，从而取得用户支持。但如果配送计划不合理，资源筹措过多或过少，不考虑与资源供应者建立长期、稳定的供需关系，仅仅为少数用户服务等，就会使筹措成本不仅不能降低，反而用户要多交付一笔配送企业的代筹代办费用。

4. 配送与直达的决策不合理

配送与直达相比，虽然增加了中间环节，但却可以降低库存成本，产生的效益要大于增加的费用。但当用户使用批量很大时，直接批量进货可以更加节约费用。这时，采用配送是不科学、不合理的。

5. 送货不合理

与用户自己提货相比，配送可以集中配货，一车送多家用户，从而大大节省运力与运费。如果还是一家一户地去送货，车辆达不到满载，路线不进行优化，就不能利用这种优势，会造成更多的浪费。

6. 经营观念不合理

配送企业利用配送手段向用户转嫁资金、库存困难，即当库存大时，强迫用户接受货物以缓解自己的库存压力；当资金紧张时，长期占用用户资金；在资源短缺时，将用户委托资源挪作他用或用于牟利等。结果是损坏了配送企业的形象，使配送优势无从发挥。

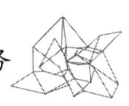

（二）配送合理化

对于配送合理化与否的判断，是配送决策系统的重要内容，目前国内外尚无一定的技术经济指标体系和判断方法，通常用以下指标作为评判标志：

1. 库存标志

库存是判断配送合理与否的重要标志。具体指标有以下两个方面：

（1）库存总量。在一个配送系统中，库存是从分散于各个用户转移给配送中心的过程中，实施一定程度的集中存放。在实行配送后，配送中心库存数量加上各用户在实行配送后库存数量之和应低于实行配送前各用户库存数量之和。

（2）库存周转。由于配送企业的调节作用，以低库存保持高的供应能力，库存周转一般总是快于原来各企业的库存周转。此外，从各个用户的角度进行判断，比较各用户在实行配送前后的库存周转，也是判断合理与否的标志。

2. 资金标志

总的来讲，实行配送应有利于资金占用的降低及资金运用的科学化。具体指标有以下三个方面：

（1）资金总量。由于资金筹措所占用流动资金总量，筹备总量的下降及供应方式的改变会有一个较大的降低。

（2）资金周转。从资金运用来讲，由于整个节奏加快、资金充分发挥作用，同样数量的资金在过去需要较长时期才能满足一定的供应要求，而配送后在较短时期内就能达到此目的。所以资金周转时间加快，是衡量配送合理与否的标志。

（3）资金投向的改变。资金分散投入还是集中投入，是资金调控能力的重要反映。实行配送后，资金必然应当从分散投入改为集中投入，以增加调控作用。

3. 成本与效益

总效益、宏观效益、微观效益、资源筹措成本都是判断配送是否合理化的重要标志。对于不同的配送方式，可以有不同的判断侧重点。例如，配送企业、用户都是各自独立的以利润为中心的企业，不但要看配送的总效益，而且要看对社会的宏观效益及企业的微观效益，不顾及任何一方，都必然出现不合理。又如，如果配送是由用户集团自己组织的，配送主要强调保证能力和服务性，那么，效益主要从总效益、宏观效益和用户集团企业的微观效益来判断，不必过多顾及配送企业的微观效益。由于总效益及宏观效益难以计量，因此，在实际判断时，常以按国家政策进行经营、完成国家税收的配送企业及用户的微观效益来判断。对于配送企业而言（在满足用户要求，即投入确定的情况下），企业利润反映了配送合理化的程度。对于用户企业而言，在保证供应水平或提高供应水平（即产出一定）的前提下，供应成本的降低反映了配送的合理化程度。

4. 供应保证的标志

实行配送时，各用户最大的担心是害怕供应保证程度降低，这并不是一个简单的心态问题，更是可能要承担风险的实际问题。配送的重要一点是，必须提高而不是降低对用户的供应保证能力。供应保证能力可从以下几方面判断：

（1）缺货次数。实行配送后，缺货次数必须下降才算合理。

（2）配送企业集中库存量。对每一个用户来讲，数量所形成的保证能力高于配送前单个企业的保证程度。

（3）即时配送的能力及速度。即时配送的能力及速度体现了用户出现特殊情况的特殊供应保障方式，这一能力必须高于实行配送前用户的紧急进货能力及速度才算合理。特别需要强调的是，配送企业的供应保障能力是一个科学合理的概念，不是无限的概念。具体来讲，如果供应保障能力过高，超过了实际的需要，则属于不合理，所以，追求供应保障能力的合理化是有限度的。

5. 社会运力节约的标志

末端运输是目前运能和运力使用不合理、浪费较大的领域，因而人们寄希望于配送来解决这个问题。这也成了配送合理化的重要标志。

运力使用的合理化是依靠送货运力的规划和整个配送系统的合理流程及与社会运输系统的合理衔接实现的。送货运力的规划是任何配送中心都需要花力气解决的问题，可以简化判断如下：社会车辆总数减少，而承运量增加，社会车辆空驶减少；一家一户自提自运减少，社会化运输增加。

6. 用户企业仓库、供应、进货人力物力节约的标志

实行配送后，以各用户库存量、仓库面积、仓库管理人员减少为合理，用于订货、接货、供应的人减少为合理。真正解除了用户的后顾之忧后，则可以说配送的合理化程度达到了较高水平。

7. 物流合理化的标志

配送必须有利于物流合理化，这可以从几个方面判断：是否降低了物流费

用，是否减少了物流损失，是否加快了物流速度，是否发挥了各种物流方式的最优效果，是否有效衔接了干线运输和末端运输，是否不增加实际的物流中转次数，是否采用了先进的管理方法及技术手段。物流合理化的问题是配送要解决的大问题，也是衡量配送本身合理化的重要标志。

附表 1 F 分布表

$$P\{F(n_1,n_2) > F_\alpha(n_1,n_2)\} = \alpha$$

$$\alpha = 0.10$$

n_2＼n_1	1	2	3	4	5	6	7	8	9	10	12	15	20	24	30	40	60	120	∞
1	39.86	49.50	53.59	55.83	57.24	58.20	58.91	59.44	59.86	60.19	60.71	61.22	61.74	62.00	62.26	62.53	62.79	63.06	63.33
2	8.53	9.00	9.16	9.24	9.29	9.33	9.35	9.37	9.38	9.39	9.41	9.42	9.44	9.45	9.46	9.47	9.47	9.48	9.49
3	5.54	5.46	5.39	5.34	5.31	5.28	5.27	5.25	5.24	5.23	5.22	5.20	5.18	5.18	5.17	5.16	5.15	5.14	5.13
4	4.54	4.32	4.19	4.11	4.05	4.01	3.98	3.95	3.94	3.92	3.90	3.87	3.84	3.83	3.82	3.80	3.79	3.78	3.76
5	4.06	3.78	3.62	3.52	3.45	3.40	3.37	3.34	3.32	3.30	3.27	3.24	3.21	3.19	3.17	3.16	3.14	3.12	3.10
6	3.78	3.46	3.29	3.18	3.11	3.05	3.01	2.98	2.96	2.94	2.90	2.87	2.84	2.82	2.80	2.78	2.76	2.74	2.72
7	3.59	3.26	3.07	2.96	2.88	2.83	2.78	2.75	2.72	2.70	2.67	2.63	2.59	2.58	2.56	2.54	2.51	2.49	2.47
8	3.46	3.11	2.92	2.81	2.73	2.67	2.62	2.59	2.56	2.54	2.50	2.46	2.42	2.40	2.38	2.36	2.34	2.32	2.29
9	3.36	3.01	2.81	2.69	2.61	2.55	2.51	2.47	2.44	2.42	2.38	2.34	2.30	2.28	2.25	2.23	2.21	2.18	2.16
10	3.29	2.92	2.73	2.61	2.52	2.46	2.41	2.38	2.35	2.32	2.28	2.24	2.20	2.18	2.16	2.13	2.11	2.08	2.06
11	3.23	2.86	2.66	2.54	2.45	2.39	2.34	2.30	2.27	2.25	2.21	2.17	2.12	2.10	2.08	2.05	2.03	2.00	1.97
12	3.18	2.81	2.61	2.48	2.39	2.33	2.28	2.24	2.21	2.19	2.15	2.10	2.06	2.04	2.01	1.99	1.96	1.93	1.90
13	3.14	2.76	2.56	2.43	2.35	2.28	2.23	2.20	2.16	2.14	2.10	2.05	2.01	1.98	1.96	1.93	1.90	1.88	1.85
14	3.10	2.73	2.52	2.39	2.31	2.24	2.19	2.15	2.12	2.10	2.05	2.01	1.96	1.94	1.91	1.89	1.86	1.83	1.80
15	3.07	2.70	2.49	2.36	2.27	2.21	2.16	2.12	2.09	2.06	2.02	1.97	1.92	1.90	1.87	1.85	1.82	1.79	1.76
16	3.05	2.67	2.46	2.33	2.24	2.18	2.13	2.09	2.06	2.03	1.99	1.94	1.89	1.87	1.84	1.81	1.78	1.75	1.72
17	3.03	2.64	2.44	2.31	2.22	2.15	2.10	2.06	2.03	2.00	1.96	1.91	1.86	1.84	1.81	1.78	1.75	1.72	1.69
18	3.01	2.62	2.42	2.29	2.20	2.13	2.08	2.04	2.00	1.98	1.93	1.89	1.84	1.81	1.78	1.75	1.72	1.69	1.66
19	2.99	2.61	2.40	2.27	2.18	2.11	2.06	2.02	1.98	1.96	1.91	1.86	1.81	1.79	1.76	1.73	1.70	1.67	1.63

续表

n_2 \ n_1	1	2	3	4	5	6	7	8	9	10	12	15	20	24	30	40	60	120	∞
20	2.97	2.59	2.38	2.25	2.16	2.09	2.04	2.00	1.96	1.94	1.89	1.84	1.79	1.77	1.74	1.71	1.68	1.64	1.61
21	2.96	2.57	2.36	2.23	2.14	2.08	2.02	1.98	1.95	1.92	1.87	1.83	1.78	1.75	1.72	1.69	1.66	1.62	1.59
22	2.95	2.56	2.35	2.22	2.13	2.06	2.01	1.97	1.93	1.90	1.86	1.81	1.76	1.73	1.70	1.67	1.64	1.60	1.57
23	2.94	2.55	2.34	2.21	2.11	1.05	1.99	1.95	1.92	1.89	1.84	1.80	1.74	1.72	1.69	1.66	1.62	1.59	1.55
24	2.93	2.54	2.33	2.19	2.10	2.04	1.98	1.94	1.91	1.88	1.83	1.78	1.73	1.70	1.67	1.64	1.61	1.57	1.53
25	2.92	2.53	2.32	2.18	2.09	2.02	1.97	1.93	1.89	1.87	1.82	1.77	1.72	1.69	1.66	1.63	1.59	1.56	1.52
26	2.91	2.52	2.31	2.17	2.08	2.01	1.96	1.92	1.88	1.86	1.81	1.76	1.71	1.68	1.65	1.61	1.58	1.54	1.50
27	2.90	2.51	2.30	2.17	2.07	2.00	1.95	1.91	1.87	1.85	1.80	1.75	1.70	1.67	1.64	1.60	1.57	1.53	1.49
28	2.89	2.50	2.29	2.16	2.06	2.00	1.94	1.90	1.87	1.84	1.79	1.74	1.69	1.66	1.63	1.59	1.56	1.52	1.48
29	2.89	2.50	2.28	2.15	2.06	1.99	1.93	1.89	1.86	1.83	1.78	1.73	1.68	1.65	1.62	1.58	1.55	1.51	1.47
30	2.88	2.49	2.28	2.14	2.05	1.98	1.93	1.88	1.85	1.82	1.77	1.72	1.67	1.64	1.61	1.57	1.54	1.50	1.46
40	2.84	2.44	2.23	2.09	2.00	1.93	1.87	1.83	1.79	1.76	1.71	1.66	1.61	1.57	1.54	1.51	1.47	1.42	1.38
60	2.79	2.39	2.18	2.04	1.95	1.87	1.82	1.77	1.74	1.71	1.66	1.60	1.54	1.51	1.48	1.44	1.40	1.35	1.29
120	2.75	2.35	2.13	1.99	1.90	1.82	1.77	1.72	1.68	1.65	1.60	1.55	1.48	1.45	1.41	1.37	1.32	1.26	1.19
∞	2.71	2.30	2.08	1.94	1.85	1.77	1.72	1.67	1.63	1.60	1.55	1.49	1.42	1.38	1.34	1.30	1.24	1.17	1.00

$\alpha = 0.05$

n_2 \ n_1	1	2	3	4	5	6	7	8	9	10	12	15	20	24	30	40	60	120	∞
1	161.4	199.5	215.7	224.6	230.2	234.0	236.8	238.9	240.5	241.9	243.9	245.9	248.0	249.1	250.1	251.1	252.2	253.3	254.3
2	18.51	19.00	19.16	19.25	19.30	19.33	19.35	19.37	19.38	19.40	19.41	19.43	19.45	19.45	19.46	19.47	19.48	19.49	19.50
3	10.13	9.55	9.28	9.12	9.01	8.94	8.89	8.85	8.81	8.79	8.74	8.70	8.66	8.64	8.62	8.59	8.57	8.55	8.53
4	7.71	6.94	6.59	6.39	6.26	6.16	6.09	6.04	6.00	5.96	5.91	5.86	5.80	5.77	5.75	5.72	5.69	5.66	5.63

续表

n_1 / n_2	1	2	3	4	5	6	7	8	9	10	12	15	20	24	30	40	60	120	∞
5	6.61	5.79	5.41	5.19	5.05	4.95	4.88	4.82	4.77	4.74	4.68	4.62	4.56	4.53	4.50	4.46	4.43	4.40	4.36
6	5.99	5.14	4.76	4.53	4.39	4.28	4.21	4.15	4.10	4.06	4.00	3.94	3.87	3.84	3.81	3.77	3.74	3.70	3.67
7	5.59	4.74	4.35	4.12	3.97	3.87	3.79	3.73	3.68	3.64	3.57	3.51	3.44	3.41	3.38	3.34	3.30	3.27	3.23
8	5.32	4.46	4.07	3.84	3.69	3.58	3.50	3.44	3.39	3.35	3.28	3.22	3.15	3.12	3.08	3.04	3.01	2.97	2.93
9	5.12	4.26	3.86	3.63	3.48	3.37	3.29	3.23	3.18	3.14	3.07	3.01	2.94	2.90	2.86	2.83	2.79	2.75	2.71
10	4.96	4.10	3.71	3.48	3.33	3.22	3.14	3.07	3.02	2.98	2.91	2.85	2.77	2.74	2.70	2.66	2.62	2.58	2.54
11	4.84	3.98	3.59	3.36	3.20	3.09	3.01	2.95	2.90	2.85	2.79	2.72	2.65	2.61	2.57	2.53	2.49	2.45	2.40
12	4.75	3.89	3.49	3.26	3.11	3.00	2.91	2.85	2.80	2.75	2.69	2.62	2.54	2.51	2.47	2.43	2.38	2.34	2.30
13	4.67	3.81	3.41	3.18	3.03	2.92	2.83	2.77	2.71	2.67	2.60	2.53	2.46	2.42	2.38	2.34	2.30	2.25	2.21
14	4.60	3.74	3.34	3.11	2.96	2.85	2.76	2.70	2.65	2.60	2.53	2.46	2.39	2.35	2.31	2.27	2.22	2.18	2.13
15	4.54	3.68	3.29	3.06	2.90	2.79	2.71	2.64	2.59	2.54	2.48	2.40	2.33	2.29	2.25	2.20	2.16	2.11	2.07
16	4.49	3.63	3.24	3.01	2.85	2.74	2.66	2.59	2.54	2.49	2.42	2.35	2.28	2.24	2.19	2.15	2.11	2.06	2.01
17	4.45	3.59	3.20	2.96	2.81	2.70	2.61	2.55	2.49	2.45	2.38	2.31	2.23	2.19	2.15	2.10	2.06	2.01	1.96
18	4.41	3.55	3.16	2.93	2.77	2.66	2.58	2.51	2.46	2.41	2.34	2.27	2.19	2.15	2.11	2.06	2.02	1.97	1.92
19	4.38	3.52	3.13	2.90	2.74	2.63	2.54	2.48	2.42	2.38	2.31	2.23	2.16	2.11	2.07	2.03	1.98	1.93	1.88
20	4.35	3.49	3.10	2.87	2.71	2.60	2.51	2.45	2.39	2.35	2.28	2.20	2.12	2.08	2.04	1.99	1.95	1.90	1.84
21	4.32	3.47	3.07	2.84	2.68	2.57	2.49	2.42	2.37	2.32	2.25	2.18	2.10	2.05	2.01	1.96	1.92	1.87	1.81
22	4.30	3.44	3.05	2.82	2.66	2.55	2.46	2.40	2.34	2.30	2.23	2.15	2.07	2.03	1.98	1.94	1.89	1.84	1.78
23	4.28	3.42	3.03	2.80	2.64	2.53	2.44	2.37	2.32	2.27	2.20	2.13	2.05	2.01	1.96	1.91	1.86	1.81	1.76
24	4.26	3.40	3.01	2.78	2.62	2.51	2.42	2.36	2.30	2.25	2.18	2.11	2.03	1.98	1.94	1.89	1.84	1.79	1.73

续表

n_1 / n_2	1	2	3	4	5	6	7	8	9	10	12	15	20	24	30	40	60	120	∞
25	4.24	3.39	2.99	2.76	2.60	2.49	2.40	2.34	2.28	2.24	2.16	2.09	2.01	1.96	1.92	1.87	1.82	1.77	1.71
26	4.23	3.37	2.98	2.74	2.59	2.47	2.39	2.32	2.27	2.22	2.15	2.07	1.99	1.95	1.90	1.85	1.80	1.75	1.69
27	4.21	3.35	2.96	2.73	2.57	2.46	2.37	2.31	2.25	2.20	2.13	2.06	1.97	1.93	1.88	1.84	1.79	1.73	1.67
28	4.20	3.34	2.95	2.71	2.56	2.45	2.36	2.29	2.24	2.19	2.12	2.04	1.96	1.91	1.87	1.82	1.77	1.71	1.65
29	4.18	3.33	2.93	2.70	2.55	2.43	2.35	2.28	2.22	2.18	2.10	2.03	1.94	1.90	1.85	1.81	1.75	1.70	1.64
30	4.17	3.32	2.92	2.69	2.53	2.42	2.33	2.27	2.21	2.16	2.09	2.01	1.93	1.89	1.84	1.79	1.74	1.68	1.62
40	4.08	3.23	2.84	2.61	2.45	2.34	2.25	2.18	2.12	2.08	2.00	1.92	1.84	1.79	1.74	1.69	1.64	1.58	1.51
60	4.00	3.15	2.76	2.53	2.37	2.25	2.17	2.10	2.04	1.99	1.92	1.84	1.75	1.70	1.65	1.59	1.53	1.47	1.39
120	3.92	3.07	2.68	2.45	2.29	2.17	2.09	2.02	1.96	1.91	1.83	1.75	1.66	1.61	1.55	1.50	1.43	1.35	1.25
∞	3.84	3.00	2.60	2.37	2.21	2.10	2.01	1.94	1.88	1.83	1.75	1.67	1.57	1.52	1.46	1.39	1.32	1.22	1.00

附表 2 t 分布表

$$P\{t(n) > t_\alpha(n)\} = \alpha$$

	Confidence inteval		Left-tailed test		Right-tailed test		Two-tailed test	
Df: 自由度	0.1	0.05	0.025	0.01	0.005	0.001	0.0005	单尾
P: 概率	0.2	0.1	0.05	0.02	0.01	0.002	0.001	双尾
1	3.078	6.314	12.706	31.821	63.657	318.309	636.619	
2	1.886	2.920	4.303	6.965	9.925	22.327	31.599	
3	1.638	2.353	3.182	4.541	5.841	10.215	12.924	
4	1.533	2.132	2.776	3.747	4.604	7.173	8.610	
5	1.476	2.015	2.571	3.365	4.032	5.893	6.869	
6	1.440	1.943	2.447	3.143	3.707	5.208	5.959	
7	1.415	1.895	2.365	2.998	3.499	4.785	5.408	
8	1.397	1.860	2.306	2.896	3.355	4.501	5.041	
9	1.383	1.833	2.262	2.821	3.250	4.297	4.781	
10	1.372	1.812	2.228	2.764	3.169	4.144	4.587	
11	1.363	1.796	2.201	2.718	3.106	4.025	4.437	
12	1.356	1.782	2.179	2.681	3.055	3.930	4.318	
13	1.350	1.771	2.160	2.650	3.012	3.852	4.221	
14	1.345	1.761	2.145	2.624	2.977	3.787	4.140	
15	1.341	1.753	2.131	2.602	2.947	3.733	4.073	
16	1.337	1.746	2.120	2.583	2.921	3.686	4.015	
17	1.333	1.740	2.110	2.567	2.898	3.646	3.965	
18	1.330	1.734	2.101	2.552	2.878	3.610	3.922	
19	1.328	1.729	2.093	2.539	2.861	3.579	3.883	
20	1.325	1.725	2.086	2.528	2.845	3.552	3.850	
21	1.323	1.721	2.080	2.518	2.831	3.527	3.819	

22	1. 321	1. 717	2. 074	2. 508	2. 819	3. 505	3. 792	
23	1. 319	1. 714	2. 069	2. 500	2. 807	3. 485	3. 768	
24	1. 318	1. 711	2. 064	2. 492	2. 797	3. 467	3. 745	
25	1. 316	1. 708	2. 060	2. 485	2. 787	3. 450	3. 725	
26	1. 315	1. 706	2. 056	2. 479	2. 779	3. 435	3. 707	
27	1. 314	1. 703	2. 052	2. 473	2. 771	3. 421	3. 690	
28	1. 313	1. 701	2. 048	2. 467	2. 763	3. 408	3. 674	
29	1. 311	1. 699	2. 045	2. 462	2. 756	3. 396	3. 659	
30	1. 310	1. 697	2. 042	2. 457	2. 750	3. 385	3. 646	
31	1. 309	1. 696	2. 040	2. 453	2. 744	3. 375	3. 633	
32	1. 309	1. 694	2. 037	2. 449	2. 738	3. 365	3. 622	
33	1. 308	1. 692	2. 035	2. 445	2. 733	3. 356	3. 611	
34	1. 307	1. 691	2. 032	2. 441	2. 728	3. 348	3. 601	
35	1. 306	1. 690	2. 030	2. 438	2. 724	3. 340	3. 591	
36	1. 306	1. 688	2. 028	2. 434	2. 719	3. 333	3. 582	
37	1. 305	1. 687	2. 026	2. 431	2. 715	3. 326	3. 574	
38	1. 304	1. 686	2. 024	2. 429	2. 712	3. 319	3. 566	
39	1. 304	1. 685	2. 023	2. 426	2. 708	3. 313	3. 558	
40	1. 303	1. 684	2. 021	2. 423	2. 704	3. 307	3. 551	
41	1. 303	1. 683	2. 020	2. 421	2. 701	3. 301	3. 544	
42	1. 302	1. 682	2. 018	2. 418	2. 698	3. 296	3. 538	
43	1. 302	1. 681	2. 017	2. 416	2. 695	3. 291	3. 532	
44	1. 301	1. 680	2. 015	2. 414	2. 692	3. 286	3. 526	
45	1. 301	1. 679	2. 014	2. 412	2. 690	3. 281	3. 520	
46	1. 300	1. 679	2. 013	2. 410	2. 687	3. 277	3. 515	
47	1. 300	1. 678	2. 012	2. 408	2. 685	3. 273	3. 510	
48	1. 299	1. 677	2. 011	2. 407	2. 682	3. 269	3. 505	
49	1. 299	1. 677	2. 010	2. 405	2. 680	3. 265	3. 500	

续表

50	1.299	1.676	2.009	2.403	2.678	3.261	3.496	
51	1.298	1.675	2.008	2.402	2.676	3.258	3.492	
52	1.298	1.675	2.007	2.400	2.674	3.255	3.488	
53	1.298	1.674	2.006	2.399	2.672	3.251	3.484	
54	1.297	1.674	2.005	2.397	2.670	3.248	3.480	
55	1.297	1.673	2.004	2.396	2.668	3.245	3.476	
56	1.297	1.673	2.003	2.395	2.667	3.242	3.473	
57	1.297	1.672	2.002	2.394	2.665	3.239	3.470	
58	1.296	1.672	2.002	2.392	2.663	3.237	3.466	
59	1.296	1.671	2.001	2.391	2.662	3.234	3.463	
60	1.296	1.671	2.000	2.390	2.660	3.232	3.460	
61	1.296	1.670	2.000	2.389	2.659	3.229	3.457	
62	1.295	1.670	1.999	2.388	2.657	3.227	3.454	
63	1.295	1.669	1.998	2.387	2.656	3.225	3.452	
64	1.295	1.669	1.998	2.386	2.655	3.223	3.449	
65	1.295	1.669	1.997	2.385	2.654	3.220	3.447	
66	1.295	1.668	1.997	2.384	2.652	3.218	3.444	
67	1.294	1.668	1.996	2.383	2.651	3.216	3.442	
68	1.294	1.668	1.995	2.382	2.650	3.214	3.439	
69	1.294	1.667	1.995	2.382	2.649	3.213	3.437	
70	1.294	1.667	1.994	2.381	2.648	3.211	3.435	
71	1.294	1.667	1.994	2.380	2.647	3.209	3.433	
72	1.293	1.666	1.993	2.379	2.646	3.207	3.431	
73	1.293	1.666	1.993	2.379	2.645	3.206	3.429	
74	1.293	1.666	1.993	2.378	2.644	3.204	3.427	
75	1.293	1.665	1.992	2.377	2.643	3.202	3.425	
76	1.293	1.665	1.992	2.376	2.642	3.201	3.423	
77	1.293	1.665	1.991	2.376	2.641	3.199	3.421	

78	1.292	1.665	1.991	2.375	2.640	3.198	3.420	
79	1.292	1.664	1.990	2.374	2.640	3.197	3.418	
80	1.292	1.664	1.990	2.374	2.639	3.195	3.416	
81	1.292	1.664	1.990	2.373	2.638	3.194	3.415	
82	1.292	1.664	1.989	2.373	2.637	3.193	3.413	
83	1.292	1.663	1.989	2.372	2.636	3.191	3.412	
84	1.292	1.663	1.989	2.372	2.636	3.190	3.410	
85	1.292	1.663	1.988	2.371	2.635	3.189	3.409	
86	1.291	1.663	1.988	2.370	2.634	3.188	3.407	
87	1.291	1.663	1.988	2.370	2.634	3.187	3.406	
88	1.291	1.662	1.987	2.369	2.633	3.185	3.405	
89	1.291	1.662	1.987	2.369	2.632	3.184	3.403	
90	1.291	1.662	1.987	2.368	2.632	3.183	3.402	
91	1.291	1.662	1.986	2.368	2.631	3.182	3.401	
92	1.291	1.662	1.986	2.368	2.630	3.181	3.399	
93	1.291	1.661	1.986	2.367	2.630	3.180	3.398	
94	1.291	1.661	1.986	2.367	2.629	3.179	3.397	
95	1.291	1.661	1.985	2.366	2.629	3.178	3.396	
96	1.290	1.661	1.985	2.366	2.628	3.177	3.395	
97	1.290	1.661	1.985	2.365	2.627	3.176	3.394	
98	1.290	1.661	1.984	2.365	2.627	3.175	3.393	
99	1.290	1.660	1.984	2.365	2.626	3.175	3.392	
100	1.290	1.660	1.984	2.364	2.626	3.174	3.390	
120	1.289	1.658	1.980	2.358	2.617	3.160	3.373	
∞	1.282	1.645	1.960	2.326	2.576	3.090	3.291	

附表 3 DW 检验表

（显著水平 α = 0.05）

n	$k=1$ d_L	$k=1$ d_U	$k=2$ d_L	$k=2$ d_U	$k=3$ d_L	$k=3$ d_U	$k=4$ d_L	$k=4$ d_U	$k=5$ d_L	$k=5$ d_U	$k=6$ d_L	$k=6$ d_U	$k=7$ d_L	$k=7$ d_U	$k=8$ d_L	$k=8$ d_U	$k=9$ d_L	$k=9$ d_U	$k=10$ d_L	$k=10$ d_U
6	0.610	1.400	/	/	/	/	/	/	/	/	/	/	/	/	/	/	/	/	/	/
7	0.700	1.356	0.467	1.896	/	/	/	/	/	/	/	/	/	/	/	/	/	/	/	/
8	0.763	1.332	0.559	1.777	0.367	2.287	/	/	/	/	/	/	/	/	/	/	/	/	/	/
9	0.824	1.320	0.629	1.699	0.455	2.128	0.296	2.588	/	/	/	/	/	/	/	/	/	/	/	/
10	0.879	1.320	0.697	1.641	0.525	2.016	0.376	2.414	0.243	2.822	/	/	/	/	/	/	/	/	/	/
11	0.927	1.324	0.758	1.604	0.595	1.928	0.444	2.283	0.315	2.645	0.203	3.004	/	/	/	/	/	/	/	/
12	0.971	1.331	0.812	1.579	0.658	1.864	0.512	2.177	0.380	2.506	0.268	2.832	0.171	3.149	/	/	/	/	/	/
13	1.010	1.340	0.861	1.562	0.715	1.816	0.574	2.094	0.444	2.390	0.328	2.692	0.230	2.985	0.147	3.266	/	/	/	/
14	1.045	1.350	0.905	1.551	0.767	1.779	0.632	2.030	0.505	2.296	0.389	2.572	0.286	2.848	0.200	3.111	0.127	3.360	/	/
15	1.077	1.361	0.946	1.543	0.814	1.750	0.685	1.977	0.562	2.220	0.447	2.471	0.343	2.727	0.251	2.979	0.175	3.216	0.111	3.438
16	1.106	1.371	0.982	1.539	0.857	1.728	0.734	1.935	0.615	2.157	0.502	2.388	0.398	2.624	0.304	2.860	0.222	3.090	0.155	3.304
17	1.133	1.381	1.015	1.536	0.897	1.710	0.779	1.900	0.664	2.104	0.554	2.318	0.451	2.537	0.356	2.757	0.272	2.975	0.198	3.184
18	1.158	1.391	1.046	1.535	0.933	1.696	0.820	1.872	0.710	2.060	0.603	2.258	0.502	2.461	0.407	2.668	0.321	2.873	0.244	3.073
19	1.180	1.401	1.074	1.536	0.967	1.685	0.859	1.848	0.752	2.023	0.649	2.206	0.549	2.396	0.456	2.589	0.369	2.783	0.290	2.974

续表

n	$k=1$		$k=2$		$k=3$		$k=4$		$k=5$		$k=6$		$k=7$		$k=8$		$k=9$		$k=10$	
	d_L	d_U	d_L	d_U	d_L	d_U	d_L	d_U	d_L	d_U	d_L	d_U	d_L	d_U	d_L	d_U	d_L	d_U	d_L	d_U
20	1.201	1.411	1.100	1.537	0.998	1.676	0.894	1.828	0.792	1.991	0.691	2.162	0.595	2.339	0.502	2.521	0.416	2.704	0.336	2.885
21	1.221	1.420	1.125	1.538	1.026	1.669	0.927	1.812	0.829	1.964	0.731	2.124	0.637	2.290	0.546	2.461	0.461	2.633	0.380	2.806
22	1.239	1.429	1.147	1.541	1.053	1.664	0.958	1.797	0.863	1.940	0.769	2.090	0.677	2.246	0.588	2.407	0.504	2.571	0.424	2.735
23	1.257	1.437	1.168	1.543	1.078	1.660	0.986	1.785	0.895	1.920	0.804	2.061	0.715	2.208	0.628	2.360	0.545	2.514	0.465	2.670
24	1.273	1.446	1.188	1.546	1.101	1.656	1.013	1.775	0.925	1.902	0.837	2.035	0.750	2.174	0.666	2.318	0.584	2.464	0.506	2.613
25	1.288	1.454	1.206	1.550	1.123	1.654	1.038	1.767	0.953	1.886	0.868	2.013	0.784	2.144	0.702	2.280	0.621	2.419	0.544	2.560
26	1.302	1.461	1.224	1.553	1.143	1.652	1.062	1.759	0.979	1.873	0.897	1.992	0.816	2.117	0.735	2.246	0.657	2.379	0.581	2.513
27	1.316	1.469	1.240	1.556	1.162	1.651	1.084	1.753	1.004	1.861	0.925	1.974	0.845	2.093	0.767	2.216	0.691	2.342	0.616	2.470
28	1.328	1.476	1.255	1.560	1.181	1.650	1.104	1.747	1.028	1.850	0.951	1.959	0.874	2.071	0.798	2.188	0.723	2.309	0.649	2.431
29	1.341	1.483	1.270	1.563	1.198	1.650	1.124	1.743	1.050	1.841	0.975	1.944	0.900	2.052	0.826	2.164	0.753	2.278	0.681	2.396
30	1.352	1.489	1.284	1.567	1.214	1.650	1.143	1.739	1.071	1.833	0.998	1.931	0.926	2.034	0.854	2.141	0.782	2.251	0.712	2.363
31	1.363	1.496	1.297	1.570	1.229	1.650	1.160	1.735	1.090	1.825	1.020	1.920	0.950	2.018	0.879	2.120	0.810	2.226	0.741	2.333
32	1.373	1.502	1.309	1.574	1.244	1.650	1.177	1.732	1.109	1.819	1.041	1.909	0.972	2.004	0.904	2.102	0.836	2.203	0.769	2.306
33	1.383	1.508	1.321	1.577	1.258	1.651	1.193	1.730	1.127	1.813	1.061	1.900	0.994	1.991	0.927	2.085	0.861	2.181	0.796	2.281
34	1.393	1.514	1.333	1.580	1.271	1.652	1.208	1.728	1.144	1.808	1.079	1.891	1.015	1.978	0.950	2.069	0.885	2.162	0.821	2.257
35	1.402	1.519	1.343	1.584	1.283	1.653	1.222	1.726	1.160	1.803	1.097	1.884	1.034	1.967	0.971	2.054	0.908	2.144	0.845	2.236

续表

n	k=1		k=2		k=3		k=4		k=5		k=6		k=7		k=8		k=9		k=10	
---	d_L	d_U	d_L	d_U	d_L	d_U	d_L	d_U	d_L	d_U	d_L	d_U	d_L	d_U	d_L	d_U	d_L	d_U	d_L	d_U
36	1.411	1.525	1.354	1.587	1.295	1.654	1.236	1.724	1.175	1.799	1.114	1.876	1.053	1.957	0.991	2.041	0.930	2.127	0.868	2.216
37	1.419	1.530	1.364	1.590	1.307	1.655	1.249	1.723	1.190	1.795	1.131	1.870	1.071	1.948	1.011	2.029	0.951	2.112	0.891	2.197
38	1.427	1.535	1.373	1.594	1.318	1.656	1.261	1.722	1.204	1.792	1.146	1.864	1.088	1.939	1.029	2.017	0.970	2.098	0.912	2.180
39	1.435	1.540	1.382	1.597	1.328	1.658	1.273	1.722	1.218	1.789	1.161	1.859	1.104	1.932	1.047	2.007	0.990	2.085	0.932	2.164
40	1.442	1.544	1.391	1.600	1.338	1.659	1.285	1.721	1.230	1.786	1.175	1.854	1.120	1.924	1.064	1.997	1.008	2.072	0.952	2.149
45	1.475	1.566	1.430	1.615	1.383	1.666	1.336	1.720	1.287	1.776	1.238	1.835	1.189	1.895	1.139	1.958	1.089	2.022	1.038	2.088
50	1.503	1.585	1.462	1.628	1.421	1.674	1.378	1.721	1.335	1.771	1.291	1.822	1.246	1.875	1.201	1.930	1.156	1.986	1.110	2.044

◆ 参考文献 ◆

［1］苏尼尔．乔普拉．供应链管理［M］．北京：中国人民大学出版社，2017.

［2］李诗珍，关高峰．物流与供应链管理［M］．北京：北京大学出版社，2015.

［3］吴群，关高峰．物流与供应链管理［M］．北京：北京大学出版社，2015.

［4］邹辉霞．供应链物流管理［M］．北京：清华大学出版社，2009.

［5］骆温平．物流与供应链管理［M］．北京：电子工业出版社，2022.

［6］姜大力，刘洪娟．供应链建模［M］．北京：中国石化出版社，2017.

［7］刘乙．仓储与配送实务［M］．北京：中国财富出版社，2021.